DER AUTOR: Piero Ferrucci, Psychologe und Assagioli-Schüler, leitet das Centro Studi di Psicosintesi in Florenz und bildet Psychosynthese-Psychotherapeuten an verschiedenen großen Schulen Europas aus. Einen Teil des Jahres verbringt er mit seiner Familie in Australien und schreibt dort an seinen Büchern.

Piero Ferrucci

Werde was du bist

Selbstverwirklichung durch Psychosynthese

Vorwort von Laura Huxley

Aus dem Italienischen und Englischen
von Sascha Dönges

Wunderlich Taschenbuch

Da der vorliegende Band fotomechanisch reproduziert wurde, entspricht die Orthographie der schweizerischen Ausgabe.

Neuausgabe September 2001

Veröffentlicht im Rowohlt Taschenbuch Verlag GmbH,
Reinbek bei Hamburg, April 1986
Lizenzausgabe mit freundlicher Genehmigung
des Sphinx Verlag, Basel
Die Originalausgaben erschienen unter den Titeln
«Crescere» bei Casa Editrice Astrolabio, 1981
und «What We May Be» bei J. P. Tarcher, Inc., Los Angeles, 1982

Umschlaggestaltung any.way, Barbara Hanke / Codula Schmidt
(Foto: The Image Bank / Marc Romanelli)
Gesamtherstellung Clausen & Bosse, Leck
Printed in Germany
ISBN 3 499 26338-6

Inhalt

Vorwort

Mein erster Kontakt mit Psychosynthese entstand 1954 in Florenz. Ich begegnete dort einem älteren Herrn P., der sich sehr für psychologische und spirituelle Studien interessierte. Wir tauschten einige Erfahrungen und Informationen aus; er begann, sich für meine Arbeit zu interessieren und bat mich um eine Sitzung. Ich hatte bereits 1950 begonnen, die Techniken zu entwickeln, die ich in meinen späteren Büchern beschrieb.

Ich lebte zu der Zeit in Florenz in einer sehr ehrwürdigen, altmodischen Pension, wo mit einer kleinen Glocke, die an die Heilige Messe erinnerte, zum Abendessen gerufen wurde. Herr P. kam um fünf Uhr. Die Arbeit in der Sitzung war sehr tiefgehend, rief starke Reaktionen hervor, die von Tränen und Schluchzen begleitet waren. Als sie versiegten, und wir uns auf etwas leichtere und angenehme Weise auf das Ende der Sitzung zubewegten – so meinte ich jedenfalls – befand sich Herr P. plötzlich im Himmel; er wiederholte ständig: «Licht, ich sehe überall nur Licht».

Dies passierte vor 27 Jahren und von mystischen oder psychedelischen Erfahrungen und ähnlichem hatte ich noch nie gehört. Aber auf dem Gesicht von Herrn P. lag ein so beseligender Ausdruck und seine Worte waren von solcher Schönheit, dass ich wusste: ich durfte diese Erfahrung nicht stören und unterbrechen. Andererseits war es inzwischen halb acht geworden und ich hörte die kleine Glocke auf dem Flur rufen. Was sollte ich tun? Was wäre, wenn plötzlich jemand in mein Zimmer käme, um mich an das Abendessen zu erinnern, und auf dem Bett läge ein älterer Herr, der immer wieder sagte: «Ich bin im Licht ... Ich bin mitten im Licht»?

Nach unserer Zeit gemessen, blieb Herr P. während vieler Stunden in dem Licht – für ihn war es eine Ewigkeit. Dann kehrte er auf unsere Bewusstseinsebene zurück, erhaben, voll freudiger Erregung und sehr zittrig. Wir trafen uns am nächsten Tag und auf seine Frage, was ich getan hatte und was mit ihm geschehen sei, musste ich zugeben, dass ich nicht die leiseste Ahnung hatte. Da meinte Herr P.: «Es war eine aussergewöhnliche Erfahrung. Es gibt hier in Florenz einen berühmten Psychiater, der sich in diesen spirituellen Dingen bestens auskennt. Lassen Sie uns versuchen, ihn kennenzulernen.»

Am darauffolgenden Tag trafen wir mit Dr. Roberto Assagioli zusammen, ein lebendiger, freundlicher Sechziger. Assagioli war an der Episode interessiert und er freute sich über unsere Erfahrung. Im Verlaufe des weiteren Gespräches fragte er mich dann mit sanfter Stimme: «Aber sagen Sie mir doch, Fräulein Archera, was machen Sie denn mit den Leuten?» Und ich antwortete: «Eigentlich mache ich gar nichts; ich helfe ihnen, ihren Abfall loszuwerden. Und was machen *Sie*?» Prompt kam die Antwort: «Ich mache genau das gleiche wie Sie.»

Was habe ich nicht alles aus dieser kurzen Begegnung gelernt! Dr. Assagiolis waches, interessiertes Zuhören ohne gönnerhaft zu sein, sein Entzücken über unseren Bericht und schliesslich seine einfache, bescheidene Aussage – «Ich mache genau das gleiche wie Sie» – waren für mich eine vollkommene Lektion in der Kunst menschlicher Kommunikation in wahrer Bescheidenheit. Als reine Anfängerin, die die siebte Klasse noch nicht hinter sich gebracht hatte, war ich entzückt, dass der berühmte Arzt das gleiche machte wie ich!

Während vieler Jahre hörte ich nur sehr gelegentlich Berichte über Assagioli und dann dachte ich: «Oh ja, das ist der Mann, der das gleiche macht wie ich!» 1963 erhielt ich von Assagioli einen bezaubernden Brief der Anerkennung für mein Buch *You Are Not The Target*. Ich zeigte Aldous den Brief, der sich darüber sehr freute und ihm *Island* mit der folgenden Widmung schickte: «Für Roberto Assagioli in der Hoffnung, er möge etwas Interessantes in dieser utopischen Abhandlung über Psychosynthese finden».

1969 kam Piero Ferruci aus Italien zu einem Besuch zu mir. Ich leitete zu der Zeit eine Reihe Seminare, und im gleichen Augenblick, als Piero auf unser Haus zukam, wusste ich genau, dass ich ihn als Co-Leiter wollte.

Piero Ferrucci hat eine sehr ausführliche und klassische Ausbildung hinter sich (er hatte seinen Doktor in Philosophie und Pädagogik gemacht); all dies unterschied sich völlig von meiner eigenen Arbeit in den Seminaren. Aber ich hatte das sichere Gefühl, dass er besonders befähigt war, in die Menschen hineinzusehen, sie zu erkennen, sich einzufühlen und dabei sehr zurückhaltend zu sein. Ein Seminar in San Francisco stand bevor und ich fragte ihn, ob er mein Co-Leiter sein wolle. Dies war der Beginn einer wundervollen Zusammenarbeit. Wir leiteten gemeinsam Seminare und Workshops und später taten wir uns zusammen, um *Between Heaven and Earth* (New York, 1975) zu schreiben.

Aldous' erinnerungwürdige Vorträge waren auf Band aufgezeichnet worden. Die für die Publikation notwendigen Forschungsarbeiten und Abschriften verlangten viel Hingabe und umfangreiches Wissen. Piero Ferruccis umsichtige und verständige Herausgabe von *The Human Situation* (New York, 1977) fand überall höchstes Lob.

1970 schrieb mir Piero, dass er nach Florenz gegangen sei, um mit Assagioli zu arbeiten. Ihre enge Zusammenarbeit dauerte mehrere Jahre bis zum Tode Assagiolis (1974). Bei meinen Aufenthalten in Italien traf ich Assagioli einige Male; meine Begegnungen mit ihm waren zwar jeweils nur kurz, aber sehr bemerkenswert, begleitet von einem guten, leichten Gefühl. Über Piero Ferrucci sagte er eines Tages zu mir: «Er wird die Fackel der Psychosynthese in die Welt tragen». Während ich *Werde, was Du bist* las, erinnerte ich mich an diesen Ausspruch und an die liebevolle Art, in der Assagioli stets von Piero sprach.

Werde, was Du bist ist die erste umfassende Darstellung der Psychosynthese. Assagiolis Weisheit und die Blume seiner wirklichkeitsbezogenen Spiritualität kommen uns aus jeder Seite entgegen. Der

Leser findet in *Werde, was Du bist* eine ausführliche Anzahl von Techniken, die in die vielen verschiedenen Funktionsebenen des Menschen reichen. Die Schulung des Willens und der Intuition werden besonders betont. Es werden Wege aufgezeigt, das bekannte (oder unbekannte) Unbewusste kennenzulernen, die nicht nur ganz direkt, sondern auch sehr erfreulich sind. In manchen Übungen spürt man den Duft östlicher Weisheit, aber der gesunde, romanische Menschenverstand geht dabei nie verloren. Die grenzenlose Kraft der Schönheit, die in der Psychotherapie so oft vernachlässigt wird, ist eine ständig gegenwärtige Gabe an den Leser. Hier und da hört man das unvergessliche Sprudeln des Brunnens der Freude - gemäss vieler Mystiker die höchste spirituelle Qualität. Indem diese Techniken unsere höchsten Qualitäten wecken, helfen sie uns, die Alltagsprobleme auf ganz neue und unerwartete Weise zu lösen.

Dieses Buch bietet kein Versprechen müheloser Sofort-Erleuchtung an, die die Zwillingsschwestern Hoffnung und Enttäuschung gebärt. Aber ich kann mir niemanden vorstellen, der auch nur einen Monat lang einen ernsthaften Versuch macht, ohne eine bemerkenswerte, gar überraschende Entwicklung zu erfahren - innen wie aussen.

Die Bücherregale sind heutzutage überschwemmt von Büchern und Aufsätzen über Selbst-Verwirklichung. Unter den wenigen wertvollen ist *Werde, was Du bist* für mich in seiner Art unerreicht.

Laura Archera Huxley
Juni 1981

Danksagung

Roberto Assagioli widmete mehr als 60 Jahre seines langen Lebens der Schaffung eines verständlichen Konzeptes des menschlichen Wesens: der Psychosynthese. Dabei handelt es sich um eine Methode, die es ermöglicht, sich mit den wesentlichen Aspekten des menschlichen Daseins auseinanderzusetzen und die zugleich praktisch anwendbar ist. Ich hatte das Glück, Assagioli persönlich zu kennen und lange bei ihm zu studieren: er war ein wahrer alter Weiser, eine unerschöpfliche Quelle der Freude.

Assagioli ermutigte mich, dieses Buch zu schreiben, dessen Ziel ist, die Hauptthemen der Psychosynthese zu beschreiben, so wie ich sie von ihm gelernt habe und in meiner Arbeit anwende. Alle hier aufgeführten Grundlagen und Techniken wurden von Assagioli entwickelt bzw. beschrieben. Die Einzelheiten, die Fallbeispiele und die Formulierungen der Übungen sind von mir. Roberto Assagioli hat mir auf allen Ebenen soviel gegeben, dass ich ihm an dieser Stelle meine grosse Dankbarkeit aussprechen möchte.

Ich danke auch Stuart Miller für seinen unschätzbaren Beitrag, indem er mich verständnisvoll, wohlwollend und vor allem mit viel Feingefühl bei der Herausgabe dieses Buches unterstützt hat; Laura

Huxley für ihre praktischen Ratschläge; Diana Becchetti-Whitmore und für ihre humorvollen und hilfreichen Beiträge bei der Textabfassung für ihre Zusammenarbeit über all die Jahre, was meine Arbeit spürbar mitgeprägt hat; Massimo Rosselli, dessen Anregungen viel dazu beigetragen haben, dieses Buch zu verbessern; David Grabijn für die sorgfältige Durchsicht des Manuskripts und seine geistreichen Bemerkungen; Jean Bond dafür, dass sie da war, während der Zeit, als dieses Buch entstand. Zudem danke ich Lisa Mitchell, Madeleine Shaw, Ida Palombi, Beverly Besmer, Andrea Bocconi, Alberto Alberti, Naomi Emmerling, Shanti van Hiersel, Matilde Santandrea.

Schliesslich danke ich meinen Klienten, Studenten und Kollegen, die mir in vielfacher Hinsicht mit Vorschlägen, Erfahrungen und Berichten geholfen haben.

Mein ganz besonderer Dank gilt meiner Familie, ohne deren Unterstützung dieses Buch nie entstanden wäre.

Anleitung zum Buch

Einige Hinweise mögen hilfreich sein, den grösstmöglichen Nutzen aus den Übungen zu ziehen:

1. *Lassen Sie sich Zeit.* Versuchen Sie, Ihre Zeit ungestört den Übungen zu widmen; selbst wenn es nur fünf Minuten sind, versichern Sie sich, dass daraus eine durch keine äusseren Einflüsse gestörte Welt in sich wird.

2. *Vorbereitung.* Nehmen Sie eine bequeme Haltung ein, senkrecht sitzend mit entspannten Muskeln. Schliessen Sie Ihre Augen, atmen Sie ein paar Mal tief und langsam ein und aus. Lassen Sie sich dafür mindestens 2–3 Minuten Zeit. (Für die aktiveren Übungen benötigen Sie diese Vorbereitung nicht.) Ich schlage vor, die Anweisungen zu einigen der Übungen auf eine Kassette aufzunehmen, damit Sie wiederholt und ohne Unterbrechung zuhören können.

3. *Beharrlichkeit.* Wählen Sie eine Übung, die Ihnen zusagt und bleiben Sie dabei, auch wenn Sie keine sofortigen Ergebnisse

wahrnehmen. Die Wiederholung einer Übung vervielfacht die Kraft der Wirkung.

4. *Zusammenhänge knüpfen.* Wenn Sie eine Übung gemacht haben, wird sie in aller Stille weiterwirken. Wenn Sie aber wollen, dass die Wirksamkeit verstärkt wird, erinnern Sie sich immer wieder an die Bedeutung in Ihrem alltäglichen Lebensablauf - dort wo Ihr wahres und immer gegenwärtiges Übungsfeld liegt.

5. *Die Arbeit in der Stille.* Wenn Sie Ihre Eingebungen und Erkenntnisse vorzeitig anderen Menschen mitteilen, die sie vielleicht nicht verstehen, kann es häufig geschehen, dass sich die psychologischen Kräfte, die Sie aufbauen, wieder aufzulösen beginnen.

6. *Tagebuch.* Es mag nützlich sein, ein Tagebuch zu führen, in dem Sie Ihre Erkenntnisse und die feinen Umwandlungen, die stattfinden, festhalten.

WERDE WAS DU BIST

Einleitung: Die Vision der Ganzheit

Eine alte orientalische Geschichte erzählt von einem Mann, der nach jahrelanger Suche nach dem Geheimnis des Lebens erfuhr, ein Ziehbrunnen berge die Antwort, die er so eifrig zu wissen begehre.

Nachdem der Mann den Brunnen gefunden hatte, stellte er seine Frage, und aus der Tiefe erklang die Antwort: «Geh zur Strassenkreuzung im Dorf. Dort wirst du finden, was du suchst.»

Voller Hoffnung gehorchte der Mann, doch an der angegebenen Stelle fand er nur drei Läden: im einen wurden Metalldrähte verkauft, in einem anderen Holz und im dritten Metallstücke. Nichts und niemand in dieser Gegend schien auch nur im geringsten irgendetwas mit der Enthüllung des Geheimnisses des Lebens zu tun zu haben.

Enttäuscht kehrte der Mann zum Brunnen zurück und verlangte eine Erklärung. Doch der Brunnen antwortete nur: «Eines Tages wirst du verstehen.» Der Mann protestierte mit lautem Geschrei, doch alles, was er als Antwort hörte, war sein eigenes Echo. Empört über den Betrug, dem er glaubte zum Opfer gefallen zu sein, setzte der Mann seine Wanderungen fort. Im Laufe der Zeit verblasste seine Erinnerung an das Erlebnis mit dem Brunnen, bis eines Nachts seine Aufmerksamkeit durch den Klang einer Sitar geweckt wurde, während er im Mondschein dahinging. Es war eine wunderschöne Musik, meisterhaft und voll Inspiration gespielt.

Der Mann spürte die Faszination der Musik und ging zu dem Spielenden hin: er beobachtete das flinke Spiel der Hände, sah die Sitar und schliesslich jubelte er voll Freude, denn er verstand plötzlich: die Sitar bestand aus den Metalldrähten, den Metall- und Holzstücken, die er vor langer Zeit in den drei Läden gesehen und deren besondere Bedeutung er damals noch nicht erkannt hatte. Nun verstand er die Weisung des Brunnens: alle Teile sind bereits in uns enthalten, aber sie kommen nicht zur Entfaltung, solange wir sie nur als Fragmente wahrnehmen. Erst wenn die einzelnen Teile zu einer Synthese verknüpft werden, entsteht eine neue Wirklichkeit, die nicht erkennbar ist, solange nur die einzelnen Teile gesehen werden.

«Das Ganze ist grösser als die Summe seiner Teile»: dieses Gesetz können wir überall beobachten, sei es in der Natur oder in unserer menschlichen Existenz: eine Melodie ist mehr als die Noten, aus denen sie komponiert worden ist; ein Wort stellt eine grössere Einheit dar als die Buchstaben, aus denen es gebildet wurde; ein Organismus ist mehr als die Summe der Zellen, aus denen er besteht.

Wenn wir nun die menschliche Psyche betrachten, erkennen wir, dass auch sie aus verschiedenen Teilen besteht: Empfindungen, Impulse, Wünsche, Gefühle, Ideen, Intuitionen, usw. Einige dieser Teile sind miteinander verbunden; zwischen anderen bestehen Zwiespälte oder Konflikte; und schliesslich gibt es auch noch solche, die einfach in unserer Psyche vorhanden sind, ohne je miteinander in Kontakt zu sein. Es ist selten, dass die Psyche jene Einheit, organische Harmonie und Synergie (im Sinne einer simultanen und koordinierten Handlung) bildet, wie wir sie zum Beispiel im menschlichen Organismus vorfinden. Ist es möglich, diese verschiedenartigen Teile des psychischen Mikrokosmos in einer lebendigen Synthese zu vereinen? Und ist diese Synthese das Ergebnis einer Entwicklung, die derjenigen, die wir in der orientalischen Erzählung erfahren, vergleichbar ist, nämlich das Sehen der einzelnen Bestandteile und das Erkennen der Sitar? Empirische Erfahrungen scheinen darauf hinzuweisen, dass dies möglich ist und dass in einer geeinten Psyche eine neue Wesenheit zustande kommt, die einer höheren Ordnung angehört.

Der italienische Psychiater Roberto Assagioli stellte schon vor Jahren fest, dass es zu grossem psychischem Leiden kommen kann, das innere Gleichgewicht verloren geht und es schwierig wird, den Sinn der eigenen Existenz zu erkennen, wenn die verschiedenen Teile verbindungslos nebeneinander oder konfliktgeladen gegeneinander funktionieren. Assagioli erkannte aber auch, dass, sobald diese Teile vereint sind, in uns neue Kräfte frei werden, wir ein Gefühl der Lebensfreude erfahren und wir klarer den Sinn unseres Lebens erkennen können.

In der Erkenntnis, dass dieser Vorgang sich in jedem Menschen abspielt, jedoch oft blockiert wird, entwickelte Assagioli entsprechende Techniken, um den psychischen Prozess in Gang zu bringen und zu erleichtern. Nachdem Roberto Assagioli anfänglich als Psychoanalytiker gearbeitet hatte (Freud betrachtete ihn zu Beginn des Jahrhunderts als einen der Vertreter der Psychoanalyse in Italien), löste er sich allmählich davon und schuf sich sein eigenes System: eine offene und praktische psychologische Methode, in der Erziehung, der Therapie, den zwischenmenschlichen und sozialen Beziehungen sowie in anderen Bereichen anwendbar. Diesem System gab er den Namen *Psychosynthese*.

Die Psychosynthese ist nicht einfach eine Form psychischen Trainings, das stets mehr verspricht: mehr Energie, mehr Konzentration, mehr Entspannung. Sie ist auch keine Form von Therapie, die weniger Symptome verspricht: weniger Depression, weniger Angst, weniger Spannungen. Das Ziel der Psychosynthese ist, vor allem die Ganzheit des menschlichen Wesens zu wecken und den Zugang zur Integration auf einer höheren Ebene zu erweitern.

Assagioli hat das Thema der Synthese in eine pragmatische Konzeption der Psychologie hineingestellt. Das klinische oder akademische Studium der Psyche und des Verhaltens ist nicht ausreichend. Es muss durch ein praktisch anwendbares System ergänzt werden. Erst dann setzt man sich mit den Dimensionen des menschlichen Lebens, die wirklich zählen, auseinander und die, wenn sie ignoriert werden, zu einer traurigen und sinnlosen Existenz führen. Deshalb suchen wir nach geeigneten Methoden, dem einzelnen zu helfen, die unbewussten Kräfte, die ihn kontrollieren kennenzulernen und den eigenen Willen zu entdecken. Man arbeitet Techniken aus, die es erlauben, den Geist zu verfeinern, die Intuition zu erwecken und die

Vorstellungskraft vitaler und reicher werden zu lassen. Man schafft Instrumente, um zu lernen, bewusster und lebendiger zu lieben, Schönheit zu erkennen und zu würdigen und um jene Höhepunkte zu erfahren, die die intensivsten und kreativsten Momente unseres Lebens darstellen. Assagioli hat die Psychosynthese vor den Hintergrund einer kulturellen Tradition gestellt, und Menschen aus den verschiedensten Ländern wurden angezogen von der Schönheit und der Dringlichkeit der Aufgaben, die sie beinhaltet.

Wie wird die Psychosynthese konkret angewandt? Die Arbeit besteht in Einzel- oder Gruppensitzungen, kann aber auch sehr gut alleine mit bestimmten Übungen, wie zum Beispiel mit solchen, die in diesem Buch beschrieben werden, ausgeführt werden. Es sei daran erinnert, dass die Übungen besonders wirksam sind, wenn sie regelmässig durchgeführt werden; wie in allen Disziplinen, sei es Bergsteigen, Klavierspielen, das Erlernen einer neuen Sprache oder das Tennisspiel, der entscheidende Faktor auf dem Weg zum Erfolg ist regelmässiges Üben.

Das Ergebnis solcher Psychosynthese-Übungen wird meistens nur langsam und stufenweise sichtbar. Wenn wir anfangen, die Übungen zu machen, erwarten wir oft unmittelbare Resultate. Und manchmal geschieht das auch. Aber im allgemeinen passiert im ersten Moment nichts, das sonderlich wichtig erscheint. Vielleicht gelingt es uns nicht einmal, die gegebenen Anweisungen zu befolgen, oder wir werden abgelenkt, oder wir blockieren uns, oder wir werden sogar ungeduldig und haben Lust, einfach etwas anderes zu tun. Erst nach einiger Zeit werden wir uns bewusst, dass Veränderungen im Gange sind.

Dies hat seinen Grund: Bevor Resultate sichtbar werden, die dauerhaft und wichtig sind, muss unser Unbewusstes die Anregungen, denen es ausgesetzt wurde, verarbeiten. Wie Assagioli sagt:

> Dieser Vorgang kann als echte «psychische Schwangerschaft» betrachtet werden, analog einer physischen Schwangerschaft. Beide entstehen im Tiefen, im Geheimnisvollen: die eine im Mutterleib, die andere in den geheimen Winkeln des Unbewussten. Beides sind spontane und autonome Abläufe, jedoch so hochempfindsam und delikat, dass sie leicht durch äussere Einflüsse gestört werden können. Beide gipfeln schliesslich in der Krise

und im Wunder der Geburt, in der Manifestation eines neuen Lebens.[1]

Die Vorstellung einer «Schwangerschaft» erinnert uns daran, dass wir in der Psychosynthese Kräfte stimulieren, die bereits in uns vorhanden sind: verborgene Energien, die wir dennoch manchmal in direkter Aktion erleben können. Es sind dies zum Beispiel Kräfte, die am Werk sind, wenn eine seelische Wunde langsam heilt; wenn wir - anlässlich einer Krise - in uns ungeahnten Mut entdecken; wenn wir nach langem und erfolglosem Nachdenken plötzlich die Lösung des Problems vor Augen sehen; wenn eine spontane Veränderung in uns stattfindet oder wenn uns Wellen von Energie und neuen Ideen nach einer Erschöpfungsphase wieder aufladen. Die Psychosynthese-Übungen verdanken ihre Wirksamkeit der Aktivierung dieser positiven Kräfte.

Es erfüllt uns mit Staunen und Begeisterung wenn wir die unendlichen Möglichkeiten des Wachstums erahnen. Aber wir müssen uns davor hüten, dass diese Begeisterung nicht in Besessenheit und Fanatismus umschlägt oder Deformationen hervorruft. Ich möchte im folgenden vor allem auf diese Gefahren hinweisen.

Vielleicht entsteht die bekannteste Deformation aus der Annahme, dass es die Technik ist, die die Veränderung herbeiführt und nicht die *Art und Weise*, wie sie angewandt wird.

Das folgende Beispiel kann diese Gefahr vielleicht veranschaulichen: Ein Psychiater hatte während einiger Zeit mit einem authistischen Kind gearbeitet. Vergebens hatte er versucht, mit ihm in Verbindung zu treten, das Kind blieb in seiner inneren Welt eingeschlossen. Endlich, eines Tages, während er einem intuitiven Impuls folgte, nahm der Psychiater einen Bleistift, warf ihn auf den Boden und sagte dem Kind, es solle ihn aufheben. In seiner Stimme war das Gewicht all seiner Hoffnungen und vergeblichen Bemühungen hörbar. Der Zeitpunkt war reif: das Kind hob den Bleistift auf, und in diesem magischen Augenblick entstand zwischen den beiden eine Kommunikation.

In der Folge sprach der Psychiater mit einer Gruppe von Kollegen über seine Erfahrungen. Wenig später begannen andere Therapeuten ebenfalls in der Behandlung authistischer Kinder Bleistifte hinzuwerfen und zu erwarten, dass sie diese aufheben würden. Aber natürlich funktionierte das, was man bereits «die Bleistift-Technik» nannte, nicht.

Die gleiche Deformation kann bei den Techniken der Psychosynthese auftreten: wir können sie mechanisch anwenden und unsere Zeit damit verlieren oder sie als Salonspiele veranstalten. Wir können sie aber auch sorgfältig und geduldig als Instrumente verwenden, um unser Leben zu verändern. Kurz, wir können damit umgehen wie wir wollen: die Techniken als solche geben uns keinerlei Garantie.

Eine weitere grosse Gefahr der Deformation stellt der *Narzissmus* im weitesten Sinne des Wortes dar, indem wir mit unserem eigenen psychischen Prozess so beschäftigt sind, dass wir dabei jegliches Interesse an anderen Menschen und der Gesellschaft verlieren. Als Opfer dieser Deformation vergessen wir, dass keine Technik, die für das persönliche Wachstum angewandt wird, überhaupt einen Sinn hat, es sei denn, sie übe einen kreativen Einfluss auf unsere Beziehungen zu anderen aus. Es scheint mir wichtig hinzuzufügen, dass die zwischenmenschlichen Beziehungen einen wesentlichen Stimulus zur individuellen Entfaltung darstellen. Martin Buber sagte: «Der Mensch wird zum Ich durch ein Du»[2], und es gibt kein wahres Wachstum, das in seinen Auswirkungen auf den persönlichen Bereich beschränkt bleibt.

Eine gedanklich/ideelle Bewegung unserer jüngeren Vergangenheit, die vor allem in den Vereinigten Staaten aktiv war, führte soweit, jegliches Interesse am eigenen persönlichen Wachstum als Narzissmus anzuklagen und zu verurteilen. Einer der Vertreter dieser Bewegung, Christopher Lasch, zeigt in seinem ausgezeichneten Buch *The Culture of Narcissism*[3] eine Reihe von Handlungen auf, die er in der gegenwärtigen Kultur (vor allem in der amerikanischen) zu erkennen glaubt, die eng mit dem Narzissmus verbunden sind: mangelndes Verständnis für geschichtliche Kontinuität; die Ethik des persönlichen Überlebens; die chronische Langeweile und die ständige Suche nach Gefühlsstimulus; das Misstrauen in die eigene Fähigkeit, die Welt zu verändern; das Versunkensein im eigenen privaten Universum.

Diese These, so sehr sie auch vom kritischen, geschichtlichen Standpunkt aus Gültigkeit haben mag, lässt jedoch folgende grundlegende Tatsache unberücksichtigt: Die Art und Weise, wie ein Mensch handelt, was er macht oder ausdrückt und wie er mit anderen in Verbindung tritt, ist davon abhängig, was er selber ist. Wenn zum Beispiel sein Denken von Vorurteilen oder geistiger Trägheit geprägt wird, so wird es ihm nicht möglich sein, sich aktiv an den Entscheidungen der Gemeinschaft zu beteiligen; fehlt ihm der Schönheitssinn und eine intuitive Auffassung des Ganzen, so kann er seine Umgebung und deren Ökologie nicht wirklich wahrnehmen; wenn er ständig das Bedürfnis hat, sich an andere anzulehnen, können wir nicht erwarten, dass er verantwortungsbewusst und selbständig handelt; hat er sich mit seinen psychischen Blockierungen nicht auseinandergesetzt, wird es ihm unmöglich sein, zur Bildung einer offeneren Gesellschaft aktiv beizutragen; sieht er die Tatsachen durch den Filter alter Vorurteile, wird er die Zukunft nicht kreativ konzipieren; wenn seine zwischenmenschlichen Beziehungen getrübt sind, wird es ihm schwerfallen, seinen Beitrag zu einer harmonischen, sozialen Struktur zu leisten.

Jegliche Änderung, die von solchen Menschen eingeleitet wird, führt lediglich deren eigene Unzulänglichkeiten weiter und vervielfacht sie auf kollektiver Ebene. Wie der weise Inder Ramana Maharishi sagt: «So wie *Du* bist, so ist die Welt». Daher muss der einzelne damit beginnen, an sich selber zu arbeiten und die Gefahren des Narzissmus vermeiden. Dieser Prozess schliesst keineswegs das soziale Engagement und den sozialen Kampf aus.

Eine andere Gefahr liegt in der *triumphalen Grossartigkeit*: eine momentane Euphorie verleitet uns dazu, sofortige, vollständige und permanente Resultate zu erwarten. Der magische Wunsch, für immer glücklich und zufrieden zu leben, verführt uns dazu, auf Wunder zu hoffen. Statt dessen werden wirkliche Resultate erst sichtbar, wenn wir unsere eigenen Grenzen akzeptieren: wir müssen uns unserer relativen Kleinheit bewusst werden; erkennen, wieviele Schwierigkeiten das Leben beinhaltet, wie unbeständig unsere Gefühle und wie leicht wir beeinflussbar sind, wie vielschichtig die menschliche Existenz ist und wie wahrscheinlich, dass der Zufall in unsere Pläne eingreift und schliesslich, wie geheimnisvoll das Leben in seinem innersten Wesen ist.

Es ist jedoch nicht so, dass wir diese Tatsachen als unüberwindbare Hindernisse betrachten müssen; im Gegenteil, uns ihrer voll bewusst werden, kann uns helfen, sie in unsere Entwicklung einzubeziehen. Aus diesem Grund sind in der Psychosynthese die Zeiten der Dunkelheit genauso wertvoll wie jene der Freude und der Erleuchtung: die Psychosynthese betont die Wichtigkeit, Hindernisse und deren Überwindung als stufenweisen Wachstumsprozess zu erfahren; dies erscheint wichtiger als deren vollständige Beseitigung zu versprechen; der Zweifel und das Risiko sind wesentlicher als ein momentanes psychisches Wohlbefinden; die Psychosynthese zieht die Kreativität, die im Durcheinander liegen kann, der trügerischen Klarheit bereits konfektionierter Antworten vor; sie setzt Mühe und Mühelosigkeit als gleich wichtig nebeneinander; sie anerkennt die unendliche Vielfalt der Menschen und verspricht daher keine einheitlichen Resultate.

Zusammenfassend können wir sagen, dass die Psychosynthese die Vielschichtigkeit des Menschen berücksichtigt und uns daher kein Universalrezept anbietet. Humorvoll entgegnete Assagioli denjenigen, die gegen diese Tatsache protestierten: «Es ist nicht meine Schuld, dass das Universum so kompliziert ist!»

Diese Erkenntnis zeigt uns die vielleicht grösste und häufigste Gefahr auf: *die Einseitigkeit.* Entwickeln wir nur einen Teil unseres Seins auf Kosten anderer Teile; - handle es sich nun um den Körper, die Gefühlswelt, den «Geist» oder irgendeinen anderen Aspekt, - so kommt jenem Teil eine Macht zu, die ihm alleine nicht zusteht. Wir können sogar sagen, dass dieser Teil dann dämonisch wird, uns einschränken und vielleicht sogar in den Fanatismus führen kann.

Gesund und ausgewogen, dehnt sich das menschliche Wachstum eher sphärisch nach allen Seiten aus, anstatt nur auf einer Linie zu verlaufen. Einer meiner Studenten erzählte mir ein persönliches Erlebnis, das diesen Aspekt deutlich veranschaulicht:

> Als Kind machte es mir Spass, mir am Abend im Bett vor dem Einschlafen Phantasien auszudenken. In meiner Lieblingsphantasie war ich ein Unterseeboot, das durch die Tiefen des Meeres zieht, aber als Unterseeboot konnte ich nicht an Land. Also musste ich mir vorstellen, ein Panzer zu sein, der sich frei und schnell durch Schlamm und Sand, über Stock und Stein fortbewegen kann. Doch bald fühlte ich mich auch als Panzer eingeschränkt: wie sollte ich bloss den Himmel erreichen? So verwandelte ich mich in ein Flugzeug. Doch Flugzeuge können nur

fliegen. Schliesslich beschloss ich eines Nachts, dass ich alle drei zur gleichen Zeit sein würde, eine phantastische Maschine, die fliegen, die Klippen des Meeres erforschen und sich rasch und mit Leichtigkeit auf der Erde fortbewegen kann. Ich konnte überall hin, und dies machte mich sehr glücklich.

Psychosynthese erinnert mich an diese Phantasie meiner Kindertage. Sie ermöglicht mir, mich auf allen Ebenen zu bewegen und hat mich den vertrauten Umgang mit den verschiedenen Teilen meines Selbst gelehrt.

Nachdem wir die Möglichkeiten und Grenzen der Psychosynthese betrachtet haben, können wir uns nun an die Arbeit machen. Auf den folgenden Seiten sind die Themen sowie die wichtigsten Konzepte und Modelle der Psychosynthese, so wie sie heute angewandt wird, beschrieben. Es sei betont, dass es sich hierbei um eine Arbeits-Hypothese und nicht um Absolutismen handelt. Die Übungen, die vorgestellt werden, sind keine heiligen Handlungen und können abgeändert und den einzelnen Bedürfnissen angepasst werden. Von den vielen Fallbeispielen habe ich jene ausgewählt, die die dargestellten Prinzipien am einleuchtendsten illustrieren. Schliesslich haben wir noch das Labor, wo wir Experimente machen und Resultate überprüfen können. Dieses Labor ist komplex, unbeständig in seiner Subjektivität, dynamisch in seiner ständigen Veränderlichkeit; und dennoch ist es uns stets und in jedem Moment zugänglich. Es ist voll von Erfindungsgabe und daher Schauplatz für unvorstellbare Veränderungen und Überraschungen, und: *dieses Labor sind wir selbst!*

1

Fokus

Neulich hatte ich Streit mit einem Taxifahrer. Der Mann war grob und unverschämt. Ich geriet so aus der Fassung, dass schliesslich meine Hände zitterten. Dieses Erlebnis verfolgte mich noch den ganzen Tag, bis ich die Übung machte, die es mir sofort ermöglichte, das Ganze im richtigen Verhältnis zu sehen. Meine Gemütsbewegungen sind oft sehr intensiv, doch während der ganzen letzten Woche hatte diese Übung eine befreiende Wirkung auf mich.

Bei der Übung, auf die sich die Frau bezieht, handelt es sich um eine einfache Visualisierung: man stelle sich eine Zahl auf einer Wandtafel vor und versuche dann, diese für ein paar Minuten vor dem inneren Auge festzuhalten, ohne an etwas anderes zu denken. Obwohl es Zeit und Übung bedarf, die Fähigkeit des Visualisierens zu erlangen, ohne sich dabei ablenken zu lassen, ist es dennoch erstaunlich, wieviele Fortschritte schon nach nur wenigen Tagen des Übens beobachtet ewrden können. Die dabei erzielten Wirkungen sind verschiedener und oft tiefer Natur; wir zitieren aus einigen Erfahrungsberichten: «Ich spüre, wie mein Vorstellungsvermögen stärker wird»; «Ich habe ein Gefühl von Lebenskraft in mir»; «Mein Gedächtnis entwickelt sich»: «... eine grössere innere Ruhe»; «Einige Arbeiten, die mir vorher unangenehm waren, gehen mir jetzt leichter von der Hand. Es ist wie ein Sieg».

Ein Wunder? Keineswegs. Durch die psychologischen Übungen, die in diesem und den folgenden Kapiteln vorgestellt werden, erlangen wir eine gewisse Herrschaft über unsere psychischen Vorgänge, was uns zu innerem Wachstum verhilft. Es ist daher keineswegs erstaunlich, dass sich diese Frau nach einer einfachen Übung bereits besser fühlte. Es bedurfte nur wenig, ihre zerstreuten psychischen Kräfte wieder zu vereinen, und dies wiederum genügte, ihr Erleichterung zu verschaffen.

Auch eine andere Tatsache müssen wir uns noch vor Augen halten: jene psychologischen Eigenschaften, die wir nicht anwenden, verkümmern, so dass nur diejenigen erhalten bleiben, die wir aufgrund unserer Gewohnheiten immer anwenden. Francis Galton erläuterte diese Tatsache wie folgt in einer seiner Arbeiten über das *Vorstellungsvermögen*:

> Die Freude, hervorgerufen durch die *Anwendung der Vorstellungskraft,* ist unermesslich. Viele Leute haben mir geschrieben, dass es für sie eine der grössten Freuden sei, sich an schöne Landschaften und berühmte Opernarien erinnern zu können; auch seien sie fähig, ganze Bildergalerien im Gedächtnis zu behalten. Unsere stark auf Bücherwissen ausgerichtete Erziehung neigt dazu, diese wertvolle Gabe der Natur in uns zu unterdrücken. Eine Fähigkeit, die in allen technischen und künstlerischen Berufen von grosser Wichtigkeit ist, die unseren Wahrnehmungssinn verfeinert und unseren Verallgemeinerungen Genauigkeit verleiht, verkümmert teils aus Faulheit, teils weil wir sie falsch anwenden, statt dass wir sie so pflegen, dass sie uns grösste Vorteile bringen könnte.[2]

Die nachfolgenden kurzen Übungen können jederzeit und ohne grossen Aufwand gemacht werden:

Übung zur Visualisierung

Schliessen Sie die Augen und stellen Sie sich das folgende vor:

Eine Feder, die langsam Ihren Namen schreibt.

Eine Zahl mit einer Ziffer. Dann ersetzen Sie diese Zahl durch eine zweistellige, dann durch eine dreistellige, usw. bis Sie an die Grenze der Anzahl Ziffern gelangen, die Sie sich noch vorstellen, das heisst, visualieren können. Halten Sie nun diese Zahl während ein paar Minuten in Ihrer Vorstellung fest.

Verschiedene, farbige Formen:
ein gelbes Dreieck
einen blauen Kreis
einen Stern mit fünf Spitzen
usw.

Abstrakte Bilder wie Buchstaben, Zahlen oder geometrische Formen sind oft schwieriger zu visualisieren, als andere, komplexere, die uns jedoch vertraut sind. Vielleicht ist es einfacher, sich Menschen vorzustellen, die man kennt und liebt, als ein blaues Dreieck. Es fällt uns leichter, uns unsere Lieblingslandschaft vorzustellen, als auf einer Wandtafel die Zahl 716. Gerade aus diesem Grund jedoch sind die einfacheren und emotional neutralen Gegenstände die wirksamsten, um unser Vorstellungsvermögen und unsere Konzentrationsfähigkeit zu stärken.

Seien Sie nicht entmutigt, wenn es Ihnen am Anfang nicht einmal gelingt, eine einfache Übung wie zum Beispiel eine der soeben beschriebenen, zu machen. Wenn die Bilder nicht erscheinen, wenn sie verwischt, trüb und unstabil sind, oder auch wenn sie klar sind, jedoch sofort wieder verschwinden, machen Sie weiter. Langsam und behutsam werden die Dinge sich ändern. Versuchen Sie einfach, das Bild für zwei oder drei Minuten festzuhalten, auch wenn Ihnen dabei andere Gedanken kommen.

Betrachten Sie diese Übungen als Vorbereitung auf die Techniken der nachfolgenden Kapitel; auch für sich alleine können sie jedoch von grossem Nutzen sein. Hierzu ein Beispiel:

Ich liess ein zwölfjähriges Mädchen Visualisierungs-Übungen mit geometrischen Formen und Ziffern machen. Zu jenem Zeitpunkt hatte das Mädchen grosse Schwierigkeiten in der Schule, vor allem in Englisch und Mathematik hatte sie schlechte Noten. Sie fand es zum Beispiel schwierig, die Präsenzformen des englischen Verbs «to be» zu lernen. Ich sagte ihr, sie solle eine Wandtafel visualisieren und sich vorstellen, sie schriebe die englischen und italienischen Formen dieses Verbs darauf. Anschliessend solle sie zwei- bis dreimal das lesen, was sie visualisiert hatte. Nach kurzer Zeit hatte sie bereits gelernt, die Verbformen perfekt im Gedächtnis zu behalten. Diese Erfahrung beeindruckte sie so sehr, dass sie seither jedes Mal, wenn sie Gedächtnisschwierigkeiten hat, Visualisierungs-Übungen anwendet.

In anderen Fächern wie zum Beispiel in der Mathematik und Geometrie nahm sie die Haltung «ich kann nicht» ein und verlor dann das Interesse am Fach. Nachdem sie während einiger Tage die Übungen gemacht hatte, sah ich eine grundlegende Veränderung in ihrem Verhalten in der Schule. Sie war aufmerksam, und wenn ihr dies einmal nicht gelang, kam sie zu mir und verlangte Erklärungen, um zu erfahren, was sie falsch machte. Im Laufe der Zeit lernte sie, alleine zurecht zu kommen.

Übung für den Tastsinn

Konzentrieren Sie Ihre Wahrnehmung auf den Tastsinn.
Stellen Sie sich vor:

Jemandem die Hand zu geben: spüren Sie die Berührung und Druck auf Ihrer Hand;
Eine Katze oder einen Hund zu streicheln: spüren Sie das Fell;
Stellen Sie sich vor, Sie berühren eine Baumrinde;
Spüren Sie Neuschnee in Ihrer Hand;
Sand, der durch Ihre Finger rinnt;
Eine Feder, die über Ihre Hand streicht.

Häufig entzieht sich unsere Wahrnehmung unserer Kontrolle und lässt sich von inneren oder äusseren Reizen jeglicher Art dominieren. Dennoch stellt die Fähigkeit, die Aufmerksamkeit zu dirigieren, zu konzentrieren und sie nach Belieben zurückziehen zu können, eine wesentliche Aufgabe dar. Im Laufe dieses Buches werde ich noch verschiedentlich auf dieses Thema zurückkommen. Ich möchte noch hervorheben, wie leicht jemand, der nicht fähig ist, seine Aufmerksamkeit auf etwas zu richten, Opfer der verschiedenen psychischen Kräfte werden kann. Ein Mensch, der eine wesentliche Fähigkeit nur wenig entwickelt hat, lebt mühevoll und muss auf wichtige Erfahrungen verzichten. In diesem Zusammenhang erinnere ich an die Worte von Hermann Keyserling:

> Die Fähigkeit, sich zu konzentrieren ist die wahre, vorwärtstreibende Kraft unseres gesamten psychischen Mechanismus. Nichts fördert unsere Handlungsfähigkeit mehr, als die Stärkung dieser Fähigkeit. Jeglicher Erfolg, auf welchem Gebiet auch immer, erklärt sich durch die intelligente Anwendung dieser Fähigkeit. Es gibt kein Hindernis, das auf die Dauer der aussergewöhnlichen Kraft der höchsten Konzentration widerstehen könnte.

Übung für den Geruchssinn

Stellen Sie sich vor, Sie riechen:

eine Blume
frische Bergluft in einem Tannenwald
brennendes Holz
das Meer
ofenfrisches Brot

Und nun kommen wir zur Erweckung von Körpergefühlen und Bewegungen: in den nachfolgenden kurzen Übungen versuchen Sie, das Gefühl für Ihre Muskeln und allgemeinen Körperbewegungen zu aktivieren.

Übung für die kinestetische Wahrnehmung

Stellen Sie sich vor:

Sie gehen einen Strand entlang

Sie fahren Auto (nehmen Sie dabei ganz genau jede Ihrer Bewegungen wahr, wenn Sie steuern, die Pedale drücken, usw.)

Sie schwimmen, spielen Tennis oder Korbball oder treiben irgendeine andere Sportart

Sie hacken Holz

Jedes Mal, wenn wir willentlich eine sonst wenig benutzte Fähigkeit erforschen und einsetzen, empfinden wir Genugtuung. Wir empfinden Freude, wenn wir lernen, mit unserem Organismus etwas Neues zu erleben oder wenn es uns gelingt, einen brachliegenden Teil von uns zu stimulieren.

Übung für den Geschmacksinn

Stellen Sie sich den Geschmack vor:

einer Banane
von Mandeln
von Schlagsahne
Ihres Lieblingsessens

Wie fühlen Sie sich, während Sie diese Übungen machen? Es ist wichtig, dass Sie sich nicht verkrampfen. Ein Fechtmeister pflegte zu sagen: «Halten Sie das Florett so, als hielten Sie einen Vogel in der Hand: nicht zu fest, sonst stirbt der Vogel; nicht zu locker, sonst fliegt der Vogel fort.» Das gleiche gilt für die Aufmerksamkeit: finden Sie das richtige Mass zwischen Anspannung, Entspannung und Ablenkung.

Für einige ist die Übung der Erweckung von imaginären Tönen schwieriger als andere; und dennoch verstärkt auch sie die Schärfe und die Intensität unserer alltäglichen Wahrnehmungen. Eine meiner Kolleginnen schreibt:

Nachdem ein vierzigjähriger Mann die Übung offensichtlich ohne Erfolg während 14 Tagen gemacht hatte, erlebte er eine derartige Überraschung, dass er zu mir kam und sie mir erzählte: Er sei eines Tages erwacht und meinte, er habe geträumt, dass Glocken läuten. Dann merkte er jedoch, dass der Klang der Glocken wirklich da war und von der Kirche in der Nähe seines Hauses kam. Er war umsomehr verwundert, da er diesen Klang zum ersten Mal hörte seit er an diesem Ort wohnte.

Ein weiterer Fall, bei welchem Übungen von Sinneserwekkung Resultate gezeigt haben, ist der einer Lehrerin. Sie fuhr mit ihrem Auto, in dem es meistens nach Benzin roch, nach Hause, als sie plötzlich einen anderen Geruch wahrnahm. Zuerst dachte sie, ihre Schüler hätten ihr einen Scherz machen wollen. Sie hielt sogar an und schaute in ihrer Tasche nach. Dann wurde ihr plötzlich bewusst, dass es der Geruch der Erde, der Blumen und des Grases war, den sie heute zum ersten Mal wahrgenommen hatte.

Übung für den Gehörsinn

Hören Sie den folgenden imaginären Geräuschen zu:

eine Stimme, die Ihren Namen ruft
der Lärm des Strassenverkehrs
das Rauschen des Regens
Menschen an einem Fest
das Rascheln der Blätter im Wind
spielende Kinder
Wellen, die sich am Ufer brechen
eine knarrende Türe
den Klang eines Gongs, der langsam verhallt

2

Schimmer einer entfernten Welt

Eine Reihe von Mechanismen in unserer Psyche, die einst ihre Berechtigung hatten, sind heute veraltet. Um dies zu erläutern, zitierte der Schweizer Psychologe Baudouin folgendes Beispiel:

> Der Fahrgast im Autobus hält sich an die Weisung, dass er seine Fahrkarte jederzeit für eine Kontrolle bereithalten muss. Dann verlässt er den Autobus und geht einkaufen. Und einige Stunden später, während er sich mit grossen Paketen, seiner Brieftasche und dem Kleingeld herumschlägt, bemerkt er, dass er die ganze Zeit über die Fahrkarte zur Kontrolle bereitgehalten hatte.
>
> Welcher psychologische Mechanismus war für diese sinnlose Übung verantwortlich? Einige würden sie als Trägheit oder Automatismus einstufen. Falls es Automatismus ist, so handelt es sich dennoch nicht um reinen Automatismus. Die ursprüngliche Absicht wurde zu einer unbewussten Richtlinie für das Verhalten dieses Mannes. Aber ausserdem setzte sie eine ganze Reihe von kunstvollen und komplexen Verdrehungen in Gang, die Initiative und Entschlossenheit erforderten, als hinge das eigentliche Le-

ben dieses Mannes vom pflichtgemässen Vorweisen der verfallenen Fahrkarte ab.[1]

Unsere Ängste dauern an, selbst wenn wir nichts mehr zu befürchten haben. Wir klammern uns an Groll und Entrüstung, die längst überholt sind. Wir sind auch dann noch deprimiert, wenn wir keinen Grund mehr dazu haben. Kurz und gut, wir halten unsere Fahrkarte auch dann noch fest, nachdem wir den Autobus verlassen haben; durch unsere veralteten, gefühlsbeherrschten Gewohnheiten können wir in die Klemme geraten, denn sie zwingen uns zu unnötigen Kraftaufwendungen und manchmal, vor allem wenn sie durch traumatische Kindheitserlebnisse entstanden sind, vermögen sie uns tief zu beeinflussen; anstatt im Hier und Jetzt zu handeln, reagieren wir so, als befänden wir uns noch in den gleichen Umständen, die uns vorher verletzt haben. Und dennoch verlieren diese Einflüsse ihre Herrschaft über uns, wenn es uns gelingt, sie klar und objektiv zu beobachten.

Diese Aufgabe ist leichter zu bewältigen mit der Unterstützung eines helfenden Begleiters, weil die alten Gewohnheiten die Tendenz haben, weiterzuleben und jeden Trick anwenden, um nicht entlarvt zu werden.

Es stehen uns jedoch einige wirksame und gezielte Mittel zur Verfügung, mit denen wir selbst die Existenz und Beschaffenheit unserer veralteten Gewohnheiten entdecken können.

Wir müssen uns die Täuschungen unseres Unbewussten bewusst machen. Gemäss Definition ist das Unbewusste der Teil in uns, der dem Bewusstsein nicht direkt zugänglich ist; wir können seine Existenz nur durch zufällige Ereignisse erkennen, wie zum Beispiel durch Versprecher; durch spezifische Techniken zur Aufhebung der bewussten Zensur, Techniken wie sie die Psychoanalyse bietet, wie zum Beispiel die freie Assoziation und die Traumanalyse; verschiedene Testarten; oder durch andere Methoden wie Imaginations-Übungen, Körperbewegung und das Schreiben. Zu diesen Methoden gehört auch das freie Malen (wurde bereits von Jung angewandt), welches sicher eine der einfachsten und praktischsten Techniken ist, und die ich daher zuerst beschreiben möchte.

Beim freien Malen stellen wir alles dar, was uns gerade in den Sinn kommt, ohne uns dabei um den Stil, die Methode oder den

Inhalt zu kümmern.* Dann betrachten wir unsere Zeichnung und versuchen, sie zu deuten. Die Ergebnisse können dabei ganz verschieden ausfallen:

Läuterung oder Reinigung: Normalerweise stellen wir das Fehlen von physischer Hygiene dem Fehlen von Zivilisation gleich. Doch wie steht es um die psychische Hygiene? Die heutige Zivilisation stimuliert eine grosse Vielfalt von Gefühlen und verhindert gleichzeitig deren Ausdruck. Daraus folgt, dass das verdrängte, emotionale Material den freien Fluss unserer Psyche blockiert und somit mehr oder weniger schwerwiegende Störungen verursacht. Das freie Malen gibt der unbewussten Energie, die uns von innen her blockiert, eine sichtbare Form und dadurch wird die Macht, die diese Energie auf uns ausübt, verringert.

Verständnis: Betrachten wir diese, auf dem Papier umgesetzten und sichtbar gemachten Kräfte, kommen wir zu einem besseren Verständnis unserer inneren Welt.

Um einige Abweichungen der Uranuslaufbahn zu verstehen, die aufgrund der bereits bekannten Kräfteauswirkungen unerklärbar waren, postulierte Leverrier die Existenz eines unbekannten Planeten und entdeckte so Neptun. Unsere unbekannten Kräfte sind mit dem unbekannten Planeten vergleichbar. Sie beeinflussen unser Verhalten, ohne dass wir uns dessen bewusst sind. Mit unseren freien Zeichnungen beginnen wir zu ahnen, von welchen Faktoren sowohl unser Verhalten wie auch unser Handeln bestimmt werden. Es ist, als verfügten wir über ein Gerät, das dem Fernsehbildschirm ähnlich ist; wie eine Maschine, die sich auf unser Unbewusstes abstimmen kann und fähig ist, unsichtbare und feine Impulse in sichtbare Äusserungen aus farbigen Feldern umzuwandeln, so als ob uns der Bildschirm deutlich und konkret das Kräftespiel in unserem Innern aufzeigen würde. Das freie Malen bringt die Energien, die versteckt unser Leben motivieren, mit Reichtum und oft grosser Genauigkeit ans Licht; zeigt uns die Tendenzen, die beginnen, sich herauszukristallisieren, beleuchtet undefinierbare Gefühle, die kein Wort zu beschreiben vermag.

* Sie können auch zu einem bestimmten Thema malen, wie zum Beispiel eine psychische Qualität, ein Trauma oder Problem, ein Projekt oder ein Hindernis, über die Zukunft, eine Beziehung, eine Situation, usw. Die Wirkungen entsprechen denen, die in diesem Kapitel beschrieben werden.

Befreiung: Das Verständnis trägt zur Festigung unserer unbewussten Kräfte bei. Genau wie der Mann verstanden hatte, dass es nicht mehr nötig war, die Fahrkarte festzuhalten, entdecken wir, dass wir uns von jenen Kräften, denen wir vorher unbewusst unterworfen waren, befreien können.

Freies Malen

Nehmen Sie einige Farbstifte und Zeichenblätter. Bevor Sie zu zeichnen beginnen, schalten Sie ein paar Augenblicke der Ruhe und Entspannung ein zwischen Ihre vorhergehende Aktivität und das, was Sie jetzt gerade machen werden. Dann erlauben Sie Ihrer Hand, frei zu malen. Schauen Sie einfach zu, was dabei auf dem Papier entsteht.

Lassen Sie zu, dass Ihre Hand malt, was immer sie auch will, sei dies nun abstrakt oder konkret. Lassen Sie die emotionalen Qualitäten so zu, wie sie gerade sind, auch wenn diese nicht mit dem jetzigen Bild, das Sie von sich selber haben, übereinstimmen. Während Sie malen, lassen Sie die Bewegungen Ihrer Hand sich spontan entwickeln: sie können fliessend oder ruckartig, schnell oder langsam sein.

Wenn Sie das Gefühl haben, fertig zu sein, betrachten Sie Ihre Zeichnung: fehlt noch etwas? Wenn ja, fügen Sie es noch hinzu.

Wir sollten unsere Zeichnung so willkommen heissen, als sei sie jemand, der aus einem weitentfernten Land kommt, dessen Bräuche ganz anders sind als diejenigen unserer Heimat. Wir beurteilen sie daher auch nicht nach unseren üblichen intellektuellen Massstäben, sondern hören vielmehr zu, was sie uns zu erzählen hat. Diese Zeichnung könnte etwas Neues und anderes darstellen als das, was sich an der Oberfläche unserer Psyche abspielt. Unsere Aufgabe besteht nun darin, die Schwingungen dieser psychischen Unbekannten aufzunehmen und intuitiv zu erkennen, was sie uns über uns selbst vermittelt.

Dann wenden wir uns wieder unserer Zeichnung zu; doch nun schauen wir sie mit analytischen Augen an. Wie ist der Stil? Ist er kindlich, ausgefeilt, nervös, mechanisch? Wie haben wir die Farben gewählt? (Achten Sie auf Farbigkeit oder Fehlen von Farbe, Kontrast und Harmonie, helle oder dunkle Farbtöne, usw.). Wie wurde der Raum eingeteilt? (Ist er überfüllt, leer, erdrückend, unpersönlich, intim, unregelmässig ausgefüllt?). Ist die Zeichnung statisch oder dynamisch? (Enthält sie Bewegung? Beobachten Sie, ob die Bewegungen fliessend, zackig, heftig oder verhalten sind.) Was für eine Verbindung besteht zwischen den dargestellten Elementen? (Stehen sie im Widerspruch zueinander, oder sind sie isoliert; tanzen sie zusammen oder trennen sie sich voneinander?) Wie ist die allgemeine Stimmung? (Traurig, freudig, bewegt, ruhig, usw.)

Während wir unsere Zeichnung betrachten, ist es möglich, dass ihre Farben, ihre Formen oder gewisse Einzelheiten in uns Gefühle, Erinnerungen oder Intuitionen hervorrufen. Nach einer Weile drehen wir das Blatt um und notieren auf der Rückseite, was uns beim Betrachten unserer Zeichnung in den Sinn gekommen ist. Schliesslich, nachdem wir unsere inneren Energien in sichtbare Formen umgewandelt haben, versuchen wir, diese sichtbaren Formen in Verständnis und Worte umzusetzen.

Nach diesen Schritten wird uns klar, dass die Interpretation (vielleicht wäre es besser, sie Verständnis zu nennen) mehr ist als ein intellektueller Vorgang. Zudem benötigen wir keinen vorausbestimmten Schlüssel, um unsere Zeichnung zu entziffern. Es ist wichtig, dass wir sie verstehen und nicht, dass wir Erklärungen abgeben. Bleibt die Intuition aus, ist es besser, die Zeichnung wegzulegen, und sie vielleicht später wieder anzuschauen, nachdem Sie weitere Zeichnungen gemacht haben. Selbst wenn die Zeichnungen für uns nichts anderes als bedeutungslose Hieroglyphen bleiben, so befriedigen sie immerhin ein lebenswichtiges Bedürfnis: den Wunsch nach Selbstausdruck. Viele entdecken in sich selbst eine fast kindliche Freude am Spielen mit den Farbstiften, am Verschwinden der Beherrschung durch Vernunft und dem reinen Vergnügen der Kreativität, die keinem bestimmten Zweck dient.

Während wir verschiedene freie Zeichnungen machen, kommt eine Vielfalt von Formen an die Oberfläche: Körper, Gesichter, Tiere, Schnörkel, Monster, Gegenstände aller Art, zweideutige Formen, usw. Und dann werden wir uns so langsam der enormen Vielfalt von Energien, die in uns vorhanden sind, bewusst; wir entdecken psychische Ganzheiten mit eigenem, unabhängigem Leben. Und die Tatsache, dass wir meistens nicht fähig sind, diese Ganzheiten wahrzunehmen, bedeutet keinesfalls, dass es sie nicht gibt; es bedeutet lediglich, dass wir uns ihrer nicht bewusst waren. Ein junger Mann schreibt:

> Ich hatte immer Alpträume von Ratten und Mäusen. Für mich symbolisierten Ratten seit eh und je das Schrecklichste, Grässlichste, Abstossendste und unsagbar Schmutzige. Etwas, das ich nicht direkt anschauen konnte, so furchtbar war schon der Gedanke daran. Als ich aufgefordert wurde, frei zu malen, kamen mir sogleich Ratten in den Sinn und so zeichnete ich sie: Ratten mit riesigen Zähnen; Ratten mit roten Augen; Ratten, die aus dem Dreck herausragen; Ratten, die die Welt bedrohen; Ratten, die sich in der Dunkelheit einnisten, jederzeit bereit anzugreifen; Ratten, die gierig Kadaver verschlingen und deren Knochen abnagen; Ratten, die aus Schränken herausspringen und überall herumrennen. Für mich verkörperten diese Tiere das Böse schlechthin. Ich machte mir keine Gedanken darüber, ob dies nun der böse Teil in mir oder das Böse in der Welt sei. Ich malte sie einfach. Zuerst hatte ich Angst, dann machte es mir Spass, und ich empfand eine gewisse Erleichterung.
>
> Zwei Nächte später hatte ich einen Traum: Ich träumte wieder von Ratten, aber dieses Mal war es kein Alptraum. Es war das Paradies der Ratten. Sie spielten, tanzten und sangen Lieder, sie waren wie verwandelt. Manche trugen schöne Kleider, und das Fell der anderen war so flauschig weich und schön, dass ich sie beinahe berührte. Die Stimmung war freudig, und ich erwachte mit folgenden Worten im Sinn: «Die Freude der Erkenntnis». Es war als ob sich die Ratten darüber freuten, dass ich ihre Existenz anerkannt hatte. Sie hatten sich verwandelt von dem Augenblick an, da ich sie akzeptiert hatte.
>
> Obwohl ich noch viel an mir selbst arbeiten muss, fühle ich mich mit dem Wissen um das Irrationale in mir viel stabiler und bedeutend wohler.

Manchmal sind die Veränderungen derart bedeutend, dass wir zögern, sie alleine dem freien Malen zuzuschreiben. Nehmen wir zum Beispiel Ilaria, eine fünfunddreissigjährige Frau, die in ihrer Arbeit an sich selbst bereits verschiedene Techniken der Psychosynthese angewandt hatte. Und dennoch wurde ihr gerade anhand einer solchen Zeichnung ihr momentaner Prozess verstärkt bewusst. Zugleich provozierte diese Zeichnung eine Energiebefreiung. Ilaria zeichnete zwei Männer im Kampf: «Sie versuchen, sich gegenseitig zu kastrieren» erklärte sie mir, «die Frau, ohne Arme und Beine, die dem Geschehen aus unmittelbarer Nähe machtlos zuschaut, bin ich.» Die Zeichnung war fast ganz schwarz, nur das Herz der Frau war rot, jedoch von zwei schwarzen Bändern eingeschnürt. Ilaria studierte ihre Zeichnung und verstand so zwei Dinge: erstens wurde sie sich ihres Verhaltens gegenüber ihrer Umwelt bewusst: «Ich zog mich zurück und beobachtete ohnmächtig die Grausamkeiten dieser Welt», sagte sie. Die andere Einsicht betraf das eingeschnürte rote Herz, in dem Ilaria eine grosse Vitalität verspürte. Als ich Ilaria nach einiger Zeit fragte, wie sie diese neue Erkenntnis angewandt hatte, um ihren Alltag zu verändern, antwortete sie:

> Wenn ich mich früher unter Leuten befand, ging ich weg oder sagte keinen Ton, es sei denn, ich wurde direkt zum Sprechen aufgefordert. Heute, da ich mir dieser Tendenz, mich selber einzuschränken, bewusst bin, ergreife ich die Initiative, auch ohne dazu aufgefordert zu werden. Yoga-Übungen, die mir früher nicht gelangen, weil ich mich aus Angst, mich auszudrücken, zu sehr verkrampfte, gelingen mir heute. Wenn jemand traurig ist, sehe ich mich nicht mehr als Ursache seiner Traurigkeit; ich denke nicht mehr, dass ich ihm vielleicht nicht gefalle. Heute setze ich mich über meine Hemmungen hinweg, und ein Wort oder eine Handbewegung genügt mir, um mit meiner Umwelt in Verbindung zu treten.

Ilaria wurde bereits anhand einer einzigen Zeichnung sehr viel klar. Aber meistens ist die Arbeit bescheidener und langsamer. Erst wenn wir eine ganze Reihe freier Zeichnungen machen, können wir klarer mit den Zuständen unserer Seele, mit Impulsen und Einflüssen in Verbindung treten, die wir vorher nur undeutlich wahrgenommen haben.

Das Verständnis wird leichter durch eine ganze Reihe von Zeichnungen, weil dadurch die Perspektive breiter wird. Wenn wir mehr Material zur Verfügung haben, fällt es uns leichter, das Zufällige vom Wesentlichen zu unterscheiden, da die wichtigsten Themen immer wiederkehren. Es kann auch sein, dass in einer Serie von Zeichnungen, die wir in einer relativ kurzen Zeitspanne gemacht haben, eine wirkliche Veränderung stattfindet: Gefühle, die stürmisch und heftig, jedoch nur kurzlebig sind, finden so zuerst ihren Ausdruck auf dem Papier. Das gibt den gelasseneren und tieferen Schichten unseres Seins die Möglichkeit, an die Oberfläche zu kommen. Dies war bei einer Frau der Fall, die folgendes schreibt:

> Ich machte eine schwierige Zeit durch; ich war voller Angst, weil ich Weihnachten alleine verbringen musste. Ich war voller Emotionen und wusste mir nicht zu helfen. So begann ich, ein paar freie Zeichnungen zu machen. Jede Zeichnung führte mich in eine andere Dimension und vermittelte mir zugleich ein Gefühl der Erleichterung und der Befreiung. Ich machte jeden Tag Zeichnungen, bis ich das Gefühl hatte, den Zyklus beendet zu haben. An diesem Punkt angelangt, erfuhr ich eine grosse geistige Klarheit und einen engen Kontakt mit meinen intuitiven Fähigkeiten. Mir war, als hätte ich mich über die Wolken hinweg bis zum Sonnenlicht erhoben.

Nachdem wir etwas Übung bekommen haben mit dem freien Malen, können wir noch mindestens drei weitere Arten zur Erforschung unseres Unbewussten ausprobieren: bildhaftes Vorstellungsvermögen, Körperbewegung und Schreiben. Wie das Malen können auch diese Methoden frei, themenbezogen oder mit der Aufmerksamkeit auf eine besondere psychische Blockierung geübt werden.

Beim *bildhaften Vorstellungsvermögen* lassen wir die Bilder spontan in uns aufsteigen, wie beim freien Malen. Aber anstatt zu malen, visualisieren wir. Es ist, als hätten wir einen Bildschirm vor uns, und wir schauen zu, was darauf projiziert wird. Anders als beim freien Malen handelt es sich hierbei um eine direktere Methode, und die Bilder, die emporsteigen, sind sicherlich reicher und beweglicher als jene, die beim Malen ausgedrückt werden können. Die Gefahr der Ablenkung ist jedoch grösser. Es ist daher ratsam, mit einem spezifisch psychischen Inhalt zu arbeiten, wie zum Beispiel mit der Angst. Wir lassen zu, dass unsere Vorstellung spontan ein Bild entwirft, das dem augenblicklichen Gemütszustand entspricht: Welche Farbe hat das Bild? Welche Form? Wie fühlt es sich an? Wie riecht es? Wie tönt es? Und wenn es sprechen kann - was sagt es?

Wichtig ist bei dieser Übung, dass wir das Bild nicht konstruieren, sondern dass wir zulassen, dass es sich von alleine bildet, und so miterleben, wie ein tieferer und natürlicherer Teil in uns sich mittels seiner eigenen, symbolischen Sprache ausdrückt.

Jede Art von Bild kann vor unserem inneren Auge erscheinen, auch ein sehr reales oder stark gefühlsbetontes. Wenn wir mit einem Problem arbeiten, erscheint uns ziemlich sicher ein unangenehmes Bild. Ich habe sehr oft erlebt, wie meine Klienten Kraken, Ratten, Fledermäusen, Riesenspinnen, Monstern aller Art, Hexen, bösen Zauberern und anderen furchterregenden Wesen begegnet sind. Es ist durchaus normal, beim Anblick solcher Gestalten in Angst zu geraten; dann jedoch entdecken wir, dass diese tiefe und verdrängte Aspekte unseres Seins darstellen. Es ist daher gut, wenn wir uns mit den Monstern auseinandersetzen; wenn wir versuchen, mit ihnen vertraut zu werden und sie zu verstehen; wenn wir zuhören, was sie uns zu sagen haben. Das Geheimnis besteht darin, genügend Mut aufzubringen, um dem negativen Bild entgegenzutreten und gleichzeitig genügend Geduld zu haben, um für eine Weile mit ihm zusammenzubleiben. Dann wird sich das Bild verändern. Diese Verwandlung kann nur stattfinden, wenn wir zulassen, dass alle Gefühle, die wir ihm gegenüber hegen, frei in uns emporsteigen können. Ein Bild, das auch dann noch beängstigend ist, nachdem wir uns wiederholt damit auseinandergesetzt haben, erfährt vielleicht erst dann eine Veränderung, wenn wir es in einer oder mehreren Zeichnungen aufs Papier gebracht haben und uns dadurch seine wahre Bedeutung offenbart.

Der wesentliche Punkt hierbei ist, dass sich nicht nur das Bild verändert - was an und für sich fast unbedeutend wäre - sondern, dass die Veränderung des Bildes dazu führt, die Dinge in einer neuen Art und Weise zu sehen und neue Gefühle einfliessen zu lassen. Diese Veränderung kann einen sehr konkreten Einfluss auf unser Verhalten haben.

Natürlich dürfen wir nicht erwarten, dass all das ganz von alleine und sofort passiert, auch wenn es manchmal der Fall sein kann. Wenn wir wollen, dass die Veränderung wirklich in uns Wurzeln schlägt, empfiehlt es sich, das positive Bild, das emporgestiegen ist, wiederholt zu visualisieren, wenn auch jeweils nur kurz im Verlaufe des Tages.

Eine andere nützliche Technik ist die *Identifikation* sowohl mit den negativen als auch mit den positiven Bildern. Eine Fee erscheint, ein Frosch, ein Fluss, ein alter Schuh, ein Offizier der Gestapo, ein Vulkanausbruch. Alle Bilder, die erscheinen, kommen aus unserer Psyche und sind somit unser eigenes Produkt. Um sie besser kennenzulernen und als Teil von uns zu besitzen, ist es gut, wenn wir uns mit ihnen identifizieren. Der Schweizer Psychiater Robert Gerard[2], der diese Technik als erster anwandte, meint, dass im Falle von Menschen-Gestalten unsere Empathie erhöht wird; bei Bildern aus der Natur, wie Flüssen, Sternen und Blumen, führt die Identifikation dahin, in uns Gefühle der inneren Teilnahme am ganzen Universum zu stimulieren; im Fall von abstossenden oder erschreckenden Bildern hilft uns die Identifikation, Teile in uns wiederzuerlangen, die wir bis anhin unterdrückt oder auf andere Personen projiziert haben; in jedem Fall ermöglicht uns die Identifikation, eine tiefere und direktere Verbindung mit all dem, was in uns und um uns existiert, einzugehen; sie ist daher sinnvoller und wirksamer als jegliche rein intellektuelle Interpretation.

Die Anwendung der *freien Körperbewegung* kann mit der freien Imagination verglichen werden. Die Technik an und für sich ist sehr einfach: man lässt einfach zu, dass der Körper Stellungen einnimmt und Bewegungen ausführt, so wie er gerade will. Während vorher unsere Zeichnungen oder inneren Bilder die Träger des Ausdrucks waren, ist es nun der Organismus selbst. Wohlverstanden, es geht nicht um Bewegungen, die man sich bereits im voraus ausgedacht hat: der Körper bewegt sich nach seinen spontanen Impulsen, die aus sehr tiefen Schichten unseres Unbewussten kommen können. Wir können auch hier wieder direkt mit einem psychischen Block arbeiten und ihn durch eine bestimmte Bewegung oder Stellung symbolisieren, als sei unser Körper eine Statue oder ein Tänzer, der ihn durch tanzen zum Ausdruck bringt; auf diese Weise können wir vielleicht jenen Block besser verstehen und manchmal sogar Veränderungen auslösen. Für stark körperorientierte Menschen ist es besonders wichtig, auf dieser Ebene aktiv zu werden, denn solange sie nur auf der seelischen oder geistigen Ebene mit sich arbeiten, können sie das, was in ihnen abläuft, nicht voll erfassen.

Die Schwierigkeit dieser Technik besteht darin, dass sich viele Menschen lächerlich und gehemmt fühlen, wenn sie sie anwenden, während sie sich bei anderen Techniken, die in diesem Kapitel beschrieben werden, wohler fühlen. Dies ist darauf zurückzuführen, dass sie ihren Körper nicht vollständig wahrnehmen und grosse Angst davor haben, ihren Panzer abzulegen.

Die vierte Methode, die ich hier vorstellen möchte, ist das *Schreiben.* Diese Methode kann viel wirksamer sein, als man zunächst meinen könnte. Wenn wir unserer Hand freien Lauf lassen, über ein bestimmtes Thema zu schreiben, drücken wir vielleicht ganz spontan Dinge aus, an die wir vorher nicht im Entferntesten gedacht haben. Was wir implizit fühlen, müssen wir nach aussen bringen, da wir uns dadurch Dinge klar machen können, die vorher düster und konfus erschienen. Während wir schreiben, können uns auch neue Ideen kommen. Auf jeden Fall setzen wir in uns selbst einen reinigenden Prozess in Gang.

Wir sollten nicht überrascht sein, dass das unbewusste Material so rasch an die Oberfläche kommt. Es bestehen keine grossen Schranken zwischen dem hellen Feld des Bewusstseins und der dunklen Unterwelt des Unbewussten. Im Gegenteil: zwischen diesen beiden Dimensionen findet dauernd eine Osmose statt. Das Schreiben stimuliert diesen Austausch und hilft uns zugleich, ihn zu beobachten, zu bestimmen und zu verstehen. Es besteht aber auch noch ein anderer Grund, der für das Schreiben spricht. Wie Ira Progoff, die diese Technik sehr oft angewandt hat, sagt, häufen sich unsere Lebenserfahrungen, eine auf die andere, und bleiben steril, wenn wir sie einfach in die Vergessenheit abschieben; sie sind wie kompakte Erde, die vor der Aussaat umbrochen werden muss; erst wenn wir im Humus unseres Lebens mit unseren Händen graben, nur wenn wir die gemachten Erfahrungen geistig nachvollziehen und dabei vielleicht darüber schreiben, anstatt ohne jeglichen Bewusstwerdungsprozess weiterzuleben, werden wir fähig sein, unsere Fehler zu verstehen, vergessene Impulse wiederzuerlangen und wertvolle Lehren aus unseren Erfahrungen zu ziehen.

Bei allen hier vorgestellten Methoden stellt das Bewusstsein die erste Phase dar. Nachdem wir uns mit den uns einschränkenden Mustern vertraut gemacht und sie objektiv beobachtet haben, wird sich in uns bereits etwas verändern, denn jedes Muster, das entdeckt wird und mit dem man sich auseinandersetzt, ändert sich. Nach dieser ersten Phase ist es möglich, die destruktiven Tendenzen durch andere, positivere zu *ersetzen*. Wir schaffen einen neuen *Weg der Stärke*: es ist, als schlage man sich einen neuen Pfad durch den Dschungel: nachdem wir uns zum Beispiel mit unserer Angst auseinandergesetzt und sie verstanden haben, ersetzen wir sie durch Mut; wir ersetzen den Hang zur Depression durch Freude; oder Argwohn und Feindseligkeit durch Offenheit (um neue Wege der Stärke in unserer Persönlichkeit zu schaffen, siehe Kapitel 9, 11, 15).

Manchmal erfolgt dieses Ersetzen ganz spontan. Viel häufiger jedoch wird es nötig sein, das gewünschte Verhalten absichtlich und stufenweise hervorzurufen. Lassen wir diese Phase des konstruktiven Engagements aus, lebt die alte Neigung häufig wieder auf. Sie stellt - selbst wenn sie entlarvt wurde - immer noch den Weg des geringsten Widerstandes dar und ist ein Verhalten, das im Laufe der Jahre tief in unserer Psyche Wurzeln gefasst und sich in ein Netz von Assoziationen, geistigen Vorurteilen und Gewohnheiten eingefügt hat, das natürlich nicht von einem Moment auf den anderen abgelegt werden kann.

Hier wird ein grosser Unterschied zwischen der Psychoanalyse und der Psychosynthese sichtbar: während die Psychoanalyse die vertiefte Erforschung der Psyche zum zentralen Thema hat, ist in der Psychosynthese diese Phase kürzer, jedoch folgt ihr eine längere des aktiven Einsatzes.

Wir werden sehen, wie ein in anderen Fällen scheinbar negativer Teil in uns die Möglichkeit einer natürlichen Entfaltung in sich birgt. Aus Zorn wird Selbstbestätigung; eine übermässige emotionale Sensibilität wird zu Liebe; Starrköpfigkeit kann sich in Hartnäckigkeit umwandeln. Somit erachten wir es als unsere Aufgabe, diese Entwicklung durch geeignete Methoden zu erleichtern (siehe Kapitel 4).

Fassen wir zusammen: in einer Allegorie von Plato wird von einem Wächter erzählt, der ein grosses Biest zu bewachen hat. Allmählich erkennt er dessen Wünsche und Launen. Er lernt, sich ihm zu nähern, entdeckt, wo er es berühren darf und wo nicht, in welchen Augenblicken das Biest unruhig wird, welche Töne es je nach Verfassung von sich gibt, welche Worte es beruhigen oder nervös machen. Schritt für Schritt entwickelt der Wächter eine regelrechte Methode, die sich ganz auf seine Beobachtungen stützt: er nennt «gut», was dem grossen Biest gefällt und «schlecht», was ihm missfällt und ordnet seine Wahrnehmung der Wirklichkeit den Launen des grossen Tieres unter. Schliesslich nennt er diese Art, die Dinge zu sehen «Weisheit».

Für Plato stellt das grosse Biest die Gesellschaft dar, die das Individuum bis zur geistigen Unterwerfung einschüchtert und ihm dann mit der Illusion der geistigen Klarheit schmeichelt. Diese Allegorie gilt jedoch auch für all das, was im Innern eines Menschen abläuft. Das grosse Biest kann dann als Symbol gesehen werden für unsere undurchsichtige, unbewusste und chaotische Seite. Wir können ihm völlig ausgeliefert und uns dabei dessen nicht einmal bewusst sein. Wir können ihm jedoch auch entgegentreten und aus einem allmächtigen Gebieter einen nützlichen Verbündeten machen.

3

Die innere Landkarte

Nach diesen ersten paar Übungen, die dazu dienen sollen, die Erforschung des Unbewussten zu erleichtern, werden wir uns in den folgenden Kapiteln mit weiteren Grundthemen der Psychosynthese befassen. Doch bevor wir damit beginnen, scheint es mir angebracht, zuerst die verschiedenen Dimensionen, mit denen wir in Kontakt kommen werden, und die dabei angewandte Terminologie zu erklären. Wir werden mit zwei «Landkarten» arbeiten, als visuelle und schematische Darstellung unserer inneren Wirklichkeit. Wie bei allen Schemata handelt es sich auch bei diesen beiden Diagrammen um magere und statische Versionen eines Gebietes, das beweglich, reich und geheimnisvoll ist: und dennoch erweisen sie sich als hilfreiche Werkzeuge zur Erleichterung unserer Entdeckungsarbeit.

Das sogenannte «Ei-Diagramm» von Assagioli (Bild 1) stellt die Ganzheit unserer Psyche dar. Die drei horizontalen Unterteilungen des Ovals stellen unsere Vergangenheit, Gegenwart und Zukunft dar: diese drei Ebenen sind in uns aktiv, wenn auch auf ganz verschiedene Art und Weise.

Das untere Unbewusste (1) stellt unsere psychische Vergangenheit in Form von unterdrückten oder vergessenen Inhalten dar. Wie wir

Bild 1

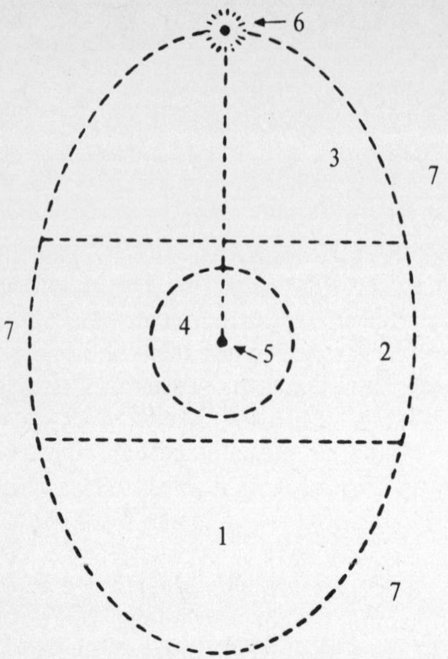

bereits im vorhergehenden Kapitel gesehen haben, bedingt unser psychologisches Wachstum die Erforschung des Unbewussten; lassen wir diesen Schritt aus, kann das Unbewusste die Ursache von Schwierigkeiten werden, unterdrückte Energien aufspeichern, unsere Handlungen beherrschen und uns unserer Freiheit berauben.

Die Ebene des *mittleren Unbewussten* (2) umfasst all unsere Kenntnisse, Fähigkeiten und Gemütszustände, die wir willentlich in die Ebene des *Bewusstseins* (4) bringen können. Für Sie als Leser ist das in diesem Moment das Buch und die Worte, die Sie gerade lesen. Es ist die Erinnerung an das, was wir gestern gemacht haben; unsere Telefonnummer zum Beispiel befindet sich in unserem mittleren Unbewussten, ausser wir holen sie willentlich in unser Bewusstsein.

Unsere noch in der Zukunft liegende Entfaltung enthält jene Zustände des Seins, des Wissens und des Fühlens, die wir als das *höhere Unbewusste* (3) bezeichnen. Assagioli ist der Ansicht, dass das höhere Unbewusste jener psychische Bereich ist, aus dem «wir unsere höheren Intuitionen und Inspirationen erhalten – künstlerischer, philosophischer oder wissenschaftlicher Art, ethische «Imperative» und den Antrieb zu humanitären und heroischen Handlungen. Es ist die Quelle höherer Gefühle, wie der altruistischen Liebe, des Genies und des Zustandes der Kontemplation, der Erleuchtung und Ekstase».[1] Die Erforschung des höheren Unbewussten stellt eine unserer wichtigsten und schönsten Aufgaben dar.

Die Unterscheidung zwischen «unterem» und «höherem» Unbewussten oder Überbewussten bezieht sich auf die Entwicklung und stellt keine moralische Bewertung dar. Das untere Unbewusste ist der «primitivere» Teil in uns; er ist nicht «schlecht», er ist einfach älter. Das höhere Unbewusste andererseits beinhaltet all das, was wir im Laufe unseres Entwicklungsprozesses werden können. Es stellt nicht lediglich eine abstrakte Möglichkeit dar, sondern ist eine lebendige Wirklichkeit mit einer eigenen Existenz und Autonomie.

Unsere Psyche ist nicht isoliert. Sie ist eingebettet in das Meer des *kollektiven Unbewussten* (7). In Jungs Worten, der diesen Begriff geprägt hat, ist das kollektive Unbewusste «die Vorausbedingung jeder einzelnen Seele, so wie das Meer Trägerin jeder einzelnen Welle ist.»[2] Es scheint mir wichtig darauf hinzuweisen, dass sämtliche Linien im «Ei-Diagramm» gestrichelt gezeichnet sind. Dies soll uns daran erinnern, dass es zwischen den einzelnen Ebenen keine strengen Abgrenzungen gibt, sondern dass eine ständige Interaktion stattfindet.

Wer ist das, der all diese Ebenen kennt? Das *Selbst.* In den frühen Stadien der menschlichen Entwicklung ist das Bewusstsein um das Selbst nicht existent. Für viele von uns ist es mehr oder weniger verworren; unsere Aufgabe besteht darin, es uns im reinen Zustand als *Ich* oder *personales Selbst* bewusst zu machen. Mit der schrittweisen Verstärkung der Bewusstheit findet zugleich deren Erweiterung statt; diese Entwicklung gipfelt im *transpersonalen Selbst* (6).

Im Laufe der Geschichte der Menschheit haben viele die Erfahrung des transpersonalen Selbst gemacht, und einige von ihnen haben darüber schriftlich Zeugnis abgelegt. In den verschiedenen Kulturen erhielt das höhere Selbst die verschiedensten Bezeichnungen: «das diamantene Bewusstsein», «das Juwel des Lotos», «der sprühende Funke der Seele», usw. Plotino beschreibt dieses Selbst wie folgt: «Seine Dimensionen reichen weit über alles Messbare hinaus; es wird von keinerlei Form abgegrenzt, noch kann es in seiner Grösse

Bild 2

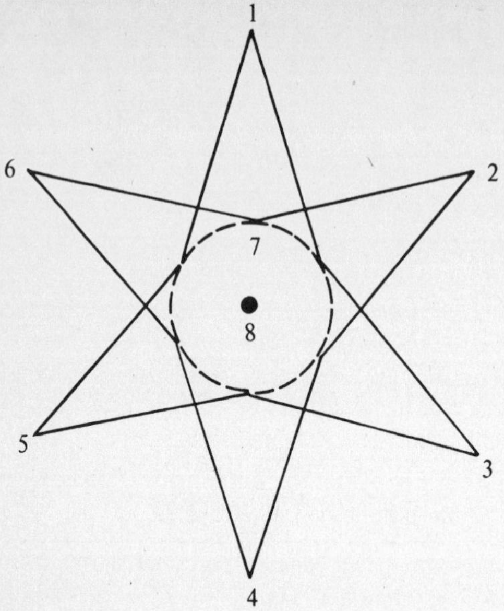

erweitert werden, denn es hat keine Grenzen (...), es ist schlechthin unvergleichbar.»[3] Das Selbst auf der personalen Ebene reflektiert das transpersonale Selbst. Es handelt sich jedoch nicht um zwei Ich; dieselbe Wirklichkeit wird auf zwei verschiedenen Ebenen wahrgenommen. Dies ist unser wahres Wesen, jenseits und frei von jeglicher Maske und Konditionierung.

Das «Stern-Diagramm» von Assagioli (Bild 2) zeigt unsere psychologischen Funktionen und veranschaulicht deren Beziehung zum personalen Selbst und dem Willen.

Durch den Prozess der Psychosynthese geht ein Mensch vom Durcheinander kollidierender und konfliktgeladener Tendenzen zu einem harmonischen Ganzen seiner verschiedenen Teile um ein Zentrum herum über. Dieses Zentrum ist das «Ich» – das personale Selbst. In einem integrierten Menschen ist das personale Selbst durch seinen Willen befähigt, die verschiedenen Funktionen des psychophysischen Organismus zu koordinieren.

4

Eine Vielfalt von Leben

Eine der trügerischsten Illusionen, der wir uns hingeben können, ist die Überzeugung, dass wir ein unteilbares, einteiliges und unveränderbares Wesen sind. Die Erkenntnis, dass genau das Gegenteil zutrifft, dass wir aus kontrastierenden und veränderbaren Teilen bestehen, ist eine unserer ersten Aufgaben und vielleicht auch Überraschungen, die uns im aufregenden Unternehmen unserer Psychosynthese erwarten.

Zunächst stossen wir auf die Komplexität, die von unserer primitiven Vergangenheit und den verschiedenen Entwicklungsstufen, die in uns koexistieren, herrührt. Der Biologe Loren Eiseley stellt sich im nachfolgenden Abschnitt vor, wie er mit einem Menschen spricht und beschreibt dies folgendermassen:

> Es war einmal ein Affe und seine Zähne trägst du noch in deinem Mund. Dein Kiefer hat sich verkürzt, und dein Schädel hat sich aufgerichtet. Du bist Fisch und Kriechtier in einem; zugleich bist du aber auch etwas Warmes und Anhängliches, das stirbt, wenn es in seiner Jugend niemanden hat, an den es sich klammern kann. All das bist du in einem; du bist eine Puppe, zusammenge-

setzt aus einzelnen Fetzen, die durch viele Zeitalter geprägt wurden und von vielen Fellen stammen.

Wenn wir uns ein praktischeres Bild unserer Vielfalt machen wollen, genügt es, wenn wir einen Augenblick daran denken wie oft wir unsere Art, die Dinge zu sehen, ändern und gleichzeitig unsere Lebenshaltung mit derselben Leichtigkeit wechseln wie unsere Kleider. So erfahren wir je nach dem unser Leben als Routine, Wettkampf, Tanz, als Alptraum, Abenteuer, Rätsel, als Karussell, Labyrinth, usw.

Wir können auch an unsere verschiedenen Verhaltensweisen denken, je nach dem mit wem und wo wir uns gerade befinden. Wir geben uns sicher nicht gleich mit unseren Eltern und Freunden, bei der Arbeit und im Kreise der Familie, mit unseren Untergebenen und Vorgesetzten, am Bahnhof und bei einer Feier.

Die verschiedenen Verhaltensweisen vegetieren nicht passiv und isoliert in uns dahin, sondern färben auf unsere Wahrnehmung der Welt ab und beeinflussen somit unsere ganze Art des Seins. So können wir für jede dieser Haltungen ein entsprechendes Eigenbild entwickeln und damit auch ein Ganzes, bestehend aus Körperhaltungen und -Bewegungen, Gebärden, seelischen Zuständen, Verhaltensweisen, Redensarten, Gewohnheiten und Meinungen. Diese ganze Konstellation einzelner Teile formt sich zu einer Art Miniatur-Persönlichkeit, die mehr oder weniger vollständig ist, und ist das, was wir in der Psychosynthese eine *Teilpersönlichkeit* nennen. Teilpersönlichkeiten sind psychische Satelliten, die im Bereich unserer Persönlichkeit gleichzeitig und nebeneinander bestehen, wobei jede von ihnen ihren eigenen Stil und eigene Motivation besitzt, die sich oft stark von denen der anderen Teilpersönlichkeiten unterscheiden. Der portugiesische Dichter Fernando Pessoa sagt: «In jeder Ecke meiner Seele steht ein anderer Altar bzw. ein anderer Gott.»[1]

Jeder von uns ist eine Menschenmenge. Da gibt es den Rebellen und den Intellektuellen, den Verführer und die Hausfrau, den Saboteur und den Ästheten, den Träumer und den Perfektionisten – jeder mit seiner eigenen Mythologie und alle zusammen mehr oder weniger bequem in das Innere eines einzigen Menschen gepfercht. Wie Assagioli schrieb:

Wir sind nicht geeint. Wir geben uns zwar oft dieser Illusion hin, weil wir nicht aus mehreren Körpern und Gliedmassen bestehen und weil gewöhnlich die eine Hand nicht die andere schlägt. Doch in unserem Inneren spielt sich methaphorisch genau das ab; verschiedene Teilpersönlichkeiten raufen fortwährend miteinander: Impulse, Wünsche, Prinzipien, Sehnsüchte, Ideale liegen in nicht endendem Kampf miteinander.[2]

Und so führt uns unser Bestreben, uns selbst kennenzulernen, dazu, unsere Teilpersönlichkeiten zu entdecken und zu erforschen. Mit ihnen vertraut zu werden und dahin zu gelangen, sie zu kontrollieren und schliesslich ihre Energien zu harmonisieren, ist ein langer Weg.
Die nachfolgende Übung macht Sie mit diesem Konzept bekannt:

Erkennung der Teilpersönlichkeiten

1. Wählen Sie eine Ihnen wichtige Eigenschaft oder Verhaltensweise.

2. Schliessen Sie die Augen, und werden Sie sich dieses Teiles in Ihnen voll bewusst. Lassen Sie dann ein Bild in Ihrem Innern entstehen, das diesen Teil darstellt: das kann eine Frau sein, ein Mann, ein Tier, ein Kobold, ein Gegenstand, Sie selber in einer Maske, ein Monster, irgendein anderer Gegenstand oder eine Person, wer oder was auch immer Ihnen in den Sinn kommt. Versuchen Sie nicht, das Bild absichtlich zu konstruieren. Lassen Sie zu, dass es von alleine aufsteigt und sich formt.

3. Sobald das Bild resp. die Gestalt Form angenommen hat, geben Sie ihr genügend Zeit, damit sie sich Ihnen offenbaren kann. Lassen Sie es zu, dass sie sich ändert, wenn sie sich spontan verändern will, und geben Sie ihr auch die Gelegenheit, Ihnen ihre anderen Aspekte zu zeigen. Treten Sie in Kontakt mit der Atmosphäre, die von der Gestalt ausgeht.

4. Nun lassen Sie die Gestalt sprechen und sich selbst ausdrükken. Lassen Sie ihr genügend Raum, über sich selbst, ihre Gewohnheiten und Bedürfnisse zu reden. Wenn Sie wollen, können auch Sie mit ihr reden und ihr Fragen stellen (selbst wenn es sich um einen Gegenstand handelt, kann dieser dennoch mit Ihnen einen Dialog führen. Im Reich der Phantasie ist alles möglich). Sie stehen einer Teilpersönlichkeit gegenüber, die mit einem eigenen Leben und einer eigenen Intelligenz ausgestattet ist.

5. Geben Sie nun dieser Teilpersönlichkeit einen passenden Namen, der Ihnen später helfen wird, sie zu identifizieren: der Nörgler, der Künstler, der Wachhund, der Skeptiker, der Unsichere, der Spinner, der Brummbär, der Besserwisser, usw. Es gibt unendlich viele Möglichkeiten, man kann sich dabei so richtig austoben. Schliesslich schreiben Sie alles auf, was Ihnen im Zusammenhang mit dieser Teilpersönlichkeit in den Sinn kommt: ihre Eigenschaften, ihre Gewohnheiten, ihre Besonderheiten.

6. Nachdem Sie eine Teilpersönlichkeit identifiziert und ausreichend beschrieben haben, können Sie andere Teilpersönlichkeiten ausfindig machen. Dabei genügt es, wenn Sie andere Eigenschaften, Haltungen oder Motivationen auswählen, die für Sie wichtig sind und bei jedem Mal wieder Punkt 1-5 durcharbeiten.

Sie können Teilpersönlichkeiten auch entdecken, indem Sie ein Inventar Ihrer verschiedenen Lebensanschauungen, Verhaltensmuster, Lebensstile erstellen.

Die Entdeckung unserer Teilpersönlichkeiten verschafft uns in relativ kurzer Zeit ein recht klares Bild unseres Innenlebens. Sobald wir eine Teilpersönlichkeit erkannt haben, ist es uns möglich, aus ihr herauszutreten und sie zu betrachten. Es ist nicht so, dass diese Teilpersönlichkeit vorher nicht da gewesen wäre; sie war da, aber wir setzten sie einfach als gegeben voraus; es war eine verschwommene Vorstellung, weiter nichts. Sobald wir sie visualisieren, sie studieren und darüber schreiben, gelingt es uns, Distanz zu gewinnen. Dieser Vorgang ist vergleichbar mit einer Schlange, die sich häutet: die Teilpersönlichkeit nimmt eine fassbare Form an. In der Psychosynthese nennen wir diesen Vorgang *Disidentifikation*. Da wir meistens dazu neigen, uns voll und ganz mit einer Teilpersönlichkeit zu identifizieren, glauben wir mit der Zeit implizit daran, jene Teilpersönlichkeit zu *sein*. Durch die Disidentifikation gelingt es uns, von dieser Illusion loszukommen und zu unserem wahren Selbst zurückzufinden. Daher wird die Disidentifikation häufig von Gefühlen der Einsicht und der Befreiung begleitet.

Manchmal kann die Entdeckung einer Teilpersönlichkeit auch Bestürzung und Alarm auslösen, wie zum Beispiel bei einer Frau, die, nachdem sie plötzlich ihre Teilpersönlichkeit «Opfer» entdeckt hatte, ausrief: «Aber, wenn ich aufhöre zu jammern, was soll ich dann sonst machen?» Andere Menschen fühlen sich plötzlich nackt und verletzlich, vor allem, wenn es sich bei der entdeckten Teilpersönlichkeit um eine tief verwurzelte handelt. Es ist, als hätte sich ihr Panzer aufgelöst; und das ist genau, was passiert. In jedem Fall ist nun mehr Bewusstsein und daher auch mehr Freiheit vorhanden. Betrachten wir einige konkrete Beispiele:

Robert, ein junger Arzt, fühlt sich durch eine innere Starre blokkiert. Diese Starrheit beeinflusst seine Beziehungen mit seiner Umwelt und stört ihn sehr; eine seiner Teilpersönlichkeiten verurteilt und kritisiert alles, was er sagt oder tut. Für Robert ist es so, als habe er einen inneren Moralisten, der ihm ständig Predigten hält.

Wenn Robert diesen Zustand willentlich weckt und versucht, ihm eine bildhafte Form zu geben, sieht er einen altmodischen Priester mit Brille, starr, streng und - wie könnte es anders sein - im schwarzen Talar. Sobald es Robert gelingt, die Gestalt klar zu sehen, erkennt er auch deutlich die Konturen jener ihn gefangenhaltenden Starrheit. Während er vorher nur ein vages Unbehagen verspürte und sich damit abfand, es zu ertragen, gelingt es ihm nun zum ersten Mal, es zu objektivieren und damit auch abzuschütteln. Nachdem er sich von seiner Teilpersönlichkeit des «gestrengen Priesters» disidentifiziert hat, schreibt er:

> Heute urteile ich weniger über meine Mitmenschen, vor allem über meine Eltern. Ich kann ihre Verhaltensweise besser verstehen. Ich bin nicht mehr so ungeduldig mit mir und fühle mich sicherer. Ich erkenne, dass das Leben kompliziert und geheimnisvoll ist und glaube, dass ich jetzt für meine Umwelt und mich selbst mehr Verständnis aufbringe.

Marco ist um die dreissig, gross und kräftig gebaut. In meinen Gruppen wird er oft von den anderen Mitgliedern angegriffen. Ohne sich dessen bewusst zu sein, demonstriert er eine Art der Überlegenheit, die den anderen auf die Nerven geht. Viele werden dann wütend auf ihn, und so wird er oft zum Sündenbock.

Marco erkennt sehr rasch, dass er dieses Verhalten der Teilpersönlichkeit, die er den «Baron» nennt, zuzuschreiben hat. In seinem Baron steckt die ganze Manieriertheit, die er anwendet, um seine Umwelt in Staunen zu versetzen. Marco beschreibt das folgendermassen:

> Wenn ich diese Teilpersönlichkeit durch ein Bild symbolisieren will, so sehe ich mich in der Mitte einer jener alten Universitäts-Aulen, im Stil des antiken griechischen Theaters gebaut. Ich, der Baron, stehe in der Mitte der Aula in einem Glaskäfig. Ich trage einen weissen Kittel und deklamiere. Der Inhalt meiner Rede ist unbedeutend. Das einzige, was hier zählt, ist mein theatralischer Stil.
>
> Die Leute um mich herum können meine Stimme hören und meine Bewegungen sehen. Doch herrscht eine scharfe und beängstigende Trennung zwischen mir und ihnen. Ich sehe die Leute um mich herum wie Fische in einem Aquarium, und das Fehlen von Realität und Gefühlen stört mich sehr.

Diese Bilder entsprechen einem ganz bestimmten Verhaltensmuster von Marco: es sind jene Momente, in denen er anderen Namen, Daten und Zitate an den Kopf wirft in der Absicht, sie anzugreifen und zu demütigen.

Mit diesem Verhalten lässt er keinem anderen Raum. Nachdem er sich dieser Tatsachen bewusst geworden war, bemerkte Marco auch, dass diese Teilpersönlichkeit in Wirklichkeit aus der Angst geboren wurde und dass er damit die Aggressionen anderer auf sich zieht.

Nun wird auch verständlich, warum in der vorhergehenden Übung verlangt wird, dass Sie einige Zeit mit Ihrer Teilpersönlichkeit zusammenbleiben und ihr die Möglichkeit geben, ihren verborgenen Teil zu enthüllen. Die Teilpersönlichkeiten sind nicht immer so, wie sie sich im ersten Moment den Anschein geben. Die höfliche und liebenswürdige Teilpersönlichkeit kann in Wirklichkeit Verachtung und Zorn verbergen; hinter dem Aufschneider steckt ganz in der Tiefe ein grosser Angsthase; der Schwärmer ist vielleicht bei sorgfältiger Prüfung nicht mehr als ein psychisches Gerippe, das die Angst abwehren soll.

Auch wenn diese Entdeckungen nicht gerade Freude erwecken, so sind sie dennoch befreiend. Als sich Marco bewusst wird, dass er hinter dem Baron nichts anderes als seine Angst versteckt, ist er sehr bestürzt: «Ich war mir gar nicht bewusst, dass es so schlecht um mich steht» sagt er. Damit kommt er zu einem entscheidenden Punkt. Was passiert, als Marco sein Verhalten erkennt? Bleibt er so wie er ist, oder findet eine Veränderung statt? Marco sagt:

> Ich fühlte mich sofort ganz anders. Ich begann wieder, häufiger und intensiver Freude zu empfinden. Auch habe ich jetzt einen viel direkteren Kontakt zu meinen Mitmenschen. Im Alltag ist es so, dass ich mich ertappe, sobald ich beginne, mich mit dieser Teilpersönlichkeit zu identifizieren. Auch habe ich bemerkt, dass sich meine Art zu reden ändert, sobald ich wieder in den Baron zurückfalle. Meine Sprache wirkt dann altmodisch, schwerfällig, steif. Heute bin ich mir dieser Tatsachen bewusst, und sobald die ersten Anzeichen sichtbar werden, lege ich den Rückwärtsgang ein.

Diese letzte Bemerkung ist äusserst wichtig: das Sich-Bewusst-Werden reicht nicht aus, die Beherrschung muss sich dazugesellen. Wir können stufenweise die Fähigkeit erlernen, selbst am Steuer zu sitzen, um nicht mechanisch in diese oder jene Teilpersönlichkeit zurückzufallen. Damit haben wir mehr Wahlmöglichkeiten. Das ist wie mit der Achterbahn und dem Auto: auf der Achterbahn werde ich, ohne mitbestimmen zu können, auf einer festgelegten Schiene transportiert. Wenn ich jedoch in meinem eigenen Wagen sitze, bin ich in der Lage, Weg, Richtung, Zweck und Ziel meiner Reise selbst zu bestimmen.

Diese Themen finden wir auch in Kees' Arbeit über die Teilpersönlichkeiten wieder. Kees ist Holländer und Anfang dreissig. Er ist hochbegabt, voll Humor und war bei den verschiedensten politischen, akademischen sowie spirituellen Bewegungen unserer Zeit dabei. Seine Arbeit mit den Teilpersönlichkeiten ist in vieler Hinsicht exemplarisch, ganz besonders in bezug auf seine Sorgfalt und Spielfreudigkeit:

> Für mich war es der fruchtbarste Teil meiner Arbeit in der Psychosynthese. Ich redete mit meinen Teilpersönlichkeiten, sammelte Comics-Figuren, die diese darstellen könnten. Sogar die griechischen Göttinnen und Götter fielen mir bei der Suche nach Namen für meine Teilpersönlichkeiten ein. Ich redete mit anderen Menschen über Teilpersönlichkeiten und fragte sie nach ihren eigenen Erfahrungen. Ich hatte ungeheuer viel Spass dabei.

Sehr bald kam Kees in seiner Arbeit in Kontakt mit seinem «bösen» Teil, den er «Golem» nannte. Diese Entdeckung entsetzte ihn, da er sich selbst stets als netten und «guten» Menschen gesehen hatte. Golem stellt ein Tier des Untergrunds dar, das sich nur verstohlen und sehr widerwillig Kees Erforschungen aussetzte:

> Ich sah dieses niederträchtige Tier und die Vorstellung, die ich von mir selbst als nette und anständige Person hatte, brach zusammen. Es war ein schmutziges Wesen mit grünen Augen und ekligen Neigungen. Ohne meine Fähigkeit, mich zentrieren zu können, hätte ich mich nicht getraut, ihm gegenüberzutreten. Ich hätte Angst gehabt zu entdecken, dass dieses widerliche Monster tatsächlich mein ganzes Ich darstellt und mich vollkommen überwältigen würde.

Doch wenn solche Ungeheuer an die Oberfläche unseres Bewusstseins kommen, verlieren sie ihre Bedrohlichkeit und es gelingt uns, sie als einen Teil von uns zu sehen und anzuerkennen, dass sie einen entscheidenden Beitrag zu unserer ganzen Persönlichkeit leisten können:

> Es wurde mir bewusst, dass ich ohne diese Teilpersönlichkeit sehr schnell in Schwierigkeiten geraten würde. Obwohl dieses Monster zuerst tückisch und verächtlich schien, versuchte es im Grunde genommen lediglich, «Nein» zu sagen, während ich dazu

neigte, automatisch zu allen und allem «Ja» zu sagen. Während ich mir dessen so langsam bewusst wurde, gelang es mir, mich auf seine dahinter verborgene Qualität zu konzentrieren und diese an die Oberfläche zu bringen; ohne Golem würde mir jegliche Unterscheidungsfähigkeit fehlen. Wie ein Kind hätte ich mich kopfvoran in gefährliche Situationen gestürzt.

Ein solcher Bericht zeigt deutlich, dass es keine «negativen» oder «positiven» Teilpersönlichkeiten gibt. Alle, auch wenn sie auf den ersten Blick negativ erscheinen mögen, sind Ausdruck lebenswichtiger Teile unseres Seins. Schliesslich kann auch der «Saboteur» einen grossen Sinn für Humor haben; der «Mystiker» ist manchmal auch nicht mehr als ein äusserst langweiliger Moralist; der «Geniesser» verleitet uns vielleicht einmal zu einem Gläschen zuviel, und der «Rebell» kann uns nicht nur von Zeit zu Zeit nützlich sein, ja er kann uns sogar das Leben retten.

Teilpersönlichkeiten richten erst dann Schaden an, wenn sie uns *beherrschen.* Ein wichtiges Ziel der Arbeit besteht also darin, ihre Kontrolle über uns abzubauen. Kees' Erfahrungen können auch hier für uns von praktischem Nutzen sein:

> Kurze Zeit, nachdem ich meine Arbeit mit den Teilpersönlichkeiten begonnen hatte, kam mir eines Nachmittags folgendes Bild: ich sass inmitten afrikanischer Hütten, die um mich herum einen Kreis bildeten. In jeder dieser Hütten lebte eine meiner Teilpersönlichkeiten. Bis anhin waren sie so stark gewesen, dass sie mich abwechslungsweise packen und gefangenhalten konnten. Dies konnte zehn Minuten oder auch zehn Jahre dauern; ich hatte die Situation überhaupt nicht unter Kontrolle.

Was heisst es, «Gefangener» einer Teilpersönlichkeit zu sein? Es bedeutet, dass sie uns völlig eingrenzt und wir nur noch zu einem ganz gewissen Verhalten fähig sind. Wenn wir uns in einer bestimmten Lage nur noch so und nicht anders verhalten können, stehen wir unter Zwang. Wenn wir nur fähig sind, einen einzigen Standpunkt zu erkennen, enden wir in der Engstirnigkeit. Kees setzt seinen Bericht wie folgt fort:

Während ich so dasass, wurde mir bewusst, dass die Teilpersönlichkeiten aufhörten, mich zu beherrschen. Ganz plötzlich und zum ersten Mal spürte ich tief und echt, dass ich wählen konnte, ob und wann ich in die eine oder andere Hütte eintreten, bleiben und wieder hinaustreten konnte. Daraufhin begann ich, diese Fähigkeit nicht nur in imaginären Situationen wie der der afrikanischen Hütten wahrzunehmen, sondern auch in der täglichen Dynamik meines Lebens.

Das endgültige Ziel der Arbeit mit den Teilpersönlichkeiten besteht darin, das Bewusstsein für das Ich oder die innere Mitte zu verstärken, so dass sich unsere Teilpersönlichkeiten nicht in ständigem Krieg bekämpfen, sondern wir zur Einheit unseres Seins zurückfinden. «Manchmal fühle ich diese Mitte wie eine Flamme, die durch nichts und niemanden gelöscht werden kann», sagt Kees. «Oder wie einen Ort, an dem absolute Ruhe herrscht, selbst wenn es draussen tost und lärmt.»

Von der Mitte aus können wir beschliessen, in diese oder jene Teilpersönlichkeit zu treten; wir können sie regulieren, harmonisieren und koordinieren.

Mein Verhalten gegenüber meinen Teilpersönlichkeiten läuft darauf hinaus, dass ich mich um sie kümmere. Es ist, als wenn ich mich um meine eigenen vier Wände kümmere. Die Probleme beginnen, wenn ich meine Teilpersönlichkeiten nicht ernst nehme, deshalb fühle ich mich für sie verantwortlicher denn je zuvor.

Unsere innere Flexibilität ist hier sehr wichtig: die Teilpersönlichkeiten dürfen uns weder beherrschen noch sollten wir so starr sein, ihren Ausdruck zu ersticken und ihre Bedürfnisse zu ignorieren; mit anderen Worten, wir müssen lernen, liebevoll und spielerisch mit ihnen umzugehen.

Der erste Schritt besteht darin, dass wir uns mit jeder Teilpersönlichkeit einzeln befassen. Später können wir uns ihrer Interaktionen bewusst werden und dabei erkennen, wie sie das Ganz-sein unserer Psyche beeinträchtigen. Obwohl uns die bewusste Existenz mehrerer Teilpersönlichkeiten bereichert, können deren verschiedene Bedürfnisse auch die Gefahr von Zersplitterung in sich bergen.

Diese Gefahr ist umso grösser, wenn unser Leben plötzliche, grosse Änderungen erfährt oder wenn wir besonders aktiv sind. Doch auch hier stehen uns viele Möglichkeiten offen: Als Kees zum Beispiel zum zweiten Mal in seinem Leben nach England flog und sich im Flugzeug sehr zerrissen fühlte, rief er jede einzelne seiner Teilpersönlichkeiten zum «Appell», um sich zu versichern, dass sie alle bei ihm waren:

> Während ich im Flugzeug sass, begann ich, mir das Bild jeder meiner Teilpersönlichkeiten zu vergegenwärtigen und mir die Präsenz jedes Teiles, den die entsprechende Teilpersönlichkeit darstellt, bewusst zu machen. Ich versuchte gewahr zu werden, ob sie wirklich bei mir waren und entdeckte, dass es so war. Dadurch, dass ich mit jeder einzelnen in Kontakt getreten war, verstand ich nicht nur, dass alle Teile vorhanden waren, sondern ich spürte auch, eine Einheit zu sein.

Es genügt nicht, ein Loblied auf die Arbeit mit den Teilpersönlichkeiten zu singen, wie Kees und ich dies gemacht haben. Es ist wichtig, dass ich noch hinzufüge, dass man ohne Ende neue Teilpersönlichkeiten entdecken kann; ihre Anzahl ist unbeschränkt. Teilpersönlichkeiten wechseln und verändern sich im Laufe der Zeit. Jeder von uns trägt von allen menschlichen Eigenschaften einen Teil in sich, für den es eine entsprechende Teilpersönlichkeit gibt. Wie in der Psychoanalyse gibt es auch hier immer wieder etwas Neues zu entdecken. Wir müssen daher einen Sinn für die richtigen Proportionen entwickeln; es kommt der Moment, da beginnt man neue Labyrinthe zu schaffen, anstatt aus den bereits bestehenden herauszutreten. Wie überall müssen wir erkennen, wann es richtig ist aufzuhören, damit nicht eine regelrechte «Verdauungsstörung» auftritt. Darüberhinaus ist es nicht unsere Aufgabe, ständig neue Teilpersönlichkeiten zu finden, sondern die bereits entdeckten mehr und mehr zu meistern und allmählich ihre Harmonisierung und Eingliederung in eine flexible, vielfarbige und veränderbare Gesamtheit zu ermöglichen. Ein Mann schreibt:

> Ich träumte von einem grossen Zimmer, in dem sich viele Leute aufhielten, die alle aussahen wie ich. Jeder von ihnen war mit sich

selber beschäftigt und ignorierte die anderen. Chaos und Zersplitterung nahmen überhand. Es war mir unmöglich, mit diesen Leuten in Kontakt zu treten. Da klatschte ich in die Hände und all die «ichs» bauten sich in einer Reihe vor mir auf. Nun hatte ich das Gefühl, alle seien mir zugänglich und ich spürte einen gewissen Zusammenhalt. Dieser Traum spiegelt getreulich wieder, was ich im Wachzustand erlebe.

Bei den Teilpersönlichkeiten handelt es sich meistens um recht deutlich abgegrenzte seelische Welten, die sich gegenseitig ignorieren oder missverstehen. Sobald aber unsere Wahrnehmung sie durchdringt, bahnt sich eine zunehmend bessere Kommunikation zwischen ihnen an; sich diesen Prozess bewusst zu machen, befreit nicht nur, sondern verhilft auch zur Integration. Folgende Analogie scheint mir angebracht: Stellen wir uns zwei Personen vor. Die eine steht fremden Kulturen und Umgebungen intolerant und sogar sarkastisch gegenüber; implizit meint sie, ihre Art und Weise, die Dinge zu sehen, sei die einzig richtige; wir nennen diese Person «Provinzler» und zwar ganz im Sinne des Wortes «spiessbürgerlich». Der anderen Person hingegen fällt es leicht, sich mit den Bräuchen und Lebensarten fremder Länder vertraut zu machen; sie fühlt sich überall heimisch und in allen Situationen wohl, denn sie weiss, dass die Kultur ihrer Heimat lediglich ein relatives Modell darstellt und kein absolutes. Diese Person bezeichnen wir, im Gegensatz zur ersten - als «Kosmopoliten». Unsere Analogie können wir auf die Teilpersönlichkeiten übertragen: bevor wir uns ihrer voll bewusst werden, sind sie «Provinzler», doch nach und nach, während wir mit ihnen arbeiten, werden sie zu «Kosmopoliten».

Die Leute erleben diesen Vorgang oft als Enteisungsprozess. Sie sagen, dass die Teilpersönlichkeiten zu verschmelzen beginnen und dennoch ihre ursprünglichen Merkmale behalten; das Eis zwischen ihnen taut, und ihre Beziehungen sind entspannter. Das passende Bild, um diesen Prozess in seiner Ganzheit zu charakterisieren, scheint mir das eines Stimmengewirrs zu sein, das sich allmählich in einem Chor zusammenfindet, in dem die einzelnen Stimmen zu einem einzigen musikalischen Thema verschmelzen.

Um an diesen Punkt zu gelangen oder ihm näher zu kommen, muss unsere Fähigkeit, die Teilpersönlichkeiten wahrzunehmen, eine tiefe Veränderung erfahren. Wir dürfen nicht länger nur ihre oberflächlichen Aspekte sehen, wo keine wahre Einheit zwischen ihnen möglich ist, sondern wir müssen sie als entartete und zurückgebliebene Ausdrucksformen der Archetypen positiver Lebensqualitäten ansehen. Jeder Inhalt unserer Psyche kann entwertet oder entwürdigt werden: universales Erbarmen wird zur Selbstbemitleidung; Freude wird zu überschwenglicher Verzückung; Frieden wird zu Trägheit; Humor artet in Sarkasmus aus; Intelligenz wird zu List. Wir können auch Zeugen des gegenteiligen Prozesses werden; die Bewusstseinsinhalte können aufgewertet und veredelt werden: aus Selbstmitleid kann Erbarmen werden, aus Überschwenglichkeit Freude, usw.; nichts ist jemals statisch im Leben der Psyche.

Die Teilpersönlichkeiten können auch als rückgebildete Qualitäten gesehen werden, die zumindest potentiell in uns vorhanden sind. So kann die hyperaktive Teilpersönlichkeit als Verzerrung des Archetyps «Energie» gesehen werden; der notorische Verführer ist im entferntesten verwandt mit der Liebe in ihrer reinsten Form; die Teilpersönlichkeit «Starrkopf» kann ein Ausdruck entstellten Willens sein, usw.

Alle, die mehr wissen wollen über die Degradierung von Archetypen, sollten Heines *Götter im Exil* lesen. In diesem entzückenden Werk fragt sich der deutsche Dichter, was wohl mit den griechischen und römischen Göttern nach der Ankunft des Christentums geschehen ist. Gemäss den mittelalterlichen Legenden, Geschichten und Aberglauben, die Heine aufspürte, verloren die mythischen Götter ihre Macht und wurden zu Dämonen. Während des Tages versteckten sie sich mit den Eulen und Kröten in den dunklen Ruinen ihrer einstmaligen Pracht und Herrlichkeit. Doch während der Nacht wandern sie umher und verführen oder täuschen den unachtsamen Wanderer. Andere Überlieferungen, die Heine ebenfalls aufzeichnet, berichten über einige der griechischen und römischen Götter, die sich so von ihrer ursprünglichen, archetypischen Natur entfernt haben, dass sie völlig unkenntlich geworden sind. Mars, der Kriegsgott, wurde ein Söldner; Merkur, der Gott des Handels, endet als Krämer; Venus, die Göttin der Schönheit und Liebe, wird dargestellt als unersättlicher weiblicher Vampir, und Jupiter, der ehemalige Vater der Götter, musste sich schmählich auf ein Leben als Verkäufer von Kaninchenfellen beschränken.

Teilpersönlichkeiten sind wie diese Götter im Exil - Karikaturen, degradierte, verzerrte Gestalten der ursprünglichen strahlenden Archetypen. Doch gibt es einen Unterschied: während es für die verbannten Götter nur wenig Hoffnung zu geben scheint (zumindest in Heines poetischer Vision), sind die Teilpersönlichkeiten den Umwandlungen zugänglich: statt degradierte Archetypen zu bleiben, kann man sie als psychologische Inhalte ansehen, die danach streben, dem wahren Archetyp nachzueifern, als Rohentwurf dessen, was sich zu einem späteren Zeitpunkt in veredelter Form verwirklicht.

Halten wir uns dieses bewegliche Konzept vor Augen, werden uns die Teilpersönlichkeiten nicht länger als ein Haufen sinnloser Teile erscheinen, sondern uns ihr verstecktes Potential enthüllen.

Wir können den Reifeprozess unserer Teilpersönlichkeiten durch geleitete Imaginations-Übungen, die bewusst das Thema des Aufstiegs verwenden, fördern. Die Vorstellung, einen Berg zu ersteigen, stellt den inneren Akt des Aufstiegs zu den höheren Ebenen unseres Seins dar, die Rückkehr zur Quelle allen Lebens. Mit den Worten des französischen Psychologen Desoille:

> Die Anstrengung des Aufstiegs, die man in der Vorstellung aufwendet, ruft die Erscheinung immer leuchtenderer Bilder hervor und wird begleitet von den verschiedensten euphorischen Gefühlen. Der Abstieg hingegen ruft düstere Bilder und Gefühle der Trauer, des Unbehagens und der Qual hervor.[3]

Wenn wir uns vorstellen, einen Berg zusammen mit einer Teilpersönlichkeit zu besteigen, können wir ganz überraschende Veränderungen erfahren. Es mag sein, dass wir von der Entstellung zum Archetyp zurückkehren oder zumindest die Bedeutung der Teilpersönlichkeit sowie ihren jetzigen und zukünftigen Beitrag zum gesamthaften Mosaik unserer Persönlichkeit verstehen.

Dazu möchte ich nun einige Beispiele zitieren. Einer meiner Klienten hatte eine ziemlich unreife und launische Teilpersönlichkeit mit einem Hang zur Anmassung und Selbstbehauptung. Durch die Bergbesteigung wurde diese Teilpersönlichkeit zuerst zu einem Jüngling, dann zu einem Krieger, einem Symbol der Stärke. Nach dieser Erfahrung fiel es meinem Klienten leicht, viel ruhiger und zentrierter gegenüber Autoritätspersonen aufzutreten, als mit seinem früheren defensiven, kindlichen Verhalten.

In einem anderen Fall visualisierte ein junger Mann seine Teilpersönlichkeit «die dazu neigt, sich zu verstecken, die widerwillig, ängstlich, gereizt und aggressiv ist und sich bei drohender Gefahr einigelt», wie Quasimodo, der monströse Bucklige von Notre Dame in der Erzählung von Victor Hugo. Nachdem mein Klient seine Teilpersönlichkeit unten im Tal getroffen hatte, ging er in seiner Phantasie mit Quasimodo bis zum Berggipfel hinauf. Das Licht der auf sie herabstrahlenden Sonne verursachte eine überraschende Verwandlung: Quasimodo wurde zu einem goldenen Pflug, der, wie wir später feststellten, ein Symbol der inneren Schönheit ist, die sich durch die Erfahrungen des Lebens in all seinen Höhen und Tiefen formt, und der daraus entstehenden inneren Ruhe und Festigkeit.

Entfaltung der Teilpersönlichkeiten

Wählen Sie eine Teilpersönlichkeit, die Ihnen bereits vertraut ist. Stellen Sie sich vor, sie befinden sich mit ihr in einem Tal. Zusammen beobachten Sie die Umgebung; Sie sehen das Gras, die Blumen und Pflanzen, Bäume und einen Berg. Lassen Sie sich Zeit, um in Ihrer Phantasie auch die Töne der Natur wahrnehmen zu können: Vögelgezwitscher, Blätterrascheln im Wind, usw.

Nun beginnen Sie, mit Ihrer Teilpersönlichkeit den Berg zu besteigen. Stellen Sie sich dabei die Landschaft vor, durch die Sie hinaufwandern. Sie gehen über Wiesen, durch Waldstriche, an steil abfallenden Hängen vorbei und klettern zwischen den Felsen hinauf. Spüren Sie den Höhenunterschied und die immer reiner werdende und stärkende Luft und lauschen Sie der Stille der Berggipfel. Bleiben Sie während der ganzen Besteigung mit Ihrer Teilpersönlichkeit in Kontakt. Es mag nämlich sein, dass Sie an ihr verschiedene Veränderungen wahrnehmen, zum Beispiel im Verhalten, im Gesichtsausdruck oder in der Kleidung; oder dass sie sogar eine radikale Verwandlung erfährt.

Wenn Sie den Gipfel erreicht haben, stellen Sie sich vor, das Sonnenlicht durchdringe Sie ganz und gar und offenbare Ihnen das wirkliche Wesen Ihrer Teilpersönlichkeit. Es ist durchaus möglich, dass Sie noch eine weitere Veränderung erleben können. Und jetzt geben Sie Ihrer Teilpersönlichkeit die Möglichkeit, sich frei auszudrücken und mit Ihnen zu reden.

Wenn Sie die Übung zum ersten Mal machen, findet vielleicht noch keine Veränderung statt. Es kann sogar sein, dass die Teilpersönlichkeit verkümmert und sich noch mehr von ihrem archetypischen Ursprung entfernt. Dies mag vor allem dann der Fall sein, wenn wir die Teilpersönlichkeit nicht mit all ihren Bedürfnissen und Einschränkungen anerkannt und angenommen haben.

Solange wir eine Teilpersönlichkeit negativ beurteilen oder sie sogar ablehnen, hindern wir sie an ihrer Entwicklung. Eine Frau erzählte von einer Teilpersönlichkeit, die sie «Entschuldigen-Sie-bitte» nannte. Es war der Teil in ihr, der sich immer wegen irgendetwas schuldig fühlte, der in ständiger Angst schwebte, den anderen irgendwie lästig zu fallen und es deshalb tausendmal vorzog, selber zu leiden, als jemanden auch nur im geringsten zu stören. Diese Teilpersönlichkeit erschien in ihrer Vorstellung als kleines, schüchternes Männlein. Sie konnte diesen Teil in sich nicht ausstehen und machte ihn für all ihre Probleme verantwortlich. Das traf zwar tatsächlich zu, doch hatte ihre Gereiztheit zur Folge, dass sich das ohnehin schon schüchterne Männlein noch schuldiger fühlte, Ursache aller Schwierigkeiten zu sein!

Mit anderen Worten: wenn wir eine Teilpersönlichkeit nicht akzeptieren, verursachen wir ihre Schrumpfung und Rückbildung. Sobald es der Frau gelungen war, diese Teilpersönlichkeit als integrierenden Teil ihres Ichs anzuerkennen, kam unverzüglich deren konstruktive Seite an die Oberfläche; das Bild des schüchternen Männleins verwandelte sich in einen verständnisvollen und netten jungen Mann, und der Frau gelang es zumindest vorübergehend, sich von ihren Schuldgefühlen zu lösen und ihre Sensibilität wiederzuerlangen. Die Teilpersönlichkeiten sind wie Menschen: wir müssen sie verständnisvoll behandeln, damit sie sich uns öffnen und uns ihr Bestes geben können.

Zusammenfassend kann gesagt werden, dass die Arbeit mit den Teilpersönlichkeiten verschiedenen Nutzen bringt:

1. Wir lernen, die verschiedenen, auch widersprüchlichen Aspekte in uns selbst zu erkennen, und somit machen wir eine Art kleine Psychoanalyse.

2. Wir lernen, uns von der Kontrolle der Kräfte zu befreien, die uns normalerweise beherrschen und uns wie Ping-Pong-Bälle hin- und herspringen lassen.

3. Wir tragen viel zur Bildung unserer Einheit bei, wenn wir unseren Teilpersönlichkeiten gestatten, *miteinander* statt *gegeneinander* zu wirken.

4. Wir können jede Teilpersönlichkeit zu ihrem höchsten Potential führen und dabei entdecken, dass jeder seelische Aspekt in sich selber den Samen seiner eigenen Transformation trägt.

5. Indem wir eine Maske nach der anderen ablösen, nähern wir uns mehr und mehr der Entdeckung unseres darunterliegenden Kerns: unserem wahren Selbst.

5

Unermesslicher Reichtum

Vor ein paar Jahren sah ich den Film *2001 - Odyssee im Weltraum.* An einer bestimmten Stelle im Film verlässt einer der Astronauten das Raumschiff und bleibt nur durch einen Luftschlauch mit diesem verbunden. Aber dann wird der Schlauch durchschnitten und der Astronaut entschwebt langsam in die Ferne, dem Weltraum preisgegeben. Man sieht, wie er sich verzweifelt krümmt und windet, wie er stirbt und dann zu einem kosmischen Relikt wird, das im unendlichen Weltraum dahinschwebt. Als ich diese Filmszene sah, durchströmte mich eine immense Welle der Panik. Ich bekam starkes Herzklopfen und ich fühlte, dass die Angst, die ich erfuhr, mehr war als meine eigene; es war sozusagen universale Angst.

Seit damals erlebte ich plötzliche, intensive und dennoch nicht begründbare Phasen der Beängstigung. Sicherlich war ich auch vorher schon ängstlich gewesen, doch durch diese Erfahrung hat sich das ganze wesentlich verschlimmert.

Der Autor dieser Zeilen, David, ist ein 26jähriger Student. Er ist sehr intelligent, liebt die Musik und die Natur und hat zudem noch viele andere Interessen. Er ist gross und schlank und in seinem Blick liegt kristallisierte Angst, als sei er der Astronaut, der dazu verurteilt wurde, alleine in der Grenzenlosigkeit des Weltraums zu sterben. Er schreibt:

> Wenn mich diese Angst überkommt, fühle ich mich in eine Unzahl einzelner Teile zersplittert, jeder in eine andere Richtung gehend. Es ist, als verliere ich den Boden unter meinen Füssen, als fehlte mir plötzlich ein Bezugspunkt, an den ich mich klammern könnte.

Während des darauffolgenden Jahres hörten seine akuten Krisen allmählich auf; er wurde wieder fähig zu lernen und es gelang ihm, befriedigende Beziehungen zu den ihm nahestehenden Menschen zu entwickeln. Als sich David bereit fühlte, alleine weitermachen zu können, beschlossen wir, unsere Arbeit zu beenden. Als ich ihn fragte, was seiner Meinung nach seine Veränderung verursacht hatte, antwortete er sofort und ohne auch nur einen Augenblick zu zögern:

> Mehrere Faktoren haben zu meinem Wachstum beigetragen: die Entdeckung, dass es jemanden gab, der mich verstand; die Erforschung des Unbewussten; das Wiedererwachen meiner Fähigkeit zu lieben ... Und dennoch gibt es noch einen Stern, der stärker glänzt als alle anderen: das Selbst. In meinem Innern fand ich eine Lebensquelle, deren Existenz ich bis dahin vollkommen ignoriert hatte.
>
> Was mich am meisten daran begeistert, ist die Tatsache, dass nicht Sie es waren, der mir diese Kraft gab. Ich habe sie auch nicht von Freunden bekommen, durch irgendwelche Glücksumstände oder durch eine Wunderpille. Ich selber habe sie ganz alleine gefunden. Auch heute noch befällt mich von Zeit zu Zeit ein Gefühl der Angst und Entfremdung, doch im Gegensatz zu früher bin ich heute viel stärker als diese Gefühle; und so kann ich sie einfach über mich hinweggehen lassen, ohne davon betroffen zu sein, wie ein Wassertropfen, der über ein Blatt rinnt.

Der Begriff «das Selbst» wird in so vielen Zusammenhängen verwandt, dass ich versuchen will, einige seiner Bedeutungen zu erläutern, damit uns verständlich wird, was David mit seiner Schilderung meinte.

Als erstes können wir sagen, dass das Selbst im allgemeinen jenen Faktor darstellt, der uns von den anderen Menschen und dem Rest des Universums unterscheidet, uns eine gewisse Identität verleiht und uns erlaubt, zu Individuen zu werden.

Jeden Morgen, wenn wir erwachen und aus der Dunkelheit des Schlafes aufsteigen in die Wahrnehmung unserer Umgebung, der Zeit und unserer individuellen Gegenwart, wiederholen wir in wenigen Augenblicken ein Abenteuer, das viele Millionen Jahre gedauert hat: das Erwachen aus der Tiefe des Unbewussten. Diese Sage begann mit der Entstehung der ersten Lebensformen auf unserem Planeten und erfuhr mit der Bildung des Bewusstseins und der individuellen Persönlichkeit einen Höhepunkt.

Die Wahrnehmung des Selbst ermöglicht es uns, Einsamkeit und Liebe zu erleben und Verantwortung für andere Menschen zu übernehmen; Vergangenheit und Zukunft wahrzunehmen; Leben und Tod zu erfahren; Werte zu erkennen und zu bestimmen; Pläne zu schmieden und uns unserer Evolution bewusst zu werden und ihre Richtung vielleicht zu beeinflussen.

Da sich viele Psychologen der zentralen Bedeutsamkeit des *Selbst* bewusst waren, versuchten sie, verschiedene Definitionen dafür zu finden; manchmal bezeichneten sie es als *Ego* oder wie wir als das *Ich*. Es wurde als Exekutive der Persönlichkeit gesehen, als Koordinator unseres Verhaltens, als Treffpunkt von Bewusstsein und Unterbewusstsein; oder als Konstellation von Verhaltens- und Gemütszuständen. Andere Konzepte wiederum beschreiben das Ich als den spezifischen Stil eines Menschen, als das Ergebnis unserer Interaktionen mit unserer Umwelt, als die Ganzheit des psycho-physischen Organismus oder schliesslich als ein illusorisches Aggregat vergänglicher Teile.

Psychosynthese bringt die Angelegenheit auf einen ganz einfachen Nenner, indem sie das Selbst als unsere *Essenz* erachtet. Diese Essenz ist vollkommen anders als alle anderen Teile, aus denen unsere Psyche zusammengesetzt ist (Körpergefühle, Gedanken, Gemütszustände); folglich kann diese wie ein vereinigendes Zentrum handeln, alle übrigen Teile führend, regulierend und koordinierend.

So gesehen, unterscheidet uns das Selbst nicht nur von anderen menschlichen Wesen, sondern auch von unseren eigenen, sich ständig verändernden Bewusstseins-Inhalten. Was David aus seiner tiefen Angst gerettet hat, war die Erkenntnis, dass sich sein Selbst nicht mit dieser Angst deckte. Sein Selbst konnte von dieser Angst Abstand nehmen (oder sich dis-identifizieren) und sie als etwas ausserhalb von ihm betrachten.

Ich will hier keine langen geschichtlichen Darlegungen über das Thema abgeben, doch möchte ich folgenden Punkt hervorheben: während in der Tiefenpsychologie das Bewusstsein oft als vom Unbewussten beherrscht gesehen wird, heikel und labil im Auswuchs, findet es in der Psychosynthese zu wahrer Autonomie, auch in bezug auf den Willen. Im nachfolgenden Abschnitt zitiere ich Sebastiano Tilli aus seinem Buch *Konzepte der humanistischen Psychologie von Roberto Assagioli*:

> Die Behauptung, es gäbe etwas, das unser Bewusstsein beeinflusst, verneint sicherlich nicht, dass die Psyche existiert und ihre eigene, unabhängige Funktion hat. Es bedeutet lediglich, dass zudem noch etwas anderes da ist, das die Eigenschaft hat, sie zu beeinflussen. Wird mein Auge durch aufblinkende Scheinwerfer geblendet, bedeutet dies ja auch nicht, dass das normale Verhalten meiner Augen nicht existiert: die normale Funktionsweise des Auges bildet eine autonome Basisgrösse, nur dass sie unter diesen Umständen durch den Einfluss eines externen Faktors verändert wird. Genausowenig kann man behaupten, es gebe keinen Willen, nur weil er durch andere Kräfte beherrscht wird. Obwohl der Wille die Basis für unsere Lebenseinstellung bildet, gibt es ebenso unbewusste oder biologische, manchmal verwurzelte und langjährige Kräfte, die die Eigenschaft haben, unseren bewussten Willen zu beeinflussen und zu verdunkeln, so sehr, dass wir manchmal seine Existenz tatsächlich in Frage stellen.[1]

Das Selbst kann auch als der einzige Teil in uns bezeichnet werden, der in sich selbst stets gleich bleibt. Und es ist diese «Gleichheit» die, wenn wir sie gefunden und erfahren haben, in uns zum Angelpunkt für unsere Persönlichkeit wird, zu einem inneren Bollwerk, zu dem wir stets zurückkehren können, um das Gefühl der

Festigkeit und Ausgeglichenheit wiederzufinden. Dann werden wir uns bewusst, dass das Selbst stets gleich bleibt, in Zeiten höchsten Glücks und tiefster Verzweiflung, im Frieden und Aufruhr, in Schmerz und Freude, in Sieg und Niederlage. Tagore sagt: «Immer wieder aufs neue erwacht dieselbe Sonne in neuen Ländern in einem Ring endloser Morgendämmerungen.»

Ein erster Blick auf unseren psycho-physischen Organismus vermittelt den Eindruck, als gäbe es überhaupt keinen solchen festen Angelpunkt, als sei alles in ständigem Fluss. Da ist zunächst einmal unser Körper: einmal ist er müde, dann wieder voll Energie, krank oder gesund, jung oder alt, schlafend, wach, hungrig oder satt; das kann man wohl kaum als unveränderbare Realität bezeichnen. Auch unsere Gefühle sind unbeständig: zwar können sie uns manchmal durch irgendeine geheimnisvolle Illusion den Eindruck unveränderbarer Gegenwart (Anwesenheit) vermitteln; doch dann verschwinden sie und andere Gefühle treten an ihre Stelle und dieselbe Illusion der Beständigkeit kehrt zurück. Ebensowenig dauerhaft sind unsere Gedanken: sie kommen und gehen, manchmal lösen sie einander in Bruchteilen von Augenblicken ab.

Und dennoch, wenn wir unser Inneres aufmerksam und sorgfältig betrachten, werden wir dort einen wahrhaft konstanten Teil vorfinden. Körperempfindungen verändern sich, Gefühle klingen ab und verschwinden, Gedanken zerrinnen, aber jemand bleibt, der diesen ständigen Fluss wahrnimmt. Und dieser «Jemand» ist das Selbst, der Beobachter. Man kann also sagen, dass das Selbst *Bewusstsein in seiner reinsten Form ist, unverdünnt und essentiell.* Es ist ein Zustand psychischer Nacktheit, in dem wir uns sozusagen all unserer Kleider entledigt haben: Gedanken, Gefühle, Vorstellungen, Körperempfindungen; was übrig bleibt ist das reine Sein.

Meistens nimmt dieses reine Bewusstsein ganz spontan die Form all dessen an, womit es gerade in Berührung kommt. Wenn ich fröhlich bin, ist mein Bewusstsein Freude; spüre ich Zahnschmerzen, ist mein Bewusstsein Zahnschmerz; denke ich an eine Torte, ist mein Bewusstsein diese Torte, usw. Diesen, sich in uns allen fortwährend abspielenden Prozess, nennen wir *Identifikation.* Mit etwas Übung gelingt es uns jedoch, unser Bewusstsein von den Inhalten, die es formen, zu lösen *(Dis-Identifikation)* und es als vollkommen befreit von jeglichen Zuständen zu erfahren *(Selbst-Identifikation).*

Identifikation kann einem Verlust, einer Illusion oder einem Traum gleichgestellt werden. Wir identifizieren uns mit unseren Gefühlen und Wünschen, unseren Ansichten, unseren Rollen, unserem Körper. Das Problem ist, dass ich mich zum Beispiel mit einer Idee identifiziere, von deren Richtigkeit ich vollkommen überzeugt bin. Dann erweist sich, dass diese Idee nicht stimmt, folglich meine *ich*, dass etwas mit *mir* nicht stimmt. Wenn ich mich vornehmlich körperlich wahrnehme und dieser Körper wird krank, schwach oder alt, dann fühle *ich mich* krank, schwach oder alt. Wenn ich meine Identität meiner Rolle als Geschäftsmann, Lehrer oder Hausfrau gleichstelle und diese Rolle eines Tages dahinfällt, meine ich, dass auch der Sinn meines Lebens dahinfällt. Wenn ich mich mit meinen Wünschen und Sehnsüchten identifiziere und diese frustriert werden, bin *ich* frustriert.

Gewiss können einige Dinge vorübergehend unseren Sinn für die eigene Identität erhöhen: zum Beispiel eine befriedigende Arbeit, ein beruflicher und finanzieller Erfolg, eine kreative Veränderung im eigenen Leben, ein Sieg im sportlichen Wettkampf, neue Techniken erlernen und nutzbringend anwenden. All dies und vieles mehr kann uns stimulieren und das Gefühl geben, wertvoll zu sein. Daher ist dieser Prozess der zeitweiligen Identifikation in gewissen Phasen unserer Entwicklung wichtig. Da jedoch alle Bewusstseins-Inhalte sowie sämtliche äusseren Umstände unseres Lebens ständigem Wechsel unterliegen und früher oder später unweigerlich aufhören zu sein, führt die Identifikation mit einem von ihnen ebenso unweigerlich zu einer Art Tod.

Aus diesem Grund drängt sich die subjektive Notwendigkeit auf, zu einer stabileren Identifikation zu finden, die schliesslich zur Identifikation mit dem Selbst führt. Dies ermöglicht uns die Erfahrung unseres wahren Seins, jenes absoluten Kerns, der unabhängig von allen Ereignissen und Einflüssen des Lebens gleich bleibt. Eine meiner Klientinnen gebrauchte dafür folgende Worte: «Wenn ich sage ‹ich bin›, weiss ich, dass ich bin, bevor ich denke, fühle, handle. Ich bin mir bewusst, ‹reine Möglichkeit und Fähigkeit› darzustellen.» Der Ausdruck in den Augen eines Neugeborenen erinnert uns an diese Fähigkeit des «allen-Möglichkeiten-gegenüber-Offenseins»; Offenheit, unbelastet durch Erfahrungen der Vergangenheit, unverhüllt, ohne Gedanken, vollkommen zugänglich. Dementsprechend ist die

Unbegrenztheit des Selbst in einem Menschen der Ort, wo die Freiheit am uneingeschränktesten ist.

Solange wir uns mit Empfindungen, Gefühlen, Wünschen und Gedanken identifizieren, wird unser Sein darin gefangengehalten, und daher können uns diese Inhalte kontrollieren oder unterdrücken, unsere Wahrnehmung der Umwelt einschränken oder die Verfügbarkeit aller anderen Teile unseres Selbst blockieren. Sind wir jedoch mit dem Selbst identifiziert, ist es viel leichter zu beobachten, regulieren, koordinieren und dirigieren und über jeden unserer Bewusstseins-Inhalte hinauszugehen.

Nun können wir uns dennoch fragen, ob dieser Vorgang der Dis-Identifikation nicht eine asketische Verneinung einer unserer Teile darstellt. Eine Antwort auf diese wichtige Frage erhalten wir von jemandem, der zu Beginn die gleichen Zweifel hegte:

> Am Anfang schien mir die Disidentifikation eine recht leblose Sache zu sein, etwa so, als ginge ich in das Zentrum eines ausgestorbenen Ortes, während sich das wahre Leben draussen abspielte, in den Aussenbezirken. Was konnte denn hier drinnen schon geschehen? Ich war mehr für das, was ich als den Weg Blakes und Whitmans ansah - Identifikation mit allem. Trotzdem entschied ich mich, einen Versuch zu machen. Und dann stellte ich fest, dass ich mich *besser* mit allem identifizieren konnte als vorher. Ich erkannte, dass ich mich anhin aus Angst nie wirklich und total hatte identifizieren können. Jetzt kann ich mich jederzeit und viel leichter mit jedem Teil von mir identifizieren, je nach Wahl. Meine Hingabe ist viel leichter möglich geworden.

Dieser Bericht zeigt deutlich, dass uns die Disidentifikation nicht daran hindert, uns jederzeit wieder mit einem Teil von uns aufs neue zu identifizieren, wenn wir das wollen. Im Gegenteil, die Fähigkeit dazu wird grösser. Was wir jedoch verhindern wollen, ist eine fortwährende, unbewusste Identifikation mit irgendeinem zufälligen Prozess unserer Persönlichkeit; ein solcher Vorgang führt fast immer zu einer Art Verdickung oder Vereisung.

Wenn wir uns also beharrlich mit uns selbst identifizieren,

neigt der Körper dazu, Spannungen zu erzeugen
neigt ein Gefühl dazu, komplexhaft zu werden
neigt ein Wunsch dazu, zwanghaftes Verlangen zu werden
neigt eine Meinung dazu, sich zum Vorurteil zu kehren
neigt eine Rolle dazu, Maske zu werden

Aber das Umgekehrte geschieht auch, wenn wir uns dem Selbst wieder zuwenden: wir gestatten unseren Komplexen, wieder Gefühle, unseren Vorurteilen wieder Meinungen zu werden, usw. Eine Frau schreibt zum Beispiel:

> Ich hatte mich fast wie besessen in eine Arbeit gestürzt. Einmal angefangen, war ich sehr ungeduldig, sie zum Ende zu bringen. Stattdessen, als gäbe es nichts wichtigeres auf der Welt für mich zu tun, beschloss ich, mich zu disidentifizieren. Als ich das tat, spürte ich sofort ein Gefühl der Ruhe und des Wohlbefindens. Dann machte ich mich wieder an die Arbeit, aber ohne die vorherige Unruhe und Hast.

Wir können uns disidentifizieren, indem wir *beobachten.* Anstatt uns von Empfindungen absorbieren zu lassen, von Gefühlen, Wünschen, Gedanken, beobachten wir sie objektiv, ohne sie bewerten oder verändern zu wollen, ohne auf irgendeine Art einzugreifen. Wir sehen sie als etwas, das ausserhalb von uns ist, als betrachteten wir eine Landschaft. Wir beobachten gelassen und aus einer gewissen Distanz diese psychischen Arabesken.

In jedem Moment unseres Lebens können wir die Position des gelassenen Beobachters einnehmen, und dann werden wir als erste Wirkung Befreiung erfahren: ich habe Angst; ich beobachte meine Angst; ich erkenne sie ganz klar; ich verstehe, dass nicht *ich* die Angst *bin*, und ich fühle mich von ihr befreit. Diese Haltung der Kontemplation wurde von Pythagoras in einer Metapher über den Jahrmarkt verdeutlicht. Er sagt: den einen geht es um den Wettkampf, den anderen ums Geschäft; die einen kommen, um anzugeben, die anderen, um Menschen kennenzulernen. Aber ein paar kommen nur, um zuzuschauen. Sie müssen sich nicht anstrengen, kein im voraus festge-

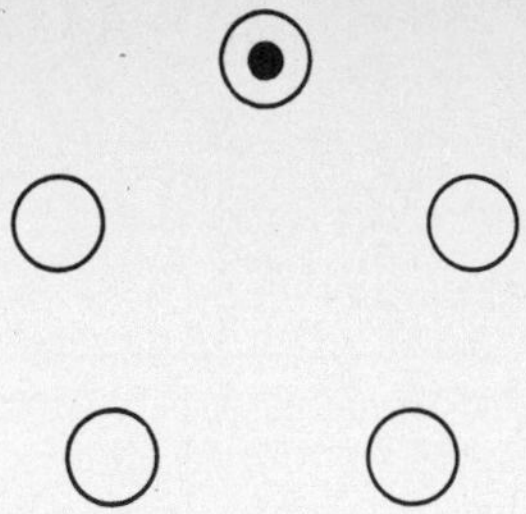

1. Die leeren Kreise stellen Bewusstseinsinhalte dar: Empfindungen, Gefühle, Ideen, usw. Der Punkt gibt das Selbst an. Das Selbst wandert dauernd und unabsichtlich von einer Identifikation zur anderen über: «ich bin traurig», «ich bin zufrieden», «ich bin müde», usw.

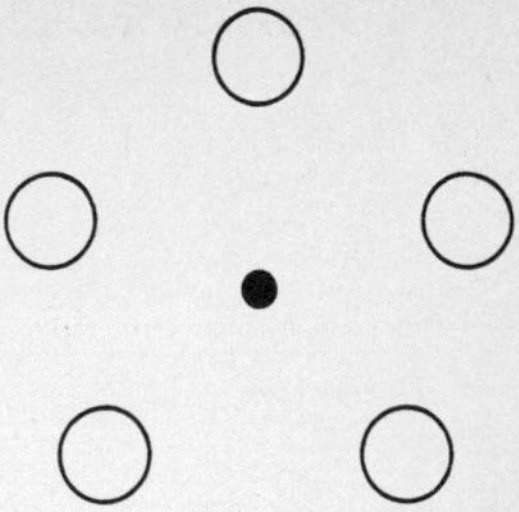

2. Es ist möglich, das Selbst als reines Bewusstsein wahrzunehmen, das sich von jeglichem Inhalt unterscheidet: «Ich bin.» Dadurch erhält das Selbst freie und umfassende Sicht auf die verschiedenen Teile der Persönlichkeit und ist nicht nur jeweils mit einem Teil identifiziert.

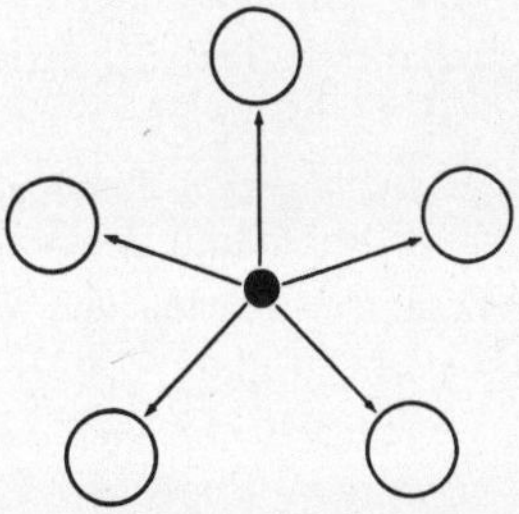

3. Im Konzept der Psychosynthese ist das Selbst weder der passive Zuschauer, noch der total in der Handlung involvierte Schauspieler. Es ist viel mehr der Regisseur, der das ganze «Schauspiel» fachmännisch inszeniert und die Schauspieler mit Einfühlungsvermögen zur rechten Zeit am rechten Ort einsetzt.

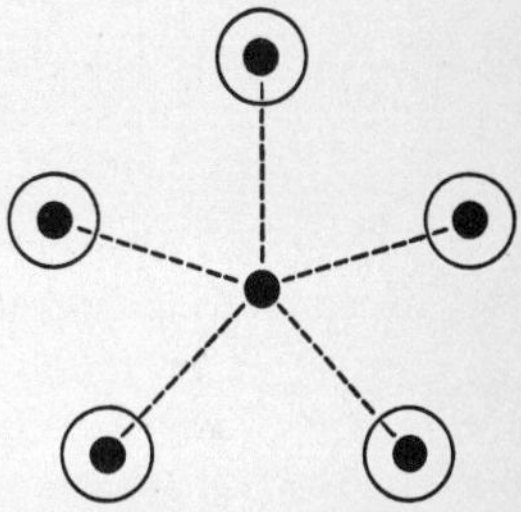

4. Vom Selbst herkommend ist der Schritt in die Identifikation mit irgendeinem Persönlichkeitsinhalt jederzeit vollziehbar: in die romantische Liebe, in den Zorn, in geistige Vorstellungen, in körperliche Bedürfnisse. Aber das Selbst ist auch fähig, sich von diesen Inhalten zu *dis-identifizieren*. Das Selbst wahr-zunehmen heisst, jederzeit frei wählen zu können. Und somit wird die gesamte Persönlichkeit dem Selbst zugängig.

Bild 3

setztes Ziel erreichen und niemandem etwas beweisen. Sie sind die freiesten. Gleichermassen ist das Selbst jener Teil in uns, der jeden psychischen Inhalt beobachten kann, ohne darin verwickelt zu werden. Diese Tatsache erlaubt unserer ganzen Persönlichkeit, ein Gleichgewicht zu finden, was ihr sonst nicht möglich wäre.

Es gibt eine orientalische Geschichte, die das Gesagte sehr klar veranschaulicht: Zehn Narren überquerten einen Fluss. Als sie das gegenüberliegende Ufer erreicht hatten, wollten sie sich vergewissern, dass ein jeder von ihnen es geschafft hatte. Einer von ihnen begann zu zählen, doch da er sich selbst nicht mitzählte, kam er nur auf neun. «Wir sind nur neun», sagte er, «einer von uns muss im Fluss ertrunken sein.» «Bist du sicher, dass du dich nicht verzählt hast?» fragte ein anderer Narr und begann seinerseits zu zählen; doch auch er beging denselben Fehler, sich selbst nicht mitzuzählen. Jedesmal, wenn einer der Narren gezählt hatte, war das Resultat wieder neun. Entmutigt fingen die Narren zu weinen an, denn sie waren überzeugt, dass einer von ihnen ertrunken war, auch wenn sie nicht so recht wussten, wer von ihnen. Ein Vorübergehender fragte sie, was geschehen sei, und sie erklärten ihm die Situation. Da er ja alle zehn vor sich sah, erkannte er, was sie falsch gemacht hatten. Er begann jeden einzelnen zu zählen und dabei zu berühren. Ausserdem musste der jeweilige Narr noch die nächste Zahl dazunennen. «Eins», sagte der erste Narr, «zwei», sagte der zweite, usw. bis zum letzten, der «zehn» sagte. Verblüfft dankten die Narren dem Wanderer, freuten sich, dass niemand von ihnen ertrunken war und hörten auf, den nichtexistierenden, verschwundenen Kameraden zu beweinen.

Diese Geschichte zeigt uns, wie leicht wir ohne einheitliche Perspektive unseren Illusionen zum Opfer fallen, von einer Identifikation zur anderen irren und ständig unter dem Eindruck des Verlustes leben. Nur ein Teil, der unabhängig ist vom Wechselspiel der verschiedenen Kräfte, kann zu einer klaren Perspektive kommen. Diesen Zustand erreichen wir mit der Selbst-Identifikation.

Selbst-Identifikation kann verglichen werden mit dem Zustand, den wir erlauben, wenn wir zuoberst auf einem *Belvedere* stehen: ein italienisches Wort, das den Punkt in einem Gelände beschreibt, von dem aus wir einen herrlichen Panorama-Ausblick auf die Landschaft unter uns haben. Auf uns bezogen ist dieser Belvedere der höchste Punkt unseres Selbst, von wo wir einen allumfassenden Ausblick auf die ständig wechselnden Inhalte unserer Persönlichkeit haben. Die ersten vier Schritte der nachfolgenden Übung sind dazu da, uns zum höchsten Aussichtspunkt unserer inneren Welt zu führen. Der darausfolgende fünfte Schritt schliesslich ist dafür vorgesehen, die Erfahrung des Selbst als reines *Sich-Bewusstsein* hervorzubringen.

Identifikation mit dem Selbst

1. Nehmen Sie Ihren *Körper* wahr.

Nehmen Sie eine Zeit lang alle physischen Empfindungen wahr. Versuchen sie nicht, diese Empfindungen zu verändern. Lassen Sie sie einfach zu, und werden Sie sich ihrer bewusst.

Werden Sie sich zum Beispiel der Berührung Ihres Körpers mit dem Stuhl bewusst, auf dem Sie gerade sitzen, Ihrer Füsse mit dem Boden, Ihrer Kleider mit der Haut.

Nehmen Sie Ihre Atmung wahr. Wenn Sie Ihre Körperempfindungen eine Zeitlang erforscht haben, gehen Sie zum nächsten Schritt über.

2. Nehmen Sie Ihre *Gefühle* wahr.

Was für Gefühle erleben Sie gerade jetzt? Welche Gefühle tauchen in Ihrem Leben regelmässig wieder auf? Betrachten Sie sowohl die scheinbar positiven wie negativen Gefühle: Liebe und Ärger, Eifersucht und Zärtlichkeit, Trauer und Freude.

Bewerten Sie nicht. Betrachten Sie Ihre Gefühle mit der Haltung eines Wissenschaftlers, der einen natürlichen Vorgang beobachtet, oder wie ein Journalist, der einen Tatsachenbericht über irgendein Ereignis schreibt.

3. Richten Sie nun Ihre Aufmerksamkeit auf Ihre *Wünsche.*

Nehmen Sie dasselbe unbeteiligte Verhalten von vorher ein, betrachten Sie die wichtigsten Wünsche, die Ihr Leben motivieren und mit denen Sie sich so oft identifizieren. Jetzt nehmen Sie sie einfach wahr, einen neben dem anderen.

4. Beobachten Sie nun die Welt Ihrer *Gedanken.*

Sobald ein Gedanke auftaucht, betrachten Sie ihn, bis der nächste

Gedanke kommt, dann diesen und immer so weiter. Und wenn Sie denken, es käme Ihnen kein Gedanke, machen Sie sich bewusst, dass auch dies ein Gedanke ist. Beobachten Sie Ihren Gedankenfluss, während er an Ihnen vorbeizieht: Erinnerungen, Meinungen, Sinniges und Unsinniges, innere Dialoge, Für- und Wider-Argumente, Vorstellungen und Träumereien. Machen Sie das ein paar Minuten und verlassen Sie dann auch diese Ebene.

5. Der, der die Empfindungen, Gefühle, Wünsche und Gedanken beobachtet, ist nicht identisch mit dem Objekt seiner Betrachtungen. Wer also hat alle diese Ebenen beobachtet? Es ist Ihr Selbst. Das Selbst ist nicht ein Bild oder Gedanke. Es ist jene Essenz, die diese Ebenen zwar beobachtet und sich dennoch deutlich von ihnen unterscheidet. Und das sind Sie. Sagen Sie innerlich: «Ich bin das Selbst, ein Zentrum reinen Bewusstseins.»

Versuchen Sie, diese Wirklichkeit während einiger Minuten wahrzunehmen.*

Das Selbst ist die bedeutsamste psychologische Erfahrung, die wir machen können: kristallklares Bewusstsein, hell und durchsichtig wie reines Wasser. Und dennoch kommt diese Erfahrung oft nicht spontan, und um sie mit einer Übung dieser Art hervorzurufen, brauchen Sie vielleicht etwas Zeit. Wir sollten auch daran denken, dass das Selbst nicht irgendein Zustand irgendwo dort draussen ist, nach dem wir suchen müssen und den wir nur mit viel Anstrengung erlangen können. Im Gegenteil: wir sind dieses Selbst in jedem Augenblick unseres Lebens, auch wenn wir uns dessen nicht deutlich bewusst sind. Zudem heisst es nicht, dass die Erfahrung des Selbst alle anderen Bewusstseinsinhalte auslöscht: Gefühle und Gedanken kön-

* In Assagiolis Originalversion dieser Übung wird eine sehr viel knappere Formel für alle Ebenen verwendet:
«Ich habe einen Körper, aber ich bin nicht mein Körper.»
«Ich habe Gefühle, aber ich bin nicht meine Gefühle».
«Ich habe Wünsche, aber ich bin nicht meine Wünsche».
«Ich habe einen Geist und Verstand, aber ich bin nicht mein Geist und Verstand».
Das führt nicht nur dazu, dass Sie zu einer psychischen Distanz zwischen sich und dem, was Sie beobachten, veranlasst werden, Sie sind auch aufgefordert, diese Unterscheidung durch die entsprechenden Worte auszusprechen. Für die einen sind diese Formulierungen für die Disidentifikation sehr wirksam, andere ziehen es vor, die Übung ohne besondere Ausdrucksformen zu machen.

nen immer noch kommen und gehen, aber jetzt sind sie im Hintergrund unseres Bewusstseins, das sich selbst wahrnimmt. Schliesslich ist das Selbst nicht eine Wirklichkeit, die wir nur während einer Übung und mit geschlossenen Augen wahrnehmen können. Vielmehr stellt es eine Wirklichkeit dar, die wir mitten im Alltag erleben können. Obwohl das Selbst als reine innere Stille zu bezeichnen ist, entfernt es uns nicht notwendigerweise von unseren alltäglichen Stimmungen und Aktivitäten. Im Gegenteil: das Selbst kann sich als immer wirksamer werdende Gegenwart und Zuversicht offenbaren, wie dies der nachfolgende Fall illustriert:

Ein brachliegendes Flugzeug voll Spinnengewebe; ein Trümmerhaufen; ein versenktes Schiff; eine leblose Marionette: das sind die Bilder, die Lia wiederholt erscheinen, wenn ich sie auffordere, die Augen zu schliessen und ihrer Fantasie freien Lauf zu lassen. Diese Bilder zeigen deutlich, was Lia über sich selber denkt:

> Ich spüre ein Gefühl der Verlassenheit, der Nutzlosigkeit, so wie man sich in einer Situation fühlt, in der man nichts tun kann. Man baut ein Flugzeug und lässt es dann einfach liegen, damit sich Spinnengewebe bilden können. Man existiert, aber die ganze Welt ist viel zu beschäftigt, um davon auch nur Notiz zu nehmen. Ich fühle mich gequält. Ich frage mich verzweifelt, warum. Niemand weiss, dass das Flugzeug existiert. Es ist zwar etwas geschehen, doch niemand hat es bemerkt.

Tatsache ist, dass Lia existiert und es niemand wahrnimmt. Lia ist eine knapp 40jährige Lehrerin. Ihr Vater starb, als sie noch ein Kind war, sie kann sich kaum an ihn erinnern. Von ihrer Mutter wurde sie ständig abgelehnt. Viele Jahre ihrer Kindheit musste Lia im Internat verbringen. Das mag der Grund dafür sein, dass sie jetzt einen derart starken Wunsch nach «Auflösung» verspürt. Die Gleichgültigkeit der Menschen verletzt sie; sie fühlt sich unsicher und jedesmal, wenn ich sie sehe, hat sie inzwischen den Stil ihrer Kleidung und ihrer Frisur gewechselt, als ob sie ständig versuchte, jemand anderes zu sein. Trotzdem ist sie ein intelligenter Mensch und voll Herzenswärme; sie ist erfahrungshungrig und auf der ständigen Suche nach Echtheit. Es ist eine wahre Freude, mit ihr zu arbeiten.

Besonders etwas, das mir Lia von sich selbst erzählt, hilft mir, sie zu verstehen: sie vergleicht sich mit Gurdulù, der Gestalt im Roman von Calvino, *Der Ritter, den es nicht gab*. «Gurdulù» ist nur einer der unzähligen Namen des Ritters; in Wirklichkeit ist er namenlos und hat dennoch jeden erdenklichen Namen. Er existiert, doch weiss er nicht, dass er existiert. Daher wird er jeweils zu dem, was er gerade wahrnimmt. Sieht er ein paar Frösche, wird er selber zu einem Frosch und beginnt zu quaken; sieht er eine Birne, glaubt er, eine Birne zu sein; steht ein grosser Suppentopf vor ihm, taucht er hinein und meint, selber Suppe zu sein und *alles* andere sei auch Suppe. Lia fühlt sich ebenso. Ist sie mit anderen Menschen zusammen, wird sie ganz eingenommen von deren Wünschen und Meinungen, von deren Welt. Sie lässt sich von ihnen mitreissen, ohne sich dessen bewusst zu sein.

> Wenn ich beginne, mich unwirklich zu fühlen, wächst meine Angst so an, als würde sie sich in mir zur Erstarrung verdichten. Es ist, als ob eine Maske auftritt, um mit den anderen Menschen zu reden und die Maske sagt alles, was die Angst ihr zuflüstert. Das passiert mir vor allem mit Menschen, von denen ich mich dominiert fühle, oder bei denen ich mir vorstelle, sie seien besser als ich.

Bis hierher kann Lias ganzes psychosynthetisches Abenteuer zusammengefasst werden als die Suche nach dem Selbst, das sie richtigerweise ihr «Zentrum» nennt. Während der Zeit, da Lia zu mir kommt, nimmt sie auch an einer Gruppe teil; ausserdem besucht sie die wöchentlichen Übungs-Sitzungen im Institut für Psychosynthese, die jedermann offenstehen. Allmählich kommt ihr die Bedeutung des Selbst zu Bewusstsein; Lia erkennt, dass sie unabhängig von der Anerkennung anderer existiert und, dass diese Tatsache wirklich richtig ist; sie lernt, im Stress des Alltags zu ihrem Selbst zurückzukehren und nimmt sich selbst stärker wahr in Gegenwart anderer Menschen. Schliesslich fasst Lia ihre Erfahrungen folgendermassen zusammen:

> Ich brauchte die wohlwollende Bewertung der anderen, um mich selbst zu überzeugen, dass ich existierte. Ohne allzu offen danach zu fragen, wollte ich stets die Meinung meiner Freunde über mich wissen, um mir danach ein Bild von mir selbst zu machen.
>
> Jetzt fühle ich mich nicht mehr so. Die vitale Kraft des Selbst

hat dieses übermässige Bedürfnis, von den anderen anerkannt zu werden, vertrieben und es mir ermöglicht, mein Gleichgewicht wiederzufinden.

Anhand Lias Erlebnissen erkennen wir eine bedeutsame Konsequenz, die sich aus der Entdeckung des «Ich» ergibt: das Selbst-Vertrauen im wahrsten Sinne des Wortes. Viele Menschen tragen seit ihrer Kindheit das nicht erfüllte Bedürfnis in sich, sich bei anderen anzulehnen, als befände sich das Zentrum ihrer Schwerkraft anderswo als in ihnen selbst. Ihr äusserliches Verhalten mag diese Menschen in vielem reif erscheinen lassen; dennoch ist es ihnen nicht gelungen, eine entscheidende Tatsache menschlicher Existenz zu akzeptieren: die grundsätzliche Einsamkeit, die des Menschen Los ist. Stillschweigend erwarten sie von ihrer Umwelt, dass diese ihnen liefert, was sie trügerischerweise glauben, selber nicht zu besitzen: Stärke, die Fähigkeit zielgerichteten Handelns, ja sogar das Leben selbst.

Da ihre Wünsche nur selten befriedigt werden, fehlt es diesen Menschen oft an psychischem Gleichgewicht. Sie neigen dazu, jegliches Zeichen der Nichtverfügbarkeit von Seiten anderer als Ablehnung oder persönliche Niederlage zu interpretieren. Die Notwendigkeit, auf den eigenen Füssen zu stehen, betrachten sie als sinnlose und schrecklich unbequeme Pflicht. Manchmal werden sie von unerträglicher Angst vor der Einsamkeit überwältigt.

Die Entdeckung des Selbst erteilt diesen Menschen die harte Lektion, dass die anderen nicht als ein Teil von ihnen zu funktionieren haben, sondern dass jeder von uns grundsätzlich auf sich selbst angewiesen ist und, dass diese Tatsache keine Tragödie ist, sondern uns sogar dazu anregen kann, aus unseren eigenen kreativen Quellen zu schöpfen. Eine Frau schreibt:

> Wenn ich erkenne, dass *ich bin*, ist mein Leben nicht mehr so wie vorher, nicht mehr anderen unterstellt oder von anderen abhängig. Mein Leben gehört wirklich mir! Nicht nur, weil ich entscheide, weil ich selber handle, weil ich lebe – das geschah auch vorher – sondern weil *ich* diejenige bin, die existiert. Die gleichen Dinge von vorher sind jetzt nicht mehr die gleichen. Bestehen bleiben die Beziehungen von vorher, doch ich bin *und* die anderen sind: das Verhältnis ist grundlegend anders! Alles in allem: eine echte

Wende! Wenn ich nicht weiss, dass ich bin (ja, ich wusste es zwar, aber nicht so wie jetzt) bin ich gezwungenermassen von allen und allem abhängig, und daher bin ich enttäuscht und einsam.

Unserer Einsamkeit entgegenzutreten und zu verstehen, dass unsere Unabhängigkeit uns sogar hilft, uns unserer tiefen, gegenseitigen Abhängigkeit bewusst zu werden, ist ein notwendiger Schritt auf dem Wege zur Erkenntnis, dass wir in unserem essentiellen Wesen Teil eines unteilbaren und lebendigen Ganzen sind.

Das bewusste Wissen um das Selbst kann viele positiven Folgen haben: die Entdeckung eines Bezugspunktes, die Verstärkung der inneren persönlichen Einheit, die Fähigkeit, umfassend und unparteiisch das eigene psychische Leben betrachten zu können, die Geburt der persönlichen Autonomie. Dieses Wissen gibt uns schliesslich die Möglichkeit, einen Raum zu schaffen für die Entfaltung unserer wichtigsten psychologischen Funktion: den Willen.

6

Der Wille

Es wird überliefert, dass der italienische Opernkomponist Rossini genau so faul wie genial war. Unter den vielen Anekdoten, die über seine Trägheit bekannt sind, gibt es eine, die davon erzählt, wie er morgens im Bett liegend eine Ouvertüre komponiert.

Es war sehr bequem und warm im Bett und viel zu kalt, um aufzustehen. Plötzlich fielen jedoch einige der bereits beschriebenen Seiten zu Boden und Rossini hätte aufstehen müssen, um sie wieder einzusammeln, falls er die Ouvertüre hätte weiterkomponieren wollen. Das war ihm jedoch zuviel der Mühe! Da er nicht gewillt war, sich dieser Anstrengung zu unterziehen, begann Rossini einfach von vorne – und er schrieb eine völlig neue Ouvertüre, die noch genialer und lebendiger war als jene, die ihm soeben entglitten war.

Diese Anekdote kann als Sieg der Inspiration über einfache Anstrengung und phantasielose Selbstdisziplin betrachtet werden. Es scheint ein Sieg zu sein, der – auf unsere Gegenwart und Gesellschaft bezogen – vollständig und endgültig wirkt, da Gefühle, Spontaneität, und Worte wie Zulassen, Loslassen, mit-dem-Strom-fliessen die grossen Eroberer unserer Zeit sind und unsere Erziehungs- und Therapieformen eindeutig dominieren. Disziplin und Willen werden hingegen in zunehmenden Masse als sinnlose Selbstquälerei angeprangert und so dargestellt, als stünden sie in krassem Gegensatz zu dem, was in uns natürlich und echt ist.

Unsere Haltung gegenüber der Bedeutung des Willens begann sich zu verändern, als sich in der westlichen Kultur das Bewusstsein für psychologische Vorgänge und Zusammenhänge zunehmend entfaltete. Die Verdrängungsmechanismen wurden entdeckt, die Kraft des Unbewussten erkannt, und die Menschen sahen die ungeheure Macht dieser Kräfte, von denen sie naiverweise geglaubt hatten, sie könnten sie dominieren – während sie in Wirklichkeit von ihnen beherrscht wurden. Die Menschen meinten, es sei der Wille, der das Leben beherrsche und kontrolliere. In Wirklichkeit wurde jedoch dieser Wille von Faktoren gelenkt und dominiert, die völlig unbewusst und unerkannt blieben. Die Vorherrschaft des Willens geriet ins Wanken. Wohlmeinende, erleuchtete Menschen holten den Willen von seinem allmächtigen Thron herunter und begannen, ihn als künstlichen, hochtrabenden Eindringling zu entlarven, der jedem vorhielt, was er zu tun habe. Schliesslich schickte man ihn kurzerhand ins Exil, in das Land der Schande und Bedeutungslosigkeit.

Aber das war ein Fehler, da der Wille in seiner wahren Bedeutung ein ganzes Heer menschlicher Errungenschaften begründet, während sein Fehlen Unmengen psychischer Störungen verursacht. Wenn man den Willen in der richtigen Perspektive betrachtet, ist er mehr als jeder andere Faktor der Schlüssel zur menschlichen Freiheit und persönlichen Macht.

So betrachtet, kann man den Willen als Ausdruck der «Autonomie» (wie Angyal es formulierte) erkennen – das heisst: es ist die Fähigkeit eines Organismus, frei nach der eigenen wesentlichen inneren Natur zu handeln und nicht unter dem Zwang äusserer Umstände. Wir können sogar sagen, dass die ganze Evolution unter dem Gesichtspunkt der Sichtbarwerdung dieser Freiheit zu betrachten ist.

Beginnen wir mit dem Übergang vom Pflanzen- zum Tierreich: sein hauptsächliches Merkmal ist die Fähigkeit, sich frei zu bewegen. Dieser Übergang wird deutlich dokumentiert in gewissen Arten von Quallen, die während ihrer ersten Lebensphase an Felsen festhaften und als Pflanzen leben, sich dann befreien und den Rest ihrer Existenz als Tiere verbringen, die sich unabhängig bewegen können.

Die weniger entwickelten Organismen im Tierreich zeigen nicht viel mehr als die Fähigkeit, sich fortzubewegen. Nehmen wir als weiteres Beispiel die Insekten: ihr Verhalten ist völlig starr programmiert und sie besitzen keine Wahlmöglichkeiten in ihrem rudimentären Nervensystem. Während wir die Leiter der Evolution emporsteigen, sehen wir, wie die Hirnmasse durch Zellen ergänzt wird, die bereits Assoziationsfähigkeit besitzen und dem Tier ermöglichen, seine Umwelt mit mehr als einem Sinn wahrzunehmen. Aber das Verhalten wird immer noch durch starre Programme geregelt. Gewisse Fischsorten sind zum Beispiel so programmiert in ihrem Verhalten, dass sie sich nur in Gruppen bewegen. Diese Tendenz ist so stark, dass sie Nahrungs- und Beutesuche aufgeben, nur um blind dem Gruppenführer mit den anderen folgen zu können. Erst, wenn wir auf der Evolutionsskala die Ebene der Vögel und Säugetiere erreichen, hört das Verhalten auf, nur vorprogrammiert abzulaufen; es gibt zum ersten Mal Spielraum für zufällige, unvorhergesehene Ereignisse. Das Hirn dieser Tiere hat bereits selektive Fähigkeiten und kann zwischen bedeutsamen Überlebensstimuli und rein zufälligen Reizfaktoren unterscheiden. Wird der Stimulus als dringlich erkannt, verhält sich das Tier gemäss dem in ihm liegenden Programm. Aber wenn der Stimulus als unwesentlich im Sinne des Überlebens erkannt wird, durchdenkt das Grosshirn eine Reaktion als Antwort, die sich entweder auf Prüfung und Irrtum stützt oder auf eine früher angelernte Strategie.

Ein Affe, der sich zum Beispiel nicht in einer lebensbedrohlichen Situation befindet, wird alle möglichen unvorhersehbaren Dinge tun – er kann mit der Zahnpasta spielen, über Stühle und Bänke hüpfen, auf der Klaviertastatur hin- und herspringen und ganz schöne Verwirrung stiften. Auf dieser Entwicklungsstufe können die Tiere bereits unter unzähligen Stimuli wählen; dennoch sind sie von ihnen abhängig: sie sind umweltgebunden.

Mit dem Menschen treten wir in ein anderes Reich ein. So wie die Tiere freier sind als die Pflanzen, weil sie sich in der Natur bewegen können, sind die Menschen freier als die Tiere, weil sie sich in der Welt der Ideen, Vorstellungen und Systeme in unendlicher Vielfalt bewegen können, und zwar unabhängig von ihrer Umgebung. Unser Nervensystem macht uns zu den am wenigsten vorherbestimmbaren aller Wesen, weil wir unabhängig sind von Programmen, die auf Schritt-für-Schritt-Handlungen basieren müssen.[1]

Es stimmt, dass wir uns an jedem Punkt äusserem Druck beugen: sozialen Zwängen und Beschränkungen, Propaganda, Antrieben, usw. Wir verfallen Gewohnheiten und handeln nach Automatismen. Weniger häufig kann es auch passieren, dass wir nur aufgrund instinktiver Mechanismen agieren. Aber - und das ist das Neue und Ungewöhnliche - wir können auch neues Verhalten erfinden und damit zu sinnvoller Ursache werden. *Wir können tatsächlich frei wählen und damit die volle Verantwortung unserer Selbstbestimmung übernehmen. Diese evolutionäre Errungenschaft, die noch sehr in der Entwicklung begriffen ist, nennen wir Wille.*

Für jeden von uns gibt es Zeiten, da wir sehr dramatisch mit Situationen konfrontiert werden, die uns dazu auffordern, unseren Willen zu benutzen. Wenn wir dieser Aufforderung folgen, steigt unsere «psychische Voltzahl» an und wir erlangen grössere Freiheit. Lehnen wir hingegen die Aufforderung ab, werden wir von den Umständen des Lebens erdrückt. Eine meiner Klientinnen befand sich in einer Situation, in der sie die Erfahrung mit der Wahlmöglichkeit, die wir haben, machte. Ich möchte ihre Geschichte beschreiben, weil ich glaube, dass sie ganz besonders deutlich aufzeigt, wie der Wille geboren werden kann.

Von ihrem Mann verlassen und als Mutter eines kleinen Mädchens fühlte sich Cinzia allein und sehr verletzlich. Sie hatte Probleme mit ihrem Magen, und ihr allgemeiner Gesundheitszustand war durch jahrelangen Missbrauch von Beruhigungsmitteln ernsthaft gestört. Wenn sie sich unter einer grösseren Anzahl Menschen befand, fühlte sie sich überwältigt, und wenn sie ein Warenhaus betrat, befiel sie Angst. Die Zukunft beängstigte sie dermassen, dass sie als zweiunddreissigjährige Frau nicht länger leben wollte. Als ich ihr begegnete, sah sie sehr blass aus und in ihren Augen entdeckte ich eine Empfindsamkeit, die arg verletzt worden war durch die Begegnung mit einer Wirklichkeit, die zu rauh war für die Zartheit und den Reichtum ihrer Gefühle.

Ein Bild, das aus der Tiefe ihres Seins aufsteigt, beschreibt deutlich, wie Cinzia sich zu jenem Zeitpunkt fühlte:

> Ich befinde mich in einem dunklen Tunnel, die Wände sind schwarz und schwammig, die Decke hängt tief. Zuerst scheint der Tunnel völlig blockiert zu sein, dann sehe ich einen Aus-

gang vor mir, der ins Grüne führt. Aber dort draussen wartet niemand auf mich, und das hindert mich, den Tunnel zu verlassen. Ich drehe mich immer wieder innerhalb der Tunnelwände, geplagt von zehntausend verzweifelten Gedanken.

Die nachfolgenden Worte sind noch deutlicher:

Ich habe keinen Willen. Es ist, als würde ich vom grauen Alltag dahingeschleppt mit dem Bedauern an all das, was hätte sein können. Warum wurde alles davongeschwemmt? Es scheint mir, als würde ich ständig von einem schwarzen Schicksal verfolgt.

Cinzias Selbstdiagnose war teilweise richtig: ihr Wille existierte nicht oder, um genauer zu sein, sie hatte ihn noch nicht entdeckt. Da sie nicht fähig war, ihrem Leben die Form zu geben, die sie wollte, fühlte sie sich einem «schwarzen Schicksal» ausgeliefert. Da sie nie gelernt hatte, selbständig zu sein, wurde sie zerbrechlich und abhängig; da sie so erzogen worden war, ihre persönliche Macht zu unterdrücken und zu leugnen, fühlte sie sich nun leblos. Cinzia's Situation veranlasst uns, ein allgemeines Prinzip zu betrachten: jedesmal, wenn der Wille geleugnet, unterdrückt oder vergewaltigt wird, oder wenn er sogar nicht existiert, treten psychische Leiden und Störungen auf. Da der Wille die Fähigkeit ist, die unserem Selbst am nächsten steht, lässt jede Beeinträchtigung oder Verletzung tiefe Wunden entstehen.

Überprüfung des Willens

Schauen Sie sich Ihren eigenen Willen genau an. Kommt es häufig vor, dass

Sie Ihren Willen dem anderer Menschen beugen?
Ihr Wille durch Ihre Gefühle überwältigt wird wie zum Beispiel durch Depressionen, Wut oder Angst?
Ihr Wille durch Ihre Trägheit gelähmt wird?
Ihr Wille durch Gewohnheiten eingelullt wird?
Ihr Wille sich durch Ablenkung auflöst?
Ihr Wille von Zweifeln zernagt wird?

Tun Sie im allgemeinen das, was *Sie* wollen, oder ist Ihre Willensentscheidung von anderen Faktoren als jene Ihrer Überzeugung abhängig? Wägen Sie Punkt um Punkt sorgfältig ab und schreiben Sie dann Ihre Gedanken nieder.

Trotz vieler Hindernisse ist die Entdeckung des Willens eine wichtige und elementare Erfahrung. Die einfachste Art, diesen Prozess zu erleichtern, besteht darin, den Willen zu gebrauchen. *Das hilft uns, ihn zu entdecken und zu verstärken.* Jeder Moment unseres Lebens bietet uns dazu Gelegenheit. So betrachtet, wird das Leben zu einem Laboratorium in dem wir mit dem Willen experimentieren und ihn entwickeln können. Es gibt tausende von Möglichkeiten, die jeder für sich entdecken kann. Nachstehend ein paar Beispiele wie ich meinen Willen in den verschiedensten Situationen des täglichen Lebens aktivieren kann:

Der Wille im Alltag

Tun Sie etwas, das Sie vorher noch nie getan haben.

Machen Sie sich einen Plan und führen Sie diesen durch.

Setzen Sie eine Tätigkeit noch weitere fünf Minuten fort, auch wenn Sie bereits müde oder unruhig sind und Lust haben, etwas anderes zu tun.

Sagen Sie «nein», wenn es richtig ist, «nein» zu sagen, es aber leichter wäre, «ja» zu sagen.

Wenn Sie vor einer kleineren Entscheidung stehen, entscheiden Sie schnell und ohne zu zögern.

Vollbringen Sie eine mutige Tat.

Handeln Sie gegen jegliche Erwartungen.

Führen Sie die Sache aus, die für Sie von allen die wichtigste ist.

Benehmen Sie sich unabhängig davon, was die anderen sagen oder denken könnten.

Tun Sie etwas ganz langsam, wie im Zeitlupentempo.

Sagen Sie etwas nicht, was Sie versucht sind zu sagen. Sagen Sie etwas, das zwar sehr schwierig, jedoch richtig ist zu sagen.

Entfernen Sie etwas Überflüssiges aus Ihrem Leben.

Verschieben Sie etwas, was Sie am liebsten sofort tun würden.

Beginnen Sie sofort mit etwas, das Sie aus Angst oder Bequemlichkeit lieber verschieben würden.

Machen Sie dieselbe Psychosynthese-Übung einmal täglich während eines ganzen Monats, auch wenn Sie Ihnen nutzlos erscheint.

Tun Sie etwas mit vollkommener Aufmerksamkeit und Intensität, als wäre es das letzte Mal.

Machen Sie etwas, wovor Sie Angst haben.

Brechen Sie mit einer Gewohnheit.

Jede x-beliebige Handlung kann in eine Willens-Übung umgesetzt werden, vorausgesetzt, sie stellt keine Gewohnheit dar und wird nicht als Pflicht empfunden. Auf diese Weise wird ein positiver Prozess in Bewegung gesetzt; die Entdeckung unseres Willens wird uns dazu befähigen, weitere Willens-Handlungen durchzuführen. Dadurch vergrössern wir unser Willens-Reservoir, was uns wiederum ermöglicht, unseren Willen weiterzuentwickeln. Damit setzen wir einen virtuosen Kreislauf in Gang: Wille erzeugt Wille.

Aber nicht immer verläuft alles so reibungslos. Jemand beginnt heute mit einer Übung, doch morgen hat er sie bereits wieder vergessen. Übermorgen denkt er vielleicht, die Übung sei völlig überflüssig, und noch später hat er plötzlich wieder Lust und beginnt von vorne. Oder, um ein anderes Beispiel zu nennen, wir vervielfachen, von einer plötzlichen Begeisterung angefeuert, unsere Anstrengungen und sammeln so viel Willensenergie an, um unsere Handlungen durchzuführen, nur um später zu entdecken, dass wir übertrieben haben. Einer meiner Klienten sagte mir: «Wenn ich heute versuche, Willens-Übungen zu machen, gelingen sie mir nicht. Irgendetwas in mir rebelliert.» Dies war ein Warnzeichen, dass er zuviele Übungen gemacht und nun eine Pause nötig hatte.

Achten Sie darauf, nicht zu übertreiben. Denken Sie daran, dass ein kontinuierlicher Fortschritt, ganz gleich auf welchem Gebiet, eine aussergewöhnliche Leistung darstellt. Es ist am besten, wir gehen die Willens-Übungen mit einer sportlichen Haltung an, als würden wir trainieren, um uns besser in Form zu bringen.

In Cinzias Fall dauerte dieser Prozess mehrere Monate. Anfangs Winter kam sie zum ersten Mal zu mir. Bei Frühlingsbeginn zeigte sie erste Anzeichen ihrer Entschlusskraft, obwohl sich diese neuen Tendenzen noch mit den alten vermischten.

Ich will lernen, alleine zu leben; zufrieden, ohne absurde Hoffnungen und ohne mir Fehler vorzuwerfen, die ich gar nicht begangen habe. Ich will nicht an eine Zukunft denken, die mich beängstigt, an meine schrecklich langweilige Arbeit oder ans Altwerden ohne Lebenspartner.

Der Frühling ist nahe, soviele Düfte, Gefühle und Wünsche! Ich möchte in die Sonne hineintauchen und ihre Wärme spüren, die mich zum Leben einlädt. Doch gibt es überhaupt noch Hoffnung? Ich habe nicht viel Hoffnung in meine Möglichkeiten. Im Gegenteil: wenn ich genau darüber nachdenke, habe ich überhaupt keine.

In diesen wenigen, widersprüchlichen Zeilen sehen wir bereits deutliche Zeichen beginnender Entschlossenheit («Ich will lernen, alleine zu leben») begleitet von den Hochs und Tiefs, die so charakteristisch sind für das Gefühlsleben. Trotz aller Schwierigkeiten des täglichen Lebens arbeitete Cinzia an sich selber weiter, bis sich eine weitere Veränderung abzeichnete. Dann schrieb sie in ihr Tagebuch:

Ich will lieben. Ich will für die anderen da sein. Ich will aus dieser erdrückenden Einsamkeit heraus, und, was wichtiger ist als alles andere, ich will ein individuelles Wesen sein.

Da ich Cinzia's Entwicklung während der Zeit, da sie regelmässig zu mir kam, beobachten konnte, wusste ich, dass die Entdeckung ihres Willens vor ihr lag. Doch wusste ich nicht, wann und wie Cinzia dieses Ziel erreichen würde. Endlich schaffte sie es:

Ich habe viel mit den Übungen des Willens gearbeitet; denn es gab eine Zeit, in der ich nicht fähig war, mich zu rühren. Daher habe ich alles mögliche versucht, um meinen Willen freizulegen. Und der Wille kam, ich weiss nicht einmal genau wie. Eines Tages fühlte ich mich einfach fähig, zu tun was immer ich wollte. Es wurde mir bewusst, dass ich im Begriffe gewesen war, mein Leben fortzuwerfen. Ich lebte gar nicht, ich zerstörte mich. An diesem Punkt angelangt, erwachte mein Wille, um mir selbst zu beweisen, dass ich ein Mensch war, der sämtliche Möglichkeiten hatte zu leben, ohne sich selbst umzubringen. Ich hatte nämlich einen schrecklichen Moment durchgemacht, in dem ich keinerlei Möglichkeit mehr sehen konnte.

Als ich Cinzia das letzte Mal sah, sagte sie, dass sie sich von Zeit zu Zeit immer noch einsam fühle, dass sie dies jedoch nicht daran hindere, Pläne für ein neues Leben zu schmieden, wie zum Beispiel ihre jetzige Arbeit aufzugeben und eine neue Tätigkeit zu beginnen, um anderen Menschen helfen zu können. Sie wollte Krankenschwester werden. Sie zeigte mir Fotos ihrer kleinen Tochter, die, geprägt durch die verzweifelte Atmosphäre, die sie zuhause umgeben hatte, leblos wirkte und nicht mit anderen Kindern spielen wollte. Jetzt sah das Kind glücklich und zufrieden aus.

An dieser Stelle könnte allerdings ein berechtigter Zweifel entstehen: vielleicht stimmt es, dass unser Wille uns hilft, unsere Selbstbehauptung zu stärken; besteht bei diesem Prozess jedoch nicht die Gefahr, dass wir uns Gewalt antun und zu autoritär werden? Riskieren wir nicht, in den psychischen Prozess auf schwerwiegende und unnatürliche Art einzugreifen?

Wollen wir diesen Zweifel beseitigen, müssen wir aufpassen, den wahren Willen nicht mit der «Willenskraft» nach viktorianischer Art zu verwechseln. Die Tatsache, dass viele Leute «Wille» nennen, was in Wirklichkeit lediglich unnachgiebige Selbstbeherrschung darstellt, darf uns nicht dahin führen, alles in einen Topf zu werfen: wir müssen uns klar bewusst sein, dass die wahre Funktion des Willens darin besteht, zu *führen* und nicht zu *erzwingen*.

Das nachfolgende Beispiel kann uns helfen, diesen Unterschied zu erkennen: nehmen wir an, wir sitzen in einem Ruderboot mitten auf einem See und wollen zum Ufer zurückkehren. Damit uns dies gelingt, müssen wir zwei Sachen tun; zuerst müssen wir entscheiden, in welche Richtung wir das Boot lenken wollen; dann müssen wir die entsprechende Muskelkraft aufwenden, um es dorthin zu rudern. Nehmen wir nun an, dass wir statt eines Ruderbootes ein Segelboot haben. In diesem Fall müssen wir wissen, wie Steuer und Segel anzuwenden sind, damit wir das natürliche Kräftespiel von Wind und Wasser nutzen können; doch um das Boot zu bewegen, bedarf es keiner zusätzlichen Muskelkraft. Unsere einzige Funktion besteht darin, die Richtung auszuwählen und diese beizubehalten. Auf dem Segelboot sind wir nicht die die Fortbewegung auslösende Kraft, sondern treten als Vermittler auf. Das bedeutet: wir lassen zu, dass Wind, Segel, Wellen und Strömungen miteinander wirken, indem wir unsere Kenntnisse anwenden und diese Kräfte wirksam koordinieren und regulieren, ohne dass wir uns körperlich unmittelbar daran beteiligen, so wie wir das mit dem Ruderboot machen mussten, um vorwärtszukommen. Der echte Wille tritt wie ein solcher Vermittler auf («Meta-Agent»: dieser Begriff wurde zum ersten Mal von Alyce und Elmer Green[1] in ihrem Buch *Beyond Bio-feedback* angewandt). Diese vermittelnde Kraft (Meta-force) kann die Wechselwirkungen der verschiedenen Persönlichkeitsteile von einem unabhängigen Standpunkt aus leiten, ohne sich mit einem dieser Teile zu vermischen oder zu identifizieren. Normalerweise gehen wir so mit uns um, als sässen wir rudernd auf einem Segelboot, obwohl der Wind stark genug bläst, um das Boot fortzubewegen. Wir rackern uns sinnlos ab, auch wenn kein Kräfteaufwand von uns verlangt wird. Wir verschwenden so viel Energie, weil wir nicht nur glauben, entscheiden zu müssen, was zu tun ist, sondern meinen, es auch versuchen zu müssen, indem wir gewöhnliche «Willenskraft» einsetzen.

Der berühmte Dirigent Herbert von Karajan hat einmal anlässlich einer Übungsstunde mit seinen Schülern den Unterschied zwischen mühevollem Tun und mühelosem Dirigieren anhand einer persönlichen Erfahrung sehr deutlich veranschaulicht; er erinnerte sich an die Reitstunden seiner Kindheit. Im besonderen fiel ihm die Nacht vor dem ersten Hindernissprung zu Pferd ein. Er fühlte sich so unruhig, dass er nicht schlafen konnte:

«Wie soll ich bloss diesen riesigen Pferdekörper in die Luft und über das Hindernis heben, dachte ich. Dann wurde mir klar, dass niemand das Pferd hochheben musste. Man dirigiert es an die richtige Stelle und dann hebt es sich selber hoch. Das gleiche gilt für das Orchester.»[2]

Ich möchte jedoch hinzufügen, dass der Wille manchmal auch Anstrengung und Einsatz erfordert. Er kann sich gegen unsere tiefverwurzelten Verhaltensmuster und Gewohnheiten richten. Es kann ein Wille sein, der Barrieren niederreisst, Angst überwindet und selbst die undenkbarsten Dinge möglich macht. Und es ist dennoch ein gesunder Wille, immun gegen die verzerrte, unnachgiebige «Willenskraft». Der Unterschied besteht in der Identifikation mit der Entscheidung und nicht mit der Handlung oder Anstrengung. Damit dies geschehen kann, muss der Wille unserer *Mitte* entspringen, ohne von anderen Kräften beeinflusst oder verzerrt zu werden. Doch dies ist selten der Fall. Betrachten wir einige Beispiele:

Ein fünfzigjähriger Mann leidet unter schweren Depressionen. Wenn er in einer solchen Phase steckt, verliert er jegliches Vertrauen zu sich selbst, fühlt sich körperlich schwach und kann sich an nichts mehr freuen. Seine Freunde raten ihm, seine Depressionen mit «Willensstärke» anzugehen. Doch je mehr er das tut, desto schlimmer wird sein Zustand.

Ein Geschäftsmann hat sich ein sehr ehrgeiziges Ziel gesetzt. Er leistet ständig Überstunden, versagt sich jede Art von Vergnügen, vernachlässigt seine Familie und beraubt sich dadurch der Wärme und Geborgenheit, die diese ihm gibt. Er opfert sich auf dem Altar des Erfolgs.

Eine Frau war seit ihrer Kindheit stets allein und auf sich selber angewiesen. Sie hatte gelernt, dass sie hart sein musste, um zu überleben, und sie hatte sich ein Schild aus Hartnäckigkeit, Kraft und Abwehr zugelegt, das sie gegenüber der Umwelt schützen sollte. Erst viel später erkennt sie, dass sie «zuviel und zu hart versucht» hat, dass sie ständig aus einer extremen Abwehrhaltung reagierte und, dass im Kern ihrer Härte Angst steckte.

Es besteht kein Zweifel, dass diese Menschen ihren Willen sehr intensiv einsetzen. Es steht jedoch auch fest, dass sie von einem Gefühl oder Wunsch kontrolliert werden, sei dies nun Rebellion gegen den Schmerz, Ehrgeiz oder Angst. Ihr Willensakt entsteht nicht aus dem Selbst heraus, und daher verhärtet sich ihr Wille zu einer absurden Anstrengung oder zu blindem Druck. In jedem dieser Fälle ist der Wille keine vermittelnde oder dirigierende, sondern lediglich eine unter vielen Kräften.

Wie können wir den Willen entwickeln und gleichzeitig der Gefahr des «ich muss mich bemühen» entgehen? Der Unterschied zwischen dem «viktorianischen» Willen und dem Willen, von dem wir in der Psychosynthese sprechen, besteht nicht so sehr in der darin enthaltenen Intensität. Es geht viel mehr darum, dass wir das richtige Mass finden. Wenn wir uns mit Bescheidenheit und Mut mit den uns mehr oder weniger bewussten Kräften auseinandersetzen, können wir unsere Willensfähigkeit verfeinern, indem wir uns daran erinnern, dass wir nur aus der Mitte unseres Seins, von unserem Selbst aus, bewusst und willentlich wollen können. Es ist daher unsere Aufgabe, das Bewusstsein dieser Mitte zu verstärken. Alle anderen Formen des Willens-Ausdrucks sind nichts weiter als «psychologische Monster»: der Wille wird von einem Gefühl, einer Teilpersönlichkeit, usw. gefangengehalten und entstellt.

Entspringt der Wille unserer Mitte, kann er sich auf viele Arten ausdrücken und als Konstellation psychischer Ereignisse statt einförmiger Äusserungen gesehen werden. Manchmal verwirklichen wir unseren Willen augenblicklich, zum Beispiel wenn wir eine mutige Tat vollbringen oder eine nicht rückgängig zu machende Entscheidung treffen; manchmal können wir den Willen als stetigen Fluss der Kraft wahrnehmen, wenn wir zum Beispiel unsere ganze Aufmerksamkeit auf eine Sache richten, oder wenn wir uns beharrlich einem Plan widmen, den wir trotz aller damit verbundenen Schwierigkeiten durchführen wollen.

In gewissen Situationen besteht der Wille darin, das zu tun, was die Umstände gerade erfordern, sozusagen als Selbstzweck, ohne dass wir von einer zukünftigen, versprochenen Belohnung angelockt oder durch Schuldgefühle angetrieben werden. Manchmal lässt uns der Wille das Leben als kompromisslosen Kampf erscheinen, während er uns bei anderer Gelegenheit dazu bewegen kann, unsere Schüchternheit und Zurückhaltung zu überwinden, etwas zu riskieren und mit einem anderen Menschen in Kontakt zu treten. Dann wiederum drückt sich unser Wille dadurch aus, dass wir mit ungeteilter Anspannung ein Ziel anstreben und uns nicht von jenen Ambivalenzen oder Schwankungen beeinflussen lassen, die in den dämmrigen Bereichen unseres Geistes herrschen und so oft erfolgreich selbst unsere stärksten Vorsätze und Entschlüsse unterminieren.

Wir sehen deutlich, wie der Wille bei einem Menschen wie Amundsen funktioniert, der seinen Entschluss, Polarforscher zu werden, trotz scheinbar unüberwindbarer Hindernisse durchsetzte, trotz Verspottung, Gefahren und schwerer körperlicher Entbehrungen. Aber der Wille ist ebenfalls gegenwärtig bei jemandem wie Emile Zola, der 58 Bücher verfasste, indem er täglich vier Seiten schrieb – und nicht einen Tag ausliess.

Um dieses Thema noch ausführlicher zu beschreiben, möchte

ich ein weiteres Beispiel anführen: Mario, ein 41jähriger Universitätsprofessor, erkannte, dass es in seinem Leben eine Reihe Dinge gab, um die es nicht zum besten stand. Mario erholte sich gerade von einer akuten Magenkolik. Gleichzeitig war sein erstes Kind zur Welt gekommen: «Ich war der kranke Vater eines Neugeborenen, und diese Tatsache erfüllte mich mit Angst», sagt er über jenen Lebensabschnitt. Zudem waren seine Sommerferien im gleichen Jahr total missglückt; Mario war zusammen mit drei Freunden auf seinem Boot nach Sardinien gefahren. Die Schwierigkeiten häuften sich und die ganze Reise war ein Musterbeispiel fehlenden Willens. Er hatte seine Reisekameraden aufs Geratewohl ausgewählt, und diese Wahl erwies sich als völlig falsch; ständig drückten sie sich vor der eigenen Verantwortung und schoben sie einander zu. Ein grosser Teil der Gespräche hörte sich ähnlich an: «Warum hast Du den Trinkwassertank nicht aufgefüllt?» «Ich dachte, das sei Deine Aufgabe.»

Alle waren unvorbereitet gekommen. Einer von ihnen kam ohne das obligatorische Rettungsboot, das er hätte mitbringen sollen und musste deshalb noch in letzter Sekunde eines kaufen gehen. Da es zu gross war, liess es sich nicht einfach im Boot unterbringen und war ihnen deshalb während der ganzen Reise im Weg. Alles in allem, ein «Boot des Durcheinanders», auf dem niemand finden konnte, was er suchte, wo der Platz schlecht genutzt war und wo alles entweder im Überfluss oder überhaupt nicht vorhanden war.

Bereits der Anfang der Reise war chaotisch: «Wir fuhren ohne jegliches Verantwortungsbewusstsein los», gesteht Mario; anstatt am Morgen frisch und ausgeruht loszufahren, beschlossen sie impulsiv, noch am späten Abend, nach einer üppigen Mahlzeit zu starten; um drei Uhr morgens waren sie auf hoher See, völlig übermüdet und ohne ausreichenden Treibstoffvorrat, den sie vor der Abfahrt nicht kontrolliert hatten. Rückblickend sagt Mario: «Wir trieben sehr viel Aufwand, und es kam nur sehr wenig dabei heraus. Ich benahm mich, als sei ich frei von jeglicher Bindung und völlig ohne Verantwortung. So wurde für mich die Reise zu einer Rückkehr in meine Kindheit. Aber diese Kindheit war voller Fehler und Unerfahrenheit.»

Die Bootsreise kann zugleich als Modell für Marios damaligen Lebensstil dienen; als Mario im letzten Herbst zu mir kam, fiel mir am stärksten sein fehlender Wille auf. Er fühlte sich unsicher in bezug auf seine Lebensziele. Er fing etwas an, führte es aber nicht zu

Ende; die kleinste Widerwärtigkeit entmutigte ihn, und er neigte dazu, seine Verpflichtungen aufzuschieben. Er zögerte, die Initiative zu ergreifen und liess es zu, dass Kollegen und sogar Freunde über ihn bestimmten. Er fühle sich Figuren wie Charlie Brown und Woody Allen am nächsten.

Wenn der Wille fehlt, besetzen Angst, Depression, Groll und Verwirrung jenen «Bereich» in unserer Psyche, der dem Willen bestimmt ist. Ein grosser Teil der Arbeit bestand für Mario darin, die verschiedenen Aspekte des Willens zu entdecken und die Fähigkeit zu entwickeln, entscheiden zu können, welche Ziele er in seinem Leben wirklich erreichen wollte.

Hier möchte ich einen Absatz einfügen und an das Werk von Martin Seligman von der Pennsylvania University erinnern. Seligman greift zurück auf das Konzept der *Kompetenz* und macht darauf aufmerksam, dass das Bedürfnis, eine Situation im Griff zu haben und ein bestimmtes Mass an Herrschaft auszuüben, oft und während langer Zeit unterschätzt wurde. Er weist darauf hin, dass in Versuchslabors Tauben und Ratten, die die Wahl haben, sich ihr Futter durch bestimmte Handlungen selber zu beschaffen, wie zum Beispiel einen kleinen Hebel zu drücken, oder aber das Futter einfach zu bekommen, es immer vorziehen, dafür zu arbeiten. Seligman zitiert auch aus einer Untersuchung, aus der hervorgeht, dass Babies lächeln, wenn sie es fertigbringen, einen Gegenstand, der an einem Faden hängt, in Bewegung zu setzen. Hingegen lächeln sie nicht, wenn die Bewegung durch jemand anders ausgelöst wurde. Gemäss Seligman geschieht dies, weil die Fähigkeit, eine Situation zu bewältigen (wir würden diese Fähigkeit «Willen» nennen), Freude hervorruft. Diese Freude ist von entscheidender Bedeutung für das Überleben eines Organismus und begleitet jede «wirksame Antwort» («effective responding») und jede Handlung, vorausgesetzt sie dient dazu, mit der Umwelt so in Verbindung zu treten, dass das Individuum die Kontrolle in seinen Händen behält. Das Fehlen einer «wirksamen Antwort» hingegen ruft Depressionen hervor.

Wenn all dies stimmt, können depressive Menschen geheilt werden, indem man sie *Kompetenz* lehrt. Seligman hat diese Methode angewandt: er teilt seinen depressiven Klienten Aufgaben mit steigendem Schwierigkeitsgrad zu. Er lässt sie zum Beispiel aus einem Buch ein Stück laut vorlesen; dann lässt er sie, während sie einen weiteren

Abschnitt lesen, einen bestimmten Ausdruck in ihre Stimme legen. Dann lässt er sie noch einen Abschnitt mit Ausdruck und eigener Interpretation lesen. In einer weiteren Übung lässt Seligman sie dem Text einige Worte hinzufügen, die für oder wider den Standpunkt des Autors argumentieren sollen. Das Geheimnis besteht darin, den Klienten stets eine Aufgabe zuzuteilen, die sie bewältigen und mit der sie den Sinn für eigene Herrschaft und Willen aktivieren können. Mit derselben Methode können auch leichtere Depressionen, die jeder von uns früher oder später einmal erlebt, erfolgreich behandelt werden. Von sich selbst sagt Seligman:

> Ich setze mich hin und beginne zu schreiben, lese einen schwierigen Text oder mache mich an die Lösung eines mathematischen Problems. Was gibt es besseres für einen intellektuellen Menschen, als zu sehen, dass seine Anstrengungen wirkungsvoll sind und es sich daher lohnt, sich ins Schreiben, in anspruchsvolle Lektüre oder in die Lösung einer Aufgabe zu vertiefen? Es ist natürlich wichtig, dass man durchhält: wenn ich mit der Lösung eines mathematischen Problems beginne und mittendrin aufgebe, verschlimmert sich mein depressiver Zustand.

Die Erweckung des Willens sowie die Fähigkeit, selber Ursache zu sein, füllen jenen Bereich unserer Psyche aus, in den sonst Depression und Verwirrung eindringen.

Der zentrale Aspekt in der Arbeit mit dem Willen besteht darin, dass wir bewusst entscheiden lernen, was wir tun wollen, und wie wir es tun wollen. Anstatt so zu handeln wie Mario oder der 50jährige deprimierte Mann, wie der ehrgeizige Geschäftsmann oder die Frau, der wir vorher begegnet sind, versuchen wir, von unserer Mitte aus zu handeln und nicht aufgrund von Impulsen, Wünschen oder Neigungen. Wir fragen uns nach unserem momentan wichtigsten Ziel. Wir beschliessen, es zu erreichen. Wir entscheiden willentlich, wie wir am wirksamsten handeln und tun alles, was uns diese Aufgabe erleichtern kann. Dann können wir beherzt zur bewussten Tat schreiten und Hindernissen auf unserem Weg mit Festigkeit und Intelligenz begegnen. Gleichzeitig bleiben wir beweglich genug, unseren Plan zu ändern, falls es nötig wird, ohne dass wir die Sache allzu ernst nehmen, so dass wir uns an dem, was wir tun, noch freuen können. Der Schlüssel zu diesem ganzen Prozess heisst: bewusstes Wollen.

Im nächsten Sommer beschloss Mario, wieder eine Seefahrt zu unternehmen. «Dieses Mal wollte ich die Reise so schön und perfekt gestalten wie eine Sonate», erzählt er mir «und sie wurde dann auch zu einem Modellfall für das, was das Leben für mich sein kann.»

Zuerst wurden alle Vorbereitungen im Detail getroffen: die Überprüfung der Segel, überholen und schmieren der Maschinerie. Es wurde alles getan, um die Bootstüchtigkeit und Sicherheit zu garantieren. Als nächstes wurde beschlossen, wohin die Reise gehen sollte und in welchen Etappen. Mario beschloss, der süditalienischen Küste zu folgen und dann die griechischen Inseln anzusteuern. Dieses Jahr überliess er auch die Wahl seiner Reisegefährten nicht dem Zufall. Mario wählte Freunde mit Abenteuergeist aus, die gut miteinander harmonierten. Alles Überflüssige wurde weggelassen, man brauchte ja nicht viel für eine Reise dieser Art, und je leichter das Boot war, je schneller würde es sein. Auswahl ist auch eine Wahl und stellt einen Willensakt dar.

Mario setzte sich für dieses Abenteuer voll ein, bis anhin hatte er in seinem Leben nur selten ein solches Engagement verspürt.

> Die Schönheit der Reise entstand aus der Freude, als sichtbar wurde, dass sich die getroffenen Massnahmen als richtig erwiesen. Im Bordbuch trug ich regelmässig ein, wann wir wegfuhren, wann wir anhielten, wann wir die Segel und wann den Motor brauchten, usw. Nach und nach gelang es mir, im voraus zu erkennen, dass zu einem bestimmten Zeitpunkt eine bestimmte Insel auftauchen würde. Und pünktlich erschien sie. Die ganze Reise verlief wie ein Pfeil, der, einmal abgeschossen, die Zielscheibe korrekt und im richtigen Augenblick erreicht. Soviele Dinge waren in die Reise miteinbezogen und ergaben einen Mikrokosmos dessen, was das Leben sein kann: das Zusammenleben mit anderen, das Überleben, Sicherheit, Planung, Vergnügen und das Erreichen eines vorher gesetzten Zieles.

Assagioli spricht von sieben Qualitäten, die durch die Anwendung des Willens zum Vorschein kommen: Energie, meisterliches Beherrschen, Konzentration, Entschlossenheit, Durchhaltevermögen,

Mut, Organisationsfähigkeit. Jede dieser Qualitäten kam bei Marios Reise deutlich zum Ausdruck, und sie wurde zum Symbol seiner neuen Haltung dem Leben gegenüber. Mario beschloss daraufhin, dass sein Hauptziel sein werde, sich und seine Talente in der akademischen Welt zur Entfaltung zu bringen; also konzentrierte er sich auf eine Reihe von Zielsetzungen, die ihm dazu verhelfen würden, wie zum Beispiel Artikel schreiben, ein Lehrbuch veröffentlichen, Fortbildungsseminare besuchen, neue Gebiete erforschen und sich ganz allgemein vermehrt im Beruf durchzusetzen. Ohne die Freude des Unerwarteten zu leugnen, gelang es Mario, aus jedem Lebensabschnitt das zu machen, was er bei seiner Reise zum griechischen Archipel erreicht hatte: er gestaltete sein Leben harmonisch und gab ihm einen tieferen Sinn.

Wie Mario können wir die wahrscheinlich ausgeprägteste menschliche Fähigkeit anwenden: *die Möglichkeit zu wählen.*. Indem wir die für uns richtigen Ziele auswählen, wird unser Leben sozusagen stromlinienförmiger und dynamischer und erhält Intensität und Klarheit.

Zielsetzung

1. Denken Sie an die wichtigsten Ziele Ihres jetzigen Lebens. Schreiben Sie diese auf, seien sie abstrakt oder konkret, schwierig oder leicht zu erreichen, weit entfernt oder ganz nahe. Das kann von der Selbstverwirklichung bis zum Neuanstrich der Garage gehen, von der Verbesserung einer Beziehung zu einem Menschen bis hin zum Erlernen einer neuen Sprache. Jedes Ziel hat Gültigkeit, vorausgesetzt, es ist a) wichtig für Sie und es ist b) ein wirkliches Ziel und nicht nur eine zufällig ausgedachte Möglichkeit, eine unrealistische Hoffnung oder ein Zwang.

2. Nun wählen sie aus Ihrer Liste jenes Ziel aus, das Ihnen in diesem Augenblick am wichtigsten erscheint.

3. Schliessen Sie nun Ihre Augen, und lassen Sie zu, dass vor Ihrem geistigen Auge spontan ein Bild erscheint, das für Sie dieses Ziel symbolisiert. Dabei kann es sich um irgendetwas handeln: Gegenstand, Pflanze, Tier, Mensch, usw.

4. Mit weiterhin geschlossenen Augen stellen Sie sich nun vor, dass Sie auf einer langen, geraden und freien Strasse stehen, die direkt auf einen Hügel führt. Oben können Sie von weitem das Bild erkennen, welches das Ziel symbolisiert, das Sie ausgewählt haben.

5. Auf beiden Strassenseiten sehen und hören Sie die verschiedensten Wesen, die versuchen werden, Sie von Ihrem Pfad abzulenken und am Erreichen des Gipfels zu hindern. Diese Wesen können und werden alles tun, was sie wollen, nur eines nicht: sie können Ihnen nicht den Weg versperren, dieser bleibt immer frei. Die Wesen repräsentieren verschiedene Situationen, Menschen, Sekundärziele, Gefühle, usw., sie verfügen über eine Unzahl Strategien, die alle darauf ausgerichtet sind, Sie von dem, was Sie im Sinne haben abzuhalten; sie werden versuchen, Sie zu entmutigen, zu verführen, Sie zu erschrecken oder zu hypnotisieren; vielleicht verschaffen sie Ihnen auch die Alibis, um nicht weitergehen zu müssen; sie werden versuchen, Sie einzuschüchtern oder Schuldgefühle in Ihnen zu erwecken.

6. Gehen Sie auf Ihrem Weg weiter. Nehmen Sie sich dabei Zeit, um sich mit der jeweiligen Strategie der Wesen zu befassen und den Einfluss, den sie auf Sie ausüben, wahrzunehmen. Wenn Sie wollen, können Sie mit diesen Wesen auch imaginäre Dialoge führen. Dann gehen Sie weiter und indem Sie dies tun, werden Sie sich bewusst, wie Ihr Wille am Werk ist.

7. Wenn Sie oben auf dem Hügel angelangt sind, stellen Sie sich das Bild vor, das Ihr Ziel symbolisiert, betrachten Sie es eine Zeitlang und freuen Sie sich daran. Erkennen Sie, was es Ihnen bedeutet und was es Ihnen zu sagen hat.

8. Öffnen Sie die Augen, wenn Sie die Zeit für gekommen halten. Machen Sie sich einige Notizen über Ihre Ziele und auch über die Kräfte, die versucht haben, Sie von ihrem Weg abzuhalten.*

* Diese Übung stammt von Dr. Massimo Rosselli.

7

Die Tiger des Zornes

Überall auf unserem Planeten verursacht die menschliche Aggressivität pausenlos und unsinnigerweise unermessliche Schäden. Täglich entstehen durch diese ursprüngliche und dennoch trügerische Energie unzählige Formen des Leidens. Jeden Tag werden direkt oder indirekt hochentwickelte und spitzfindige aber auch primitivste Mittel eingesetzt, um physische und psychische Morde zu begehen, und das individuelle Recht auf materielles und gedankliches Überleben gerät in Gefahr. Jeden Tag werden unzählige Menschen beleidigt, angegriffen, gequält oder getötet.

Zudem richten Millionen Menschen ihre Aggressionen gegen sich selbst und verursachen, entsprechend den Aussagen der Psychosomatik Herzbeschwerden, Hypertonie, Magen-, Darm-, Sexual- und Atemprobleme, Haut- und rheumatische Krankheiten sowie Fettleibigkeit. Man hat auch entdeckt, dass dieselbe aggressive Energie mitverantwortlich ist für verschiedene psychische Störungen wie z.B. gewisse Formen der Depression, Schuldgefühlen, paranoiden und zwanghaften Syndromen und vielen mehr.

Noch verbreiteter sind die unzähligen Aggressionsarten, die unser tägliches psychisches Leben und unsere persönlichen Interaktionen vergiften. Denken wir nur an die Vielfalt der Formen, die aggressive Energie annehmen kann:

Hass	aggressive Fantasien
Selbstzerstörung	Verachtung
Sarkasmus	passive Sabotage
Gereiztheit	Verbitterung
Grausamkeit	Streitsucht
Groll	Missgunst
Frustration	Rechthaberei
Trotz	Unversöhnlichkeit
Jähzorn	Feindseligkeit
Gehässigkeit	Rachsucht

Folgt nun daraus, dass Aggressivität ein Übel ist, das geheilt und ausgemerzt werden muss? Zweifellos nicht. Viele Faktoren können die Aggressivität deformieren, übertreiben, und sie sogar in Gewalt umwandeln. Isolation und mangelhafte Kommunikation, fehlende Liebe, vor allem in den ersten Lebensjahren, Mangel ebenso wie Überschuss an Möglichkeiten und Fähigkeiten, Unterdrückung, negative Milieu-Modelle, ja sogar unangemessene Ernährung – wirkungsvolles, gezieltes Behandeln dieser Probleme kann viele negative Folgen der Aggressivität mildern. Wir können sie jedoch tiefgründiger verstehen, indem wir nicht nur deren schädliche und destruktive Formen erkennen, sondern vor allem, indem wir uns bemühen, ihr wahres Wesen zu sehen. Wie Assagioli sagt, ist sie «der blinde und gewalttätige Impuls zur Selbstbestätigung, bei der Äusserung jedes Teiles des eigenen Seins, ohne jegliche Fähigkeit zur Unterscheidung und Wahl, ohne die Folgen zu bedenken, ohne jegliche Rücksichtnahme auf die Mitmenschen»[1].

So gesehen, stellt die Aggressivität eine natürliche Energie dar; und alle natürlichen Kräfte sind neutral. Die Energien des Windes, der Sonne, des Atoms, eines Stromes, können Katastrophen auslösen oder von grossem Nutzen sein. Die Menschheit dirigiert und nutzt die physischen Kräfte weitaus wirkungsvoller, als sie die psychischen Energien leitet und beherrscht. Und dennoch handelt es sich hierbei um zwei parallel verlaufende Aufgaben, und bei der Lösung der einen können wir ebenso erfolgreich sein, wie wir es bereits bei der anderen waren.

Aggression

Welche Form nimmt bei Ihnen aggressive Energie an?

Denken Sie an die Art und Weise, wie Sie sie einsetzen. In welche Richtung geht Ihre Aggressivität:

Bringen Sie Ihre Aggressivität zum Ausdruck oder unterdrücken Sie sie?

Was halten Sie von Ihrer aggressiven Energie? Haben Sie Angst?

Empfinden Sie Verachtung? Verspüren Sie Genuss? Stauen Sie sie in sich an?

Oder, nehmen Sie sie vielleicht gar nicht wahr?

Erkennen Sie typische Verhaltensmuster? Kennen Sie bestimmte Situationen oder Menschen, die Ihre Aggressivität stimulieren können?

Schreiben Sie alles auf, was Ihnen dazu einfällt.

Den ganzen Vorgang können wir als einen natürlichen Prozess wahrnehmen: eine Welle aggressiver Energie kommt in einem Menschen auf, wird mächtig und stösst kraftvoll nach vorne, um zum Ausdruck zu gelangen. An diesem Punkt entstehen mindestens zwei grundlegende Möglichkeiten: die Person erschrickt, sie ist schüchtern und gehemmt oder will nicht gegen ihre selbstauferlegten Höflichkeitsgesetze verstossen. Daher wird die Welle der Aggression unterdrückt und verursacht alle möglichen Arten psychischer Schäden. Oder - und dies ist vor allem der Fall bei extrovertierten Menschen - die Welle findet Ausdruck in Worten und Taten, die manchmal konstruktiv, öfters hingegen destruktiv sind.

Es gibt keine allgemeingültige Regel über den Ausdruck von Aggressivität. Einerseits gibt es Menschen, die sich wegen ihrer Zurückhaltung und Schüchternheit im Dschungel des Alltags verloren fühlen. Für diese Menschen bedeutet es einen Sieg, wenn sie sich mutig und entschlossen ausdrücken, und sie freuen sich jedesmal, wenn es ihnen gelingt, freimütig und offen zu reden und manchmal auch zu explodieren.

Manche Menschen machen auch die Erfahrung, dass es hilfreich sein kann, den eigenen Ärger gegenüber einem Menschen auszudrükken, mit dem sie eine liebevolle und auf gegenseitigem Verständnis beruhende Beziehung haben: nach dem heftigen und darauf folgenden ersten Schock ändert sich die Situation und neue Klarheit kann entstehen. Wie Blake sagte:

Ich war wütend auf meinen Freund
Ich erzählte ihm meinen Zorn, und meine Wut erlosch
Ich war wütend auf meinen Feind
Ich schwieg, und mein Zorn wuchs.

Doch wäre es ein grosser Fehler, zu verallgemeinern und zu glauben, dass der freie Ausdruck von Aggressivität stets und zu jeder Zeit richtig und nützlich sei; Worte, die in Augenblicken der Gereiztheit gesagt werden, können eine Beziehung während langer Zeit vergiften; und viele Formen des Ärgers verletzen und zerstören vielleicht sogar das Schöne und Zerbrechliche in einem Menschen und verhindern so das Wachstum, erzeugen Verständnislosigkeit, rufen Rachegefühle hervor, usw.

Zum Glück können wir entscheiden, unsere Aggressivität auf unschädliche Weise freizulassen. Verschiedene Autoren beschreiben einfache aber ausgezeichnete Methoden: mit den Fäusten auf ein Kissen trommeln, mit einem Tennisschläger wiederholt und heftig auf eine Matratze schlagen, Zeitungen zerreissen, dem Menschen, auf den wir zornig sind, einen grausamen und bösen Brief schreiben (ihn dann aber nicht abschicken). Diese Methoden, die sowohl bei Kränkungen, wie auch bei lange angestautem Groll wirken, sollten Teil unserer täglichen Gewohnheiten werden. In der Tat erlauben uns diese Methoden, uns unserer psychischen Abfälle zu entledigen, die sonst den freien Fluss der psycho-physischen Kräfte beeinträchtigen und verhindern. Leider rationalisieren Menschen, die diese Methoden am nötigsten hätten, oft ihre Angst sie anzuwenden und bezeichnen sie als «lächerlich, unnütz und unwürdig».

Es bietet sich uns noch eine weitere wichtige Möglichkeit: Wir können die aggressive Energie auch *umwandeln*. Wir können das Angriffsziel austauschen und dennoch die Intensität unserer aggressiven Energie erhalten. Kehren wir zu unserer aggressiven Welle zurück: sie steigt in uns auf und drängt sich nach vorne, doch dieses Mal geben wir ihr eine andere Form und Richtung als die, die sie ursprünglich hatte. Ihr heftiges Wesen wird keineswegs unterdrückt, doch ihr neuer Ausdruck ist positiv und gliedert sich zusammenhängend in unseren Lebensablauf ein. Hier ein paar Beispiele:

> Jedes Mal, wenn ich spüre, wie die Wut in mir emporsteigt, setze ich diese Energie sofort ein, um meine Wohnung aufzuräumen und zu putzen. Und meine Wohnung ist stets *sehr* sauber und ordentlich.
>
> Wenn ich für eine Prüfung eine schlechte Note erhalten hatte, wurde ich derart wütend, dass ich beschloss, diesen Zorn in Lernaktivität umzuwandeln und sogleich auf die nächste Prüfung hin einzusetzen. Ich habe meinen Wunsch zu lernen mit meinem Zorn genährt, wodurch meine Konzentrationsfähigkeit enorm gesteigert wurde.

Hier treten gleich zwei wichtige Punkte in Erscheinung: erstens ist jede Verurteilung unserer aggressiven Energien psychologisch ungeschickt und verunmöglicht deren Umwandlung. Zweitens trägt die Aggressivität etwas sehr Vitales und Schönes in sich. Leider betrachten viele Menschen sie voller Angst und Entsetzen; für sie kommt Aggressivität oft Gewalttätigkeit gleich. Sie leben in der irrigen Annahme, sich ihrer entledigen zu können, indem sie sich auf positive Qualitäten wie Frieden und Gelassenheit konzentrieren. Durch dieses Verhalten gelingt es ihnen jedoch lediglich, diese Energien zu unterdrücken.

Wenn es auch stimmt, dass sich Aggressivität destruktiv auswirkt, wenn sie nicht geschickt reguliert wird, *so wird sie in ihrer entwickeltsten Form zu einer kreativen Macht.* Viele Autoren haben vor dem Fehler gewarnt, Aggressivität abzuwehren, indem sie auf die Gefahren der Resignation und der Ohnmacht hingewiesen haben. Ramakrishna z. B. erzählte die Geschichte einer ziemlich giftigen und wilden Schlange; eines Tages begegnete diese Schlange einem Weisen und, betroffen von seiner Liebenswürdigkeit, verlor sie ihre ganze Wildheit. Der Weise riet ihr alsdann, aufzuhören, den Menschen Böses anzutun, und die Schlange beschloss, von da an ein Leben in Sanftheit und Unschuld zu führen. Doch kaum hatten die Bewohner des naheliegenden Dorfes erfahren, dass die Schlange nicht mehr gefährlich war, begannen sie auch schon, mit Steinen nach ihr zu werfen, sie am Schwanz zu ziehen und sie auf tausend Arten zu quälen. Nun befand sich die Schlange wirklich in grosser Not. Glücklicherweise zog der Weise wiederum durch jene Gegend und, nachdem er ihren Zustand gesehen und ihren Klagen zugehört hatte, sagte er ihr einfach: «Mein Freund, ich hatte Dir geraten, den Menschen nichts Böses mehr anzutun; ich habe Dir nicht gesagt, Du solltest nicht zischen und sie nicht einschüchtern.» Ramakrishna beendet seine Geschichte so:

> Es entsteht kein Schaden durch das «Zischen» gegen böse Menschen und eure Feinde, wenn ihr ihnen damit zeigt, dass ihr euch zu schützen und vor dem Bösen zu behaupten wisst. Ihr solltet nur aufpassen, dass ihr kein Gift ins Blut eures Feindes einspritzt. Haltet nicht dem Bösen stand, indem ihr eurerseits Böses anrichtet.[2]

Betrachten wir nun ganz konkret, wie es einem Menschen gelungen ist, seinen Feind, die aggressive Energie, in einen Freund umzuwandeln. Giulia, eine 21jährige Frau, hat grosse Reserven an Vitalität. Sie steigt die Stufen, die zu meinem Büro führen nicht empor, sie rennt sie hinauf; sie tritt nicht in mein Büro ein, sie stürzt herein; sie redet nicht, die Worte sprudeln nur so aus ihr heraus. Doch setzt Giulia diese ganze Energie nicht immer auf die gesündeste Art ein. Über die unschädlichen Ausdrucksformen ihrer Energie hinaus, neigt Giulia auch dazu, viel Energie in sich selbst zurückzuhalten, und sie so gegen sich selbst zu richten. An ihre Jugend zurückdenkend sagt sie: «Ich versuchte immer, jede Aggression zu vermeiden, denn ich dachte, dass durch meine geringste Bewegung eine Explosion ausgelöst würde, die stark genug wäre, die ganze Welt in Stücke zu zerreissen.» Sie fügt hinzu: «Meine Aggressivität wurde stets gegen mich gerichtet. Das tönt wie eine Grabinschrift, nicht wahr?»

Kein anderer Satz könnte ihre Situation besser beschreiben. In ihrem Leben musste Giulia einiges an Aggressivität einstecken; ihr Vater schlug sie regelmässig, und ihre Mutter hat ihr stets eine starre und zwanghafte Kontrolle auferlegt: «Ich habe diese Aggressivität aufgenommen», sagt sie, «und sie zu einer Art Lebensregel erhoben. Ich habe sie mir zu eigen gemacht und absorbiert. Was konnte ich denn sonst tun, um nicht meine Eltern umzubringen?»

Daraus ergaben sich für Giulia die nachstehenden Folgen: ein selbstzerstörerisches Verhalten, das in ihrer Jugend zu einem Selbstmordversuch führte, Traurigkeit, Schlafstörungen, «Unfähigkeit, sich den Freuden des Lebens hinzugeben» und Zwangsvorstellungen. Es ist, als stimuliere die unausgedrückte Energie ihre Gedanken und als zwinge sie Giulia zu wiederholten Gewohnheiten und Ideen, die nie eine Abreaktion in der Wirklichkeit erfahren können, sondern sich in einem endlos andauernden und qualvollen Wirbel drehen. Ein anderer vorherrschender Zug bei Giulia ist ihre «bittere Genugtuung», wie sie sie nennt, eine Verhaltensweise, die nach Leiden sucht und all das, was Giulia geniessen könnte, in Agonie umwandelt. Indem Giulia instinktiv versucht, sich aus dieser unbehaglichen Situation zu befreien, isst sie ungemein viel.

Als Giulia beginnt, mit mir zu arbeiten, ist sie Universitätsstudentin. Ihr Mann ist älter als sie, und die Ehe funktioniert nicht; es ist ihr jedoch gelungen, ihre Schwierigkeiten zu überleben und sich so gut wie möglich zu behelfen. Sie hat einen aufgeweckten Verstand und findet an allem leidenschaftliches Interesse. Zudem hat sie ein hochentwickeltes ästhetisches Feingefühl, grosse Verfügbarkeit, wenn es darum geht, mit anderen Menschen in Verbindung zu treten und jene explosive und ungeordnete Vitalität, die wir ja bereits vorher kennengelernt haben. Während langer Zeit bestand Giulias psychosynthetische Aufgabe darin, zu lernen, wie sie ihre Aggressivität sozusagen als Treibstoff für jene Aktivitäten einsetzen kann, die sie als positiv wertet, anstatt sie gegen sich selbst zu richten.

Eine der Übungen, die sie anwandte, bestand darin, sich auf ihre aggressive Energie abzustimmen, um sie dann in eine neue, kreative Richtung zu führen. Giulia wählte das Studium als Ziel, das sie beleben wollte; sobald sie mit diesem Vorgang ein gewisses Mass an Vertrautheit gewonnen hatte, gelang es ihr, das Studium, das für sie bis anhin eine mühevolle und leere Pflicht bedeutet hatte, in eine Aktivität voll Interesse und Leben umzuwandeln. Nun verarbeitet sie, was sie lernt, und ihre Aufmerksamkeit ist so ungeteilt, dass sie bemerkt, dass «schon zwei Stunden vergangen sind, kaum dass sie begonnen hat». Nach dem Lernen fühlt sie sich ruhig und zufrieden. Während dieses Prozesses erweitert Giulia den Umfang ihrer bewussten Energie-Einsätze. Sie interessiert sich für Mimik, beginnt, sich schauspielerisch zu betätigen, nimmt eine Halbtagsstelle in einer Schule an und schreibt ihre Diplomarbeit; ihr selbstzerstörerisches

Verhalten ist fast verschwunden; und dabei - der Genauigkeit zuliebe füge ich dies noch hinzu - entlädt Giulia ihre überschüssige Energie, indem sie ihre Matratze regelmässig mit dem Tennisschläger bearbeitet.

Giulia kommt nicht durch strafende Selbstauferlegung zu diesen Ergebnissen. Sie erlernt diese neue Fähigkeit schrittweise und führt sie «beinahe wie einen Vorwand» in ihr Leben ein. Sie macht die Übung, lässt sie dann in ihre Psyche einwirken und nach einiger Zeit steigt die neue Verhaltensweise spontan in ihr auf: «Je mehr Übungen ich mache, desto besser.» Doch jedes Mal, wenn Giulia versucht, sich selbst auf starre und mechanische Art eine neue Gewohnheit aufzuerlegen, rebelliert etwas in ihr; diese Reaktion ist gerade in ihrem Fall ziemlich verständlich, da sie über ein inneres Alarmsystem verfügt, das sich bei jeder Auferlegung meldet - ein Überrest ihrer Reaktion gegenüber der elterlichen Autorität. Doch diese Sensibilität brauchen wir alle bei der Einführung neuer Haltungen; wir können sie sogar als allgemein gültige Regel betrachten, wenn wir widrige Reaktionen in uns vermeiden wollen.

Giulia wird sich nun bewusst, dass ihre Energie ihr «grösstes Problem» und zugleich aber auch «die vorwärtstreibende Kraft» ihres Lebens darstellt. Manchmal werden die alten Symptome wieder sichtbar: immerhin haben sie sich in vielen Jahren gebildet und können jetzt nicht von einem Tag auf den anderen ausgelöscht werden. Doch die neue Fähigkeit gehört nun ihr und wird allmählich zu einem integrierenden Bestandteil ihres Lebens: «Wenn es mir gelingt, mich durch meine eigene Energie nicht zu töten», bestätigt Giulia, «werde ich mir all der wunderbaren Dinge bewusst, deren ich fähig bin.»

Kommen wir nun zu der Übung, die Giulia mit bemerkenswertem Erfolg durchgeführt hat. Die Übung sollte nur dann gemacht werden, wenn man gerade irgendeine Form der Aggressivität erlebt oder wenn man in der Lage ist, sie leicht ins Bewusstsein zurückzuholen. Wenn Ihnen im Augenblick nicht so zumute ist, dann lesen Sie die Übung jetzt einfach durch und kommen darauf zurück, wenn es aktuell ist.

Die Umwandlung aggressiver Energie

1. Wählen Sie ein Ziel oder eine Aktivität, der Sie mehr «Dampf» aufsetzen wollen.

2. Lassen Sie den Gedanken an dieses Ziel vorübergehend beiseite und treten sie in Kontakt mit ihrer Aggressivität, welche Form auch immer sie jetzt gerade für sie hat: Groll, Wut, Verwirrung, usw. Nehmen Sie ihre Energie wahr, die Wirkung, die sie auf Ihren Körper ausübt, vielleicht auch den Schmerz, den sie Ihnen verursacht. Geben Sie ihr sozusagen Raum, beobachten Sie sie, ohne sie zu interpretieren und ohne sie sofort definieren und etikettieren zu wollen.

3. Werden Sie sich nun bewusst, dass diese aggressive Empfindung Energie verkörpert, die sehr wertvoll ist und zu Ihrer Verfügung steht, und auf ganz verschiedene Weise genutzt werden kann, anstatt dass Sie sie nur einfach in sich anstauen. Sie kann Ihnen weh tun, doch sie kann auch zur vorantreibenden Kraft für die Zielsetzung oder die Aktivität werden, die Sie vorher ausgewählt haben.

4. Stellen Sie sich nun lebhaft vor, dass Sie sich mitten in Ihrem ausgewählten Projekt befinden. Visualisieren Sie diese Tätigkeit bis ins Detail, und stellen Sie sich vor, sie mit jener Energie zu nähren, die vorher durch die aggressive Situation absorbiert wurde.

Die Umwandlung der Aggressivität ist alles andere als eine künstliche oder rein geistige Aktivität. Im Gegenteil, oft findet sie von selbst statt; durch die Vertrautheit mit dem Vorgang wird das ganze Verfahren zu einem natürlichen Ereignis. Unsere Aufgabe besteht demzufolge darin, ein gewisses Mass an Herrschaft zu erlangen, anstatt einfach alles dem Zufall zu überlassen.

Es ist nützlich, sich bewusst zu werden, wie kreative Persönlichkeiten verschiedener Epochen ihre Aggressivität eingesetzt haben, und wir können entdecken, dass sie manchmal einen wesentlichen Bestandteil ihrer Arbeit bildete: «Facit indignatio versus», schrieb z. B. der lateinische Dichter Quintilian: «Meine Empörung schafft meine Poesie.» In einer anderen Kultur und auf einem anderen Gebiet beschrieb Infeld seinen Freund Einstein als mit «unglaublicher

Starrköpfigkeit»[3] ausgestattet bei der Verfolgung der mathematischen Probleme, die nach zehnjähriger Arbeit zur Entdeckung der Relativitätstheorie führte. Anscheinend erlaubte die Starrköpfigkeit Einstein, zu arbeiten, ohne je auf Ermutigung oder Hilfe anderer angewiesen zu sein.

Bei anderen Gelegenheiten wurde die Entrüstung über äussere Umstände in Handlungen umgewandelt, die dann ihrerseits dieselben Umstände veränderten. Wie Emerson sagte: «die gute Empörung bringt unsere ganze Energie zum Vorschein». Und als Florence Nightingale gefragt wurde, was sie angespornt habe, ihre enorme und wohltätige Arbeit zu vollbringen, antwortete sie: «Zorn».

Zum Schluss noch zwei Beispiele grosser Künstler, denen es auf ganz aussergewöhnlich wirkungsvolle Weise gelang, ihr inneres Ringen umzuwandeln und auszudrücken: Michelangelo und Beethoven.

Beethovens Musik beeindruckt oft durch ihre dynamische Kraft, die sie von der klassischen Eleganz anderer zeitgenössischer Werke unterscheidet. Viele Statuen von Michelangelo beeindrucken durch, wie es seine Zeitgenossen nannten, ihre «terribilità», durch ihre majestätische Erhabenheit und Intensität. Natürlich genügen die vereinzelten Dokumente, die uns erhalten geblieben sind, nicht, um im Detail den komplexen inneren Prozess ihrer Kreativität zu rekonstruieren. Da und dort weisen jedoch gewisse Andeutungen daraufhin, dass die Aggressivität im weitesten Sinne des Begriffs einen wesentlichen Antrieb in der Schaffung ihrer Werke bildet: ein ganzes Spektrum psychischer Abstufungen von Zorn über Vitalität bis hin zum schöpferischen Antrieb. Ein französischer Besucher berichtete zum Beispiel:

> Michelangelo konnte in einer Viertelstunde mehr Stücke aus dem harten Marmor hauen, als drei junge Steinhauer in drei bis vier Stunden, was man mit eigenen Augen gesehen haben muss, um es glauben zu können. Er machte sich mit derartiger Raserei und Ungestüm an die Arbeit, dass ich dachte, das ganze Werk würde in Stücke zertrümmert. Mit einem einzigen Schlag hieb er drei bis vier fingerbreite Stücke heraus und diese so nahe an der Stelle, die er bewahren wollte, dass er riskierte, das ganze Werk zu zerstören, hätte sein Schlag auch nur geringfügig weiter rechts oder links getroffen.»[4]

Es ist daher nicht verwunderlich, wenn Vasari berichtet, dass Michelangelo selbst zu sagen pflegte, der Umgang mit dem Meissel tue seiner Gesundheit gut.

Trotz seines unsteten Lebensstils und der Verzweiflung ob seiner Taubheit gelang es auch Beethoven, einen Weg zu finden, seine Arbeit durch aggressive Energie zu nähren. Auch in seinem Fall berichtet uns ein Besucher über das, was sich bei Beethoven abspielte, wenn er am Klavier zu improvisieren begann:

> Beethoven scheint das Kraftvolle und Ungestüme mehr zu empfinden als das Sanfte und Gemässigte.
>
> Seine Gesichtsmuskeln schwellen an, seine Venen pulsieren, seine ohnehin schon lebhaften Augen rollen jetzt noch aufgeregter; sein Mund zittert und Beethoven sieht aus wie ein Hexenmeister, überwältigt von den Dämonen, die er selbst gerufen hat.[5]

Doch vielleicht liefern Beethovens eigene Worte, von einem seiner Freunde übermittelt, den besten Beweis:

> Du fragst mich, woher ich meine Ideen nehme. Ich kann es Dir nicht mit Sicherheit sagen. Sie kommen ungefragt, ohne dass ich nach ihnen suche, indirekt, direkt. Ich könnte mit meinen Händen nach ihnen greifen; mitten in der Natur, in den Wäldern, während ich gehe, in der Stille der Nacht, frühmorgens; stimuliert durch Empfindungen, die sich beim Dichter in Worten und bei mir in Tönen offenbaren, die klingen, *hervorquellen, wogen**, bis sie sich ganz deutlich vor mir in Noten aufreihen.[6]

Zum Abschluss: auf unserem Planeten tötet alle 20 Sekunden ein Mensch einen Mitmenschen;[7] von 6 Dollar wird ein Dollar für militärische Zwecke ausgegeben; der Unterhalt eines einzigen Soldaten kostet jährlich 14800 Dollar gegenüber 230 Dollar für die Erziehung eines Kindes[8]. Die tragisch ungeschickte Art, in der die Menschen ihre aggressive Energie einsetzen, erzeugt massive Destruktivität, und wir sind uns alle der Schwierigkeit und Komplexität der Lösung dieser Probleme bewusst. Doch den ersten Schritt zur Bewäl-

* (Vom Autor hervorgehoben)

tigung dieser Situation machen wir, indem wir aus unserem Inneren heraus beginnen; und wie wir gesehen haben, ist es möglich, Aggressivität in konstruktives Handeln umzuwandeln.

8

Das Uranfängliche

Zu Beginn dieses Kapitels möchte ich auf eine Erinnerung aus meiner Arbeit mit Assagioli zurückgreifen. Zu jener Zeit spazierten wir oft in einem kleinen Garten auf und ab und redeten dabei über eine Vielfalt von Themen; da Assagioli Gehörprobleme hatte, stellte ich ihm meine Fragen vorher schriftlich; doch oft stellte ich Zwischenfragen, die sich spontan aus dem Gespräch ergaben oder erhob Einwände laut schreiend, damit er mich hören konnte.

Meine Fragen an den alten, weisen Lehrer, die spasshafte Unbeholfenheit des «Schreien-müssen-um-gehört-zu-werden» und die gelegentliche Problematik der gegenseitigen Verständigung, die Friedlichkeit und Ruhe des Gartens, nur durch eine Mauer vom lärmigen, florentinischen Strassenverkehr getrennt und schliesslich der gesunde Menschenverstand der tiefgründigen und schnellen Antworten Assagiolis, all dies trug dazu bei, jenen Augenblicken ein grosses Gefühl der Freude und beinahe der Verzauberung zu verleihen; eine Zeit, an die ich mit jener Dankbarkeit zurückdenke, die man den allerschönsten Geschenken des Lebens entgegenbringt. Ein ganz bestimmter Augenblick ragt jedoch durch seine Einmaligkeit aus allen anderen hervor. Ich hatte eine Frage aufgeschrieben, bei der ich so nebenbei auch auf das «Unseren-Gefühlen-Folgen» hindeutete in der Annahme, dies sei die Haltung, der wir alle im Leben folgen sollten. Als Assagioli diese Stelle in meiner Frage gelesen hatte, schaute er mich an und in sehr liebenswürdigem, doch sehr bestimmtem Ton, sagte er: «Aber Du sollst *nicht* Deinen Gefühlen folgen.» Er sprach so, als handle es sich hierbei um eine völlig offensichtliche Tatsache. «Deine Gefühle müssen *Dir* folgen.»

Diese Bemerkung verblüffte mich zutiefst, denn ich dachte, sollten wir nicht schliesslich auf unsere Gefühle hören, die doch nur allzuoft unterdrückt oder vergewaltigt werden in dieser entfremdeten, streberischen und mechanisierten Gesellschaft, die Verursacherin grossen Unbehagens ist? Aber gewiss, wir müssen den Bedürfnissen unseres Gefühlslebens unbedingt und vorbehaltslos Folge leisten. Dies war jedenfalls mein Credo. Und nun kommt dieser alte Herr und sagt mir, dass meine Gefühle *mir* folgen müssen! Das ganze tönte sehr nach Autorität und erweckte zugleich, gerade weil es so entwaffnend ausgesprochen worden war, meine ganze Neugierde. Sehr schnell erkannte ich die Wichtigkeit des Problems: Müssen wir unsere Gefühle als primären Faktor erkennen, wenn wir beschliessen, was in den verschiedenen Lebenssituationen zu tun ist? Und im gegenteiligen Fall, welcher Teil von uns soll unser Verhalten bestimmen? Und welche Rolle käme im letzteren Fall unserem Gefühlsleben zu?

Es ist klar, dass Gefühle und Empfindungen notwendige Bestandteile eines jeden Lebens sind; sie sind die Quelle unerschöpflicher Freude; sie erleichtern die Kommunikation, sie verleihen unseren Handlungen eine gewisse Farbigkeit, flössen unseren Ideen Leben ein und verstärken unsere Intuition. Dennoch, wenn wir uns ganz auf sie stützen und uns voll auf sie verlassen, riskieren wir, unsere Wahrnehmung der Welt zu verzerren, jeglicher Art von Vorurteilen, Verwirrungen und Hysterien zu verfallen, von übermässiger Empfindlichkeit gequält zu werden oder sogar zu unserer atavistischen Vergangenheit zurückzukehren.

Es ist also gefährlich, den Gefühlen wahllos zu folgen, als seien sie Orakel; wir sollten sie aber auch nicht verneinen, weil wir sonst einen kostbaren Teil von uns selbst unterdrücken. An dieser Stelle werden vielleicht Assagiolis nachfolgende Worte verständlich: Man muss jede Situation jedes Mal aufs neue werten, und zwar vom Standpunkt der Mitte aus, ohne den Gefühls-Impulsen blind und mechanisch nachzugeben. Denn die Mitte, unser Selbst, ist jener Punkt, von dem wir die wahre Wirklichkeit eines Gefühlszustandes erkennen können; von der Mitte aus nehmen wir wahr, wie echt er ist und beschliessen demzufolge, wie wir handeln sollen. Also: aufmerksam auch auf die feinsten Gefühlszustände horchen, sie klar betrachten und dann aktiv handeln. Wir bestimmen, auf welchen Gefühlszustand wir unsere Aufmerksamkeit richten und welchen wir hingegen nicht betrachten wollen. Bahnen sich dann negative Gefühle wie Depression, Ärger, Neid, Angst oder Sehnsucht in uns an, so stehen uns alsdann mindestens drei Möglichkeiten offen: Wir können ihnen unsere volle Aufmerksamkeit schenken, sie verstehen und ausdrükken; wir können auch beschliessen, sie gar nicht zu beachten; und schliesslich können wir beide Möglichkeiten abwechselnd einsetzen. Diese Wahl ist oft die weisere.

In diesen einfachen psychischen Tätigkeiten (zwar sind sie einfach, doch müssen sie gelernt werden) entdecken wir ein grundlegendes Prinzip: *Die Aufmerksamkeit verleiht Energie.* Das *Fehlen* von Aufmerksamkeit hingegen führt dazu, Lebensenergie zu entziehen. Wenn wir daher wollen, dass ein Gefühlszustand seinen Einfluss auf uns verliert, leiten wir das Lichtbündel der Aufmerksamkeit in eine andere Richtung und wenden uns etwas anderem zu, als existiere jenes Gefühl nicht. Dieses Gefühl, das dann sozusagen unbelichtet bleibt, kann sodann «protestieren», doch wir beachten es weiterhin nicht, handeln unabhängig von seinen Reaktionen und lassen uns nicht durch seine launenhafte und anspruchsvolle Diktatur beeinflussen. So wird seine Intensität mit grösster Wahrscheinlichkeit abgeschwächt. Die Aufmerksamkeit zurückziehen und ihr eine neue Richtung geben, kann uns helfen, unermesslichen psychischen Energieverschleiss zu verhindern und unser Leben aktiv zu formen.

Enricos Geschichte zeigt uns, was sich in einem Menschen abspielen kann, wenn es ihm gelingt, sich von der Kontrolle seiner negativen Gefühle zu befreien und die Fähigkeit zu erlernen, die belebende Kraft der Aufmerksamkeit zu steuern. Enrico kam zu mir, von einer starken Depression befallen, die ihn manchmal «sehr weit von der Realität» entfernte. Heute, zwei Jahre später erinnert er sich an jene Zeit zurück:

Die Depression schuf in mir eine entstellte Haltung, das Leben und die Aussenwelt zu betrachten. (Ich wurde mir dessen erst später bewusst, als ich mich davon zu befreien begann.) Selbst eine Lampe in meinem Zimmer z. B. sah plötzlich verhängnisvoll und bedrohlich aus. Ein durchaus alltäglicher Gegenstand wie ein Tonbandgerät nahm Dimensionen der Angst und des Schreckens an. Es schien mir, als breche die ganze äussere Welt über mir zusammen. Einen regnerischen Tag konnte ich als eine äusserst beklemmende Erfahrung erleben.

Als ich Enrico zum ersten Mal sah, war er 19 Jahre alt. Trotz seiner normalen Körpergrösse fühlte er sich zu klein; die Tatsache, dass er fast keinen Bartwuchs hatte, bereitete ihm Sorgen und verstärkte seine Minderwertigkeitsgefühle; er hatte bereits einen Psychologen und einen Arzt aufgesucht. Nach etwa zwölf Sitzungen war der Psychologe überzeugt, dass das Problem physischer Natur war; doch der Arzt hatte nichts Aussergewöhnliches feststellen können. Enrico hatte nicht das geringste Vertrauen in die Therapie und glaubte zu jenem Zeitpunkt, dass ihn nur ein plötzliches, unerwartetes Ereignis oder ein Wunder retten könne. Als er begann, mit mir zu arbeiten, fehlte ihm die Fähigkeit, seine inneren Vorgänge wahrzunehmen. Er war sich nur der Endresultate seiner inneren Abläufe bewusst: Depression, Angst und Apathie. Unsere Arbeit dauerte lange, und es ist nicht notwendig, Einzelheiten über die Ursachen seiner Probleme zu schildern: die Beziehung zu seinem Vater, einem strengen und distanzierten Mann, die Abhängigkeit von seiner Mutter, die Eifersucht auf seine jüngere Schwester, usw. Es genügt zu sagen, dass Enrico, während er sich allmählich bewusst wurde, dass seine Probleme psychologischen Ursprungs waren, gleichzeitig begann, sich vermehrt zu öffnen. Auch begann sich der Wille nach innerem Wachstum bemerkbar zu machen. Nun hatte ich einen Mitarbeiter und keinen leidenden Gegenspieler mehr vor mir. Doch trotz dieser Veränderung dauerten seine Störungen an, ein praktisches Beispiel dafür, dass das Wissen um ein psychologisches Problem nicht immer Befreiung davon verheisst. An diesem Punkt führte ich Enrico in jenen Teil unserer Arbeit ein, der für ihn zum Schlüssel seiner Psychosynthese wurde: die Kunst, die Aufmerksamkeit zu lenken. Ich lehrte Enrico, wie er seine Aufmerksamkeit von der Depression und der Angst so zurückziehen konnte, als existierten sie nicht. Anfangs war dies für ihn nicht einfach:

> Es war äusserst schwierig, jenes Minimum an Entschlossenheit zu finden, so zu handeln, als existierten diese erdrückenden Kräfte nicht, weil mich meine gewohnten Reaktionen in die entgegengesetzte Richtung zogen. Sie waren wie ein Wirbel, der mich immer mehr in die Tiefe riss.

Das Symbol des Wirbels beschreibt die Identifikation treffend. Wie wir bereits in den vorhergehenden Kapiteln gesehen haben, stellt die Identifikation einen sich wiederholenden Prozess dar, in dem unsere Identität von einem x-beliebigen Bewusstseinsinhalt absorbiert und beherrscht wird. Überkommt mich z.B. eine Depression, neige ich dazu, zu jener Depression zu werden und in jenem Moment auch implizit zu glauben, sie sei *alles*, was ich *bin*, sie sei das zentrale Thema meines Lebens.

Depression oder jede andere auch angenehme Identifikation ist wie ein Wirbel, eine Kraft, die mich in sich hineinzieht; diese psychische Hörigkeit neigt dazu, meine ganze Wahrnehmung zu verfärben. Wie Enrico sagte: «Erst nachher wurde mir bewusst, dass ich zu sehr von meinen Gefühlen eingenommen wurde, um noch fähig zu sein, die Dinge in einem anderen Licht zu sehen.»

Nach einer gewissen Zeit begannen sich die Dinge zu ändern. Jedesmal, wenn eine Welle der Angst oder Depression ihn niederreissen wollte, schenkte ihr Enrico keine Beachtung und konzentrierte sich auf irgendeine andere Tätigkeit; das ging vom Turnen zu Freunde anrufen, Arbeiten, Ordnung machen, mit Mädchen ausgehen. Allmählich verstand er, dass die Kräfte, die ihn niederdrückten, nur so wirklich und mächtig sein konnten, wie er es zuliess. Nun hatte er einen grossen Schritt in Richtung Freiheit getan.

> Sobald ich merke, dass die Angst oder die Depression in mir wach wird, und ich mir sage «ja, einverstanden, sie ist da, aber ich werde sie nicht beachten, jetzt bin ich gerade mit etwas anderem beschäftigt», gelingt es mir auch, das was ich gerade tue, weiterzuführen, egal ob die Angst nun da ist oder nicht. Ich bin mir bewusst, dass ich diese negativen Gedanken beobachten kann wie

einen Fluss, der an mir vorbeifliesst und diese Gefühle mit sich bringt. Und ich kann diesen Fluss von einem festen Standpunkt aus betrachten, ohne von ihm mitgerissen zu werden. Dies vermittelt mir ein wunderbares Gefühl der Stärke, der Ruhe und des Wohlbefindens.

Von diesem «festen Standpunkt» aus nimmt Enrico gegenüber seinen Ängsten ein Verhalten der Gleichgültigkeit ein, und allmählich verschwinden diese Gefühle.*

Diese Methode funktioniert und hat mir auf lange Sicht bedeutende Resultate gebracht. Sie hat mir geholfen, eine neue Persönlichkeit zu entwickeln, die frei von Depression und Angst ist. Darüber hinaus hat mein Leben eine neue Dimension gewonnen, und ich bin endlich fähig, die Dinge im richtigen Licht zu sehen. Nun wird mir auch bewusst, dass ein regnerischer Tag kein erdrükkendes Ereignis ist, sondern nicht mehr, als das, was er ist – ein regnerischer Tag.

Die Kunst, Energie bewusst einzusetzen und wieder zurückzuziehen, die psychische Betonung zu regulieren, kann nicht nur bei unseren Gefühlen, sondern bei sämtlichen Teilen unseres Wesens angewandt werden. Die Bedeutsamkeit dieser Technik wurde von Hermann Keyserling mit philosophischer Dialektik beschrieben:

> Wir können alles in uns, das existent ist, zur Betonung bringen. Was jeweils Akzent erhält, wird zum beherrschenden Element erhoben und wird, auf lange Sicht gesehen, alle anderen Dinge in uns in Übereinstimmung mit seinem wahren Charakter transformieren...

* Ich möchte nachdrücklich wiederholen: die hier vorgestellte Methode besagt nicht, dass alle Depressionen und Ängste so behandelt werden können, indem wir vorgeben, dass sie nicht existieren. Zu allererst müssen wir den Ursprung erkennen und verstehen. Wir können uns nur erlauben, das zu ignorieren, was wir bereits verstanden haben. Ignorieren wir hingegen ohne das Vorhandensein und die Ursache zu akzeptieren und zu verstehen, wird es uns lediglich gelingen, unsere Gefühle zu unterdrücken, anstatt ihnen Leben zu entziehen. Aus diesem Grunde ist es äusserst wichtig, sich zunächst recht methodisch mit der Selbstergründung zu befassen. Einfache Übungen, die diese Arbeit erleichtern, werden in den Kapiteln 1 und 2 beschrieben.

> ...es gibt keinen Zustand, der nicht durch Umwandlung, Abtrennung oder Umformung der Persönlichkeit abrupt in einen völlig anderen Zustand verwandelt werden kann. Es kommt einzig und allein darauf an, wie sehr die Bedeutsamkeit gewichtet wurde und welche Vergrösserung oder Verkleinerung diese Akzentuierung hervorgerufen hat.
> (*From Suffering to Fulfillment*, London 1938, Seite 106–107)

Die Verschiebung von Betonung und Gewichtigkeit erfolgt in unser aller Leben sowohl durch innere wie auch äussere Antriebe. Ich esse z. B. gemütlich zu Abend mit meiner Familie, das Telefon klingelt, ich stehe auf, um den Hörer abzunehmen und zu antworten. Oder: ich werde mir bewusst, dass ich zu lange in meinen vier Wänden war und entschliesse mich, einen Spaziergang zu machen. Oder: die Zeitschrift, die ich gerade lese, interessiert mich nicht mehr, und so greife ich zu einer anderen. Es gäbe noch unzählige solcher Beispiele.

Diese Umschaltungen der Aufmerksamkeit oder *Ersetzungen*, wie wir sie in der Psychosynthese nennen, passieren dauernd, zumeist mechanisch und halbbewusst. Sie können aber auch bewusst und vorsätzlich stattfinden, wie wir bei Enrico gesehen haben. Wir können lernen, unserer Aufmerksamkeit rasch und mit Bestimmtheit eine neue Richtung zu geben. Wir können durch diesen Prozess sogar unsere vitalen Lebensinteressen in neue Richtungen leiten. Wir können lernen, jeden Teil unseres inneren Universums zu gewichten oder abzuschwächen - eine Teilpersönlichkeit, ein Gefühl, eine Idee, einen Wunsch, eine Neigung. Das gleiche gilt auch für unser äusseres Universum - Tätigkeiten, Pläne, Beziehungen, usw.

Aufmerksamkeit lenken

1. Visualisieren Sie ein gelbes Dreieck. Lassen Sie es auf einer weissen Hintergrund Form annehmen. Es kann sehr wohl sein, dass es Ihnen am Anfang nicht gelingt, das Bild stabil zu halten, dass Farbe und Umrisse erscheinen und wieder verschwinden; kümmern Sie sich nicht darum.

2. Jetzt stellen Sie sich vor, dass Sie neben dem gelben ein rotes Dreieck sehen. Halten Sie beide Dreiecke in Ihrem Blickfeld fest.

3. Nun beginnen Sie, Ihre Aufmerksamkeit von einem Dreieck auf das andere zu verschieben. Zuerst konzentrieren Sie sich ausschliesslich auf das gelbe. Dann wenden Sie Ihre Aufmerksamkeit dem roten zu und konzentrieren sich nur auf jenes. Nun lassen Sie Ihre Aufmerksamkeit wiederholt vom einen zum anderen Dreieck wandern, und werden sich dabei Ihrer Fähigkeit bewusst, absichtliche Ersetzungen vornehmen zu können.

4. Nachdem Sie sich damit vertraut gemacht haben, stellen Sie sich nun anstatt zweier Dreiecke zwei verschiedene Situationen vor, eine angenehme und eine unangenehme. Denken Sie zuerst an die unangenehme, nehmen Sie alle Einzelheiten genau wahr. Stellen Sie sich vor, Sie befänden sich mittendrin. Dann wechseln Sie Ihre Aufmerksamkeit von der unangenehmen zur angenehmen Situation. Jetzt erleben Sie auch diese Situation in der Ich-Person, so klar und deutlich wie möglich. Schliesslich verschieben Sie Ihre Aufmerksamkeit rasch und mehrmals von der einen zur anderen Situation.

5. Diese Übung können Sie sowohl mit der inneren wie mit der äusseren Welt machen, mit der Vergangenheit und der Zukunft, mit dem unteren und dem höheren Unterbewussten, usw. Sie können Ihre Aufmerksamkeit von irgendeinem Punkt im Universum zu irgendeinem anderen lenken. Sie nehmen sich in der Mitte wahr mit der Fähigkeit, Ihre Aufmerksamkeit dorthin zu lenken, wohin Sie wollen.

Diese Fähigkeit, die Aufmerksamkeit zu lenken, kann uns von dem weitverbreiteten Problem der Aktivitäten-Überhäufung befreien sowie von seinen Nebenerscheinungen, wie z. B. von dem Impuls, viele Dinge gleichzeitig zu tun; von der Beklemmung, nie alles erledigen zu können; von der Hast, eine Sache schnellstens beenden zu wollen, nur um dann sogleich eine neue zu beginnen. Stattdessen lernen wir, nur eine Sache aufs Mal zu tun, und zwar wirklich nur eine. Eine meiner Klientinnen, die sich des Gefühls der Ruhe und der Herrschaft über eine Situation, die diese Fähigkeit vermittelt, bewusst war, nannte dies «Regentschaft». Da ich nur selten einem derart vielbeschäftigten und zugleich so zentriertem Menschen begegnet war, fragte ich sie eines Tages nach ihrem Geheimnis. Sie antwortete mir wie folgt:

> «Regentschaft» nenne ich die Fähigkeit, mein Leben zu regulieren, ohne auf die Zähne beissen zu müssen, ohne ins Schwitzen zu geraten. Diese Handlungsweise ist sehr verschieden von der eines Menschen, der sich danach sehnt, seine Tätigkeit zu beenden. Diese Aufmerksamkeit ist von allem unabhängig. Zwar nährt sie ihren Gegenstand, doch zieht sie sich auch leicht wieder zurück, wenn die Lebensumstände dies erfordern.
>
> Manchmal muss ich z. B. mitten in der Nacht aufstehen, um mein Kind zu füttern. In einem Moment der Nicht-Regentschaft wäre ich sehr schläfrig und hätte keine Lust, es zu tun. In einem Augenblick der «Regentschaft» hingegen kann ich meine Schlaftrunkenheit leicht ablegen und das Leben würdigen, wie auch immer es sich mir zeigt. Dies ist für mich eine schöne, erhabene Erfahrung: in diesem Augenblick *ist* das Leben dieses Kind. Ich würdige das Leben, egal welches Gewand es trägt.

Die Aufmerksamkeit ist ein Energie-Träger und die Fähigkeit, ihn zu lenken, ist wirklich, wie Keyserling sagt, der «uranfängliche Faktor» und ebensowichtig wie das Gehen- oder Sprechenlernen. Die psychische Energie, die durch die Aufmerksamkeit gesteuert wird, ist an und für sich neutral: es liegt an uns zu entscheiden, wie wir sie einsetzen wollen. Die elektrische Energie kann einen Plattenspieler oder ein Fernsehgerät in Betrieb setzen, eine Bombe oder ein Uhrwerk, einen Mixer oder eine Lampe. Erst das Gerät, das wir am Strom anschliessen, qualifiziert diese Energie und setzt sie in Bilder, Musik, eine Explosion, ein Getränk oder in Licht um.

9

Ein Geist – glasklar und lebendig

In seinem Roman *La Réponse du Seigneur* vergleicht Alphonse de Chateaubriand den menschlichen Geist mit einem jener Schmetterlinge, die jeweils die Farbe der Blätter, auf die sie sich setzen, annehmen: «Man wird zu dem, was man betrachtet», sagt er. Beschäftigt sich unser Geist nur mit Klatsch, Alltagskummer, Telefonrechnungen, Ärger und ähnlichem, wird er sozusagen deren psychische Färbung annehmen. Denkt unser Geist an Freude, an die Unendlichkeit des Universums, so wird er auch die entsprechende Färbung annehmen. Bereits der römische Kaiser Marc Aurel hat eine ähnliche Feststellung getroffen: «Dein Geist wird wie seine gewohnten Gedanken sein: denn die Seele färbt sich in der Farbe ihrer eigenen Gedanken.»

Hier ist ein grundlegendes Prinzip am Werk; unsere Gedanken bestimmen unser psychisches Universum. Nicht nur das; weit entfernt davon, ätherische und entlegene Fantasmen zu sein, sind unsere Ideen wahre lebende *Entitäten*, die ihre Wirkung haben. Der französische Psychologe Fouillée sagte, es gebe keine Ideen in reinem Zustand: Jede hat stets eine wirksame Seite. Folglich erstrebt jede Idee ihre Verwirklichung, und sie würde dies auch vollständig tun, wenn nicht die Existenz und der Druck vieler anderer, verschiedenartiger und manchmal gegensätzlicher Gedanken bestünde, die gleichfalls ihre eigene Verwirklichung zum Ziele haben. Fouillée nannte solche Entitäten «Ideen-Kräfte».

Die Erfahrung lehrt uns, dass wir eine Ideen-Kraft bereits schaffen und beleben können, indem wir sie ganz einfach denken. Während wir allmählich ihre Dimensionen, Fähigkeiten und Anwendungsmöglichkeiten wahrnehmen, nimmt sie immer mehr Form an, zieht Gefühle an und wird in unsere gewohnten Verhaltensweisen aufgenommen. Und so, indem wir an Stärke, Liebe und Freude denken, *schaffen* wir in uns selbst Stärke, Liebe und Freude. Die Technik, willentlich eine Qualität auszuwählen und dann intensiv an sie zu denken, wird *reflektive Meditation* genannt.

Oft taucht die Frage auf, was Meditation sei. Im wesentlichen stellt sie die *Beherrschung der Aufmerksamkeit* dar. In den morgenländischen Kulturen, wo die meditative Praxis verbreiteter ist als bei uns, wurden bestimmte Punkte ausgewählt, auf die die Aufmerksamkeit gerichtet werden sollte: z. B. die Atmung oder ein Wort, das man sich selbst rhythmisch wiederholt (Mantra), oder ein Körperteil, eine symbolische Figur; doch die einfachste und praktischste Methode, die sowohl im Osten als auch im Westen angewandt wird, besteht darin, die Aufmerksamkeit vollständig auf einen Gedanken zu konzentrieren.

Die reflektive Meditation ist die systematische Erforschung eines Gedankens. Wir beschliessen, über die Freude nachzudenken: wir können an die Freude in anderen, uns bekannten Menschen denken oder an Augenblicke, in denen wir selber Freude empfunden haben; an die Beziehung zwischen der Freude und ihr ähnlichen Empfindungen wie z. B. Heiterkeit und Humor; an den Ursprung der Freude und an Dinge, die ihr hinderlich sind, usw. An einem gewissen Punkt wird unser Geist verführt, vom Thema abzuschweifen und an etwas anderes zu denken. Dann führen wir unseren Geist ruhig und gelassen auf das ausgewählte Thema zurück. Mit Bestimmtheit, doch zugleich mit leichter Hand setzen wir unsere ganze Konzentrationsfähigkeit, die Intensität unseres Verstehens, für unsere Bemühung ein.

Reflektive Meditation

1. Wählen Sie aus der nachfolgenden Liste eine Qualität aus (oder auch eine andere, die Ihnen in den Sinn kommt):

Freude	Einfachheit	Weisheit
Dankbarkeit	Aufgeschlossenheit	Fröhlichkeit
Liebe	Stärke	Treue
Wille	Kreativität	Friede
Mut	Dynamik	Verständnis
Ruhe	Anteilnahme	Erstaunen
Grosszügigkeit	Klarheit	Freiheit
Humor	Energie	Risiko
Mitleid	Scherzhaftigkeit	Vertrauen
Zusammenarbeit	Vitalität	Wahrheit

2. Denken Sie während 10 - 15 Minuten über die Qualität nach, die Sie ausgesucht haben. Sie können auch eine Weisheit als Thema für Ihre Meditation nehmen, wie z.B. eine der hier aufgeführten:

«Die Gier nach der Frucht lässt Dich nicht die Blüte sehen.»
Rabindranath Tagore

«Dankbarkeit ist der Himmel selbst.»
William Blake

«Wir werden nicht durch die Dinge beunruhigt, sondern durch unsere Meinung über sie.»
Epictetus

«In der Beschränkung zeigt sich erst der wahre Meister.»
Goethe

«Ein guter Läufer hinterlässt keine Spuren.»
Lao-tse

«Liebe ist des Ganzen Streben.»
Plato

«Die grösste Entdeckung jeder Generation liegt darin, dass die Menschen ihr Leben ändern können, indem sie ihre Geisteshaltung ändern.»
Albert Schweitzer

«Eine Ganzheit zu sein und in der Ganzheit zu leben, wird zum erhabenen Prinzip, aus dem die höchsten ethischen und spirituellen Gesetze geboren werden.»
Jan Smuts

«Man liebt nie genug.»
Aldous Huxley

Während der Meditation kann es uns scheinen, dass wir die Aspekte unseres Themas erschöpfend betrachtet haben; oder es taucht der Gedanke in uns auf, dass dieses Thema im Grunde genommen gar nicht so wichtig ist, wie wir es zu Beginn angenommen haben, und wir fragen uns vielleicht, ob es nicht besser gewesen wäre, ein anderes Thema auszuwählen. Dies ist jedoch genau der Zeitpunkt, um nicht aufzuhören, sondern mit der Meditation fortzufahren; der Eindruck, in eine Sackgasse geraten zu sein, ist illusorisch und kommt paradoxerweise oft vor einer Vertiefung auf; wenn wir jetzt durchhalten, wird der Gedanke klarer, reicher und zu einer neuen Einsicht.

Wenn wir nach 10 - 15 Minuten unsere Meditation beenden, meinen wir, dass der Vorgang auch beendet sei. In Wirklichkeit stellt dies nur den Anfang dar; unsere Gedanken sinken ins Unbewusste, das sie weiterverarbeitet und weiterentwickelt. In *Psychologie der Persönlichkeit* zitiert Gordon Allport ein Experiment, in dem die Teilnehmer gebeten wurden, so viele Worte wie möglich niederzuschreiben, die mit dem Buchstaben «c» beginnen. Noch lange, nachdem der Versuch abgeschlossen war, kamen den Teilnehmern immer wieder Worte, die mit «c» beginnen, in den Sinn, in einigen Fällen sogar noch Tage später. Dieses Phänomen wird «Beharrlichkeit» genannt. Etwas ähnliches, jedoch tieferer Natur (weil das Thema, auf das man sich konzentriert nicht neutral, sondern wünschenswert ist und weil der Versuch täglich wiederholt wird) geschieht bei der reflektiven Meditation: da das Thema vom Unbewussten weiterverarbeitet und verfeinert wird, verursacht die Meditation eine Intuition, eine Änderung der Verhaltensweise, eine stufenweise aber weitreichende Veränderung. Wie mir ein Klient scherzend sagte: «Je mehr diese verflixte Meditation zur Gewohnheit wird, desto mehr gelingt es mir, den ganzen Tag unter ihrem Einfluss zu leben.»

Betrachten wir nun im einzelnen, wie eine solche Veränderung vor sich gehen kann. Hugo, ein 46jähriger Geschäftsmann, ist kleinwüchsig, energisch und tritt dem Leben mit einer scheinbar positiven Haltung gegenüber; er hat viele Freunde und einen erfolgreichen Beruf; und vor allem gelingt es ihm gut, seine Depressionen, seine häufigen Migräne-Anfälle und seine schmerzvollen Probleme mit Frauen zu verbergen (er wurde erst von seiner Frau, dann von einer Freundin verlassen). Darüber hinaus fühlt sich Hugo gegenüber Vorgesetzten gehemmt, und er beklagt sich über ein allgemeines Unbehagen, das er sein «finsteres Übel» nennt. Bei seinen freien Zeichnungen fällt am meisten das Bild einer Flamme auf, die, wie Hugo sagt, in ihm ausgelöscht wurde durch Umstände, die ihn auf nicht wiedergutzumachende Weise verletzt haben.

Sehr schnell entdecken wir, dass Hugos inneres Feuer keinesfalls erloschen ist. Die Hauptursache seines Übels ist der Widerstand, sich gegenüber allem Neuen gehen zu lassen. Als Hugo die Übung der Verwandlung eines Kokon in einen Schmetterling macht (*s. Seite 155),* bleibt er im Stadium des Kokons stecken und kommt nicht weiter. Er schreibt:

> Wieviele Dinge habe ich im Leben verloren! Gefühle, Schönheit, Ekstase, Begeisterung. Und ich bin immer noch unfähig, die traurige Eintönigkeit des Kokons abzustreifen und ins Licht hinaufzufliegen, um in der Luft über den Blumen hin und her zu wogen, um ihre Düfte und ihren Nektar zu geniessen, ihre aussergewöhnlichen Farben zu betrachten und mich in einer Apotheose der Schönheit, Ideale und Freude zu befreien. Wenn ich versuche, diese wunderbare Welt frei zu erfahren, zieht mich etwas zurück, und die graue Eintönigkeit einer falschen Sicherheit zieht mich wie ein Magnet an.

Sein «Kokon-Komplex», wie Hugo ihn nennt, hindert ihn daran, seine Vitalität auszudrücken, neue Beziehungen einzugehen oder sich in seiner Arbeit durchzusetzen. Zudem zwingt er ihn, selbst wenn es nicht mehr nötig wäre, die Richtigkeit von allem, was er tut, wiederholt zu überprüfen, so dass er in «totaler Unbeweglichkeit» erstarrt.

Ich schlage Hugo vor, über «das Risiko» nachzudenken und zu meditieren. Er ist sofort einverstanden, und bereits beim ersten Mal empfindet er eine gewisse Befreiung. Als Resultat seiner reflektiven Meditationen beginnt Hugo, kleinere Dinge zu unternehmen, die ihm helfen, aus der «Eintönigkeit» herauszufinden; er ruft z. B. jemanden an, den er seit längerer Zeit nicht mehr gesehen hat, fordert seine Untergebenen zu einem Ping-Pong-Spiel auf, setzt sich mit einigen unangenehmeren Problemen auseinander, die er sonst lieber aufschieben würde, organisiert ein Fest, parkiert an einem unerlaubten Ort, auf das Risiko hin, eine Busse einzufangen, er fängt ein neues Hobby an. Es handelt sich hier um einfache Dinge, und dennoch macht Hugo so die ersten Schritte, um seinem Kokon zu entschlüpfen und ihn loszuwerden.

Während die Wochen vergehen, erinnere ich Hugo an die Wichtigkeit der Kontinuität bei den Meditations-Übungen. So gelingt es Hugo, das Risiko in sein alltägliches Leben einzugliedern. Und dies geschieht ziemlich rasch; während er vorher übertrieben vorsichtig gewesen war, beginnt er nun, bei einigen Geschäftsverhandlungen risikofreudiger zu sein; zudem unternimmt er eine für seine Firma erfolgreiche Auslandreise. Die Fortschritte dauern an, bis Hugo eines Tages sogar eine Beziehung zu einer Frau eingeht, die er bis anhin aus einer unbestimmten Angst heraus nicht gewagt hatte zu beginnen. Diese Beziehung erweist sich hingegen als noch wichtiger und schöner, als er es sich je erträumt hätte. Nach einigen Monaten können wir wirklich sagen, dass all diese Ereignisse nicht einfach zufällig oder vorübergehend waren, und dass das Risiko-Verhalten zu einer dauerhaften Errungenschaft geworden war; Hugo ist seinem Kokon definitiv und endgültig entschlüpft.

Bei Hugo hatte die reflektive Meditation Auswirkungen auf Verhaltensweisen der *personalen Ebene*; sie kann jedoch auch den Zugang zur transpersonalen Ebene öffnen, zu Dimensionen und Ebenen, die jenseits unserer normalen Bewusstseinszustände liegen. Der Geist wird so zu einem Kanal der überbewussten Energie. Ein Arzt schrieb wie folgt:

Als ich wenige Minuten nach der Meditation über «Ruhe» zu Bett gehe, habe ich den Eindruck, zur Schwelle des Selbst zu gelangen; ich verspüre ein Gefühl der Ausdehnung, Macht und herrlichen Weite. Mit etwas Humor sage ich mir, dass es vielleicht dennoch etwas verfrüht ist ... Dann schlafe ich ein.

Am Tage darauf, während der Besuche und Gespräche mit meinen Patienten habe ich oft das Gefühl, von Licht durchdrungen zu sein, als ginge oder gleitete ich durch Lichtzonen, Waldwege entlang, die in sonnige Lichtungen münden.

Ich fühle mich ruhig und voll Licht.

Es ist eine besonders schöne Erfahrung, den Geist für einen *höheren* Zweck einzusetzen. Aber genau an diesem Punkt müssen wir einhalten, um uns daran zu erinnern, dass, wenn der Geist dafür benutzt werden kann, schöpferische und aufbauende persönliche Ansichten zu festigen und Energien im höheren Bewusstsein zu wekken, der gleiche Geist auch für weitaus weniger positive und empfehlenswerte Zwecke verwendet werden kann. Man kann ihn sogar als Instrument für negative und sehr irrationale Ziele einsetzen. Wir sehen das deutlich an Beispielen in technologisch fortschrittlichen Gebieten, die die grundsätzlichen menschlichen Bedürfnisse völlig unberücksichtigt lassen, oder sogar ausgesprochenen zerstörerischen Zielen folgen, wie zum Beispiel bei den heutigen hochentwickelten Waffen. Obwohl auch hier der menschliche Geist als höchst wirksames Instrument funktioniert und völlig abgetrennt ist von den wahren menschlichen Bedürfnissen wie Liebe, Friede, Freiheit, Schönheit, Respekt vor der Natur, guten zwischenmenschlichen Beziehungen und Harmonie mit dem Kosmos. Kommt es zu einer Abtrennung dieser Art, wird der Geist zu einem dämonischen Instrument.

Im Menschen birgt die Hypertrophie, die übermässige Vergrösserung des Geistes, Gefahren, die so verzweifelt wie tödlich sein können: die lebendige Erfahrung wird schal und reizlos und versinkt in Abstraktion; Rücksichtslosigkeit und Verachtung für die weniger Begabten entstehen. Die menschliche Intuition verdunkelt sich wie bei einer Sonnenfinsternis, es bleibt nur noch die leere Logik. Daraus entsteht die Grausamkeit, die alles Leben missachtet, wie zum Beispiel in der Vivisektion.

Aus diesem Grund werden wir in diesem restlichen Kapitel noch weitere Vorteile der geistigen Entwicklung erforschen; aber während wir das tun, wollen wir uns an die damit verbundenen Risiken erinnern - Risiken, die immer vorhanden sind, wenn ein Teil von uns unabhängig vom Ganzen weiterentwickelt wird. Und wir wollen uns auch an das Heilmittel für solche Gefahren erinnern: die Ausbildung und Veredelung *aller* unserer Fähigkeiten und nicht die einengende Betonung einer einzelnen.

Betrachten wir das, was wir die grösste Gabe und den grössten Nutzen geistiger Entwicklung nennen können: die Geburt unabhängigen Denkens. In einer Welt voller Vorurteile und zügelloser Irrationalitäten, manipulierter und genormter Ansichten, ideologischer Belehrungen und okkulter Überzeugungen, wird nichts dringlicher benötigt als ein unabhängiger, kritischer und klarer Geist.

Denken Sie nur daran, wie häufig mit täuschenden und trügerischen Techniken unsere Aufmerksamkeit von allen möglichen Organisationen - öffentlichen und privaten - gefangengenommen wird: Berufung auf Autorität (der «Experten», der «Wissenschaften», oder auf was man sich sonst noch beruft); die Verwendung von abgedroschenen Phrasen; voreingenommene Auswahl von Information; ständige Wiederholung von Schlagworten; übertriebene Vereinfachung von Sachverhalten; die ständige Suche nach Sündenböcken; die geschickte Art, Gefühle der Schuld und Unzulänglichkeit zu erwecken. Jeder dieser Täuschungen können wir wirkungsvoll begegnen und sie sogar erfolgreich überwinden, und zwar mit der Hilfe eines autonomen und gutentwickelten Geistes.

In unzähligen Situationen können wir unseren Geist dazu verwenden, den jeweiligen Sachverhalt zu klären. Zusätzlich zur Meditation über ganz bestimmte Qualitäten oder ausgewählte Sätze können wir ganz gezielt und zweckgebunden über eine Situation oder über ein Problem reflektierend nachdenken - ein allgemeines Problem oder, was manchmal noch weitaus wichtiger ist, über ein ganz persönliches. Dadurch erhellen wir den Sachverhalt, den wir ausgewählt haben, mehr und mehr; wir entwirren die Knoten und erkennen mögliche Alternativen und deren Konsequenzen. Wann immer wir diese Stufe auslassen, handeln wir nur nach dem Impuls des Augenblickes; wir schleppen uns mühsam durch Verwirrungen, und wir errichten das Gefüge unserer Handlungen auf den wackligen Säulen sorglosen und nachlässigen Denkens. Niemand muss brillant sein, um für einen Moment einzuhalten und nachzudenken. Wir müssen uns nur dazu anhalten, uns daran zu erinnern, es zu tun - bereits eine wichtige Leistung - und dann müssen wir die notwendige Geduld aufbringen, es durchzuführen. Diese Gewohnheiten zu entwickeln heisst die Strasse zu wahrem unabhängigem Denken zu gehen.

Die Geburt unabhängigen Denkens wird normalerweise als eine Erfahrung wachsender geistiger Freiheit und Kraft erlebt. Ich kenne Menschen, die ganz unerwartet diese Fähigkeit in sich entdecken und voll Heiterkeit die darin liegenden Möglichkeiten erkennen. Sie verstehen plötzlich, dass sie nicht so denken *müssen*, wie man es sie gelehrt hat. Sie erkennen, dass sie bis anhin akzeptierte Voraussetzungen in Frage stellen können. Sie werden sich völlig neuer Interessen bewusst. Schliesslich, und das ist das Wichtigste daran, fühlen sie sich fähig, ihren eigenen, ursprünglichen Plan zum Ausdruck zu bringen.

Es gibt noch viel weiterreichende geistige Entwicklungen, aber um sie zu beschreiben, müssen wir die geistige Schulung noch von einer anderen Perspektive aus betrachten: Kontrolle, Fokussieren (d. h. in den Brennpunkt rücken) und Konzentration. Reflektive Meditation ist ein Prozess, der unsere geistigen Fähigkeiten vertieft bis zu dem Punkt hin, da uns neue Kräfte und neue geistige Zustände zugänglich werden. Beginnen wir mit der Steigerung des Fokussierens. Reflektion heisst gedankliche Vertiefung - dieser Vorgang lehrt uns, konzentriert zu denken, indem wir jedesmal, wenn ein fremder Gedanke, eine nicht dazugehörende Ideenverbindung auftaucht, unsere Aufmerksamkeit konsequent zu unserem augenblicklichen Thema zurückführen. «Reflektieren» heisst «zurückbiegen» - dieser Vorgang geschieht ganz sanft, aber bestimmt und wachsam, ähnlich der Stärkung von Muskeln in einem Körpertraining. Wir bauen durch diese Übung unsere geistige Beweglichkeit auf.

Reflektive Meditation formt ein begrenztes, qualifiziertes Umfeld in unserem Geist. In einem solchen Umfeld haben einige Dinge Zutritt, andere nicht. Ein Heim ist ein solches eingegrenztes, qualifiziertes Umfeld, weil nur ganz bestimmte Personen Zutritt haben. Das sind auch Umgebungen wie ein Stadion, eine Versammlung, eine Kirche oder ein Zirkus. Eine menschliche Zelle ist also auch ein qualifiziertes Umfeld, weil sie durch ihre Membrane alles einlässt, das nützlich ist und alles ausschliesst, das nutzlos oder schädlich sein kann. Ein verkehrsreicher Platz in einer Stadt ist keine eingegrenzte, qualifizierte Umgebung, weil jedermann zu jeder Zeit über einen solchen Platz gehen oder fahren kann.

Am häufigsten können wir unseren Geist mit einem solchen Platz in einer grossen Stadt vergleichen: er enthält alle möglichen Gedanken, Ideen, Bilder, Sorgen, Erinnerungen und Erwartungen in konfusem Wirbel. Indem wir nur Gedanken zulassen, die ein einziges Thema betreffen, schaffen wir ein qualifiziertes, eingegrenztes Umfeld.

Während das Feld unserer Aufmerksamkeit in unserem Geist begrenzt und definiert wird, vertieft sich das Verständnis für das Thema. Zuerst wird der analytische Geist ins Spiel gebracht. Man neigt dazu, die verschiedenen Einzelaspekte des Themas zu sehen. Dann steigen dazu passende Erinnerungen auf. Verschiedene zusammenhängende Ideen schieben sich in unsere Aufmerksamkeit, weil wir zulassen, dass diese Einsichten erhellt werden, die normalerweise unter dem Andrang der täglichen Gedanken und des Beschäftigtseins versinken. Allmählich, während die Fähigkeit des Fokussierens stärker wird - möglicherweise erst nach langem Üben - erkennen wir, dass die Unberechenbarkeit in den oberflächlichen Lagen unseres Geistes zurückgelassen wird. Der Geist gibt sich mehr mit dem Essentiellen ab und weniger mit dem Zufälligen und Beiläufigen. Wir sehen die tiefere und grössere Bedeutung des Themas, und schliesslich verwandelt sich das aktive Denken in stilles Verweilen beim wahren Kern des Themas, dem unsere Kontemplation gilt.

Wenn wir von dieser Art konzentrierter Aufmerksamkeit sprechen, mag man an Raja-Yoga denken, im besonderen an Patanjalis Yoga Sutras. Aber es wäre ein Fehler zu glauben, dass der rasierklingenscharfe Geist, dazu erzogen, das Essentielle eines Themas zu durchdringen, das Monopol der Yogi ist. Wir finden diese Fähigkeit bei schöpferischen Menschen aller Art - Wissenschaftlern, Künstlern, Erfindern, Politikern, religiösen Führern, usw. Lassen Sie mich kurz zwei wunderschöne Berichte tiefen und konzentrierten Denkens zitieren. Der erste, vom Dichter Stephen Spender, beschreibt seine Fähigkeit der Komposition und betont das allumfassende Verständnis des fokussierten Geistes:

> Es ist das Fokussieren der Aufmerksamkeit in ganz besonderer Art, so dass der Dichter alle Folgerungen und möglichen Entwicklungen seiner Idee wahrnimmt, so wie man sagen könnte, dass eine Pflanze sich nicht darauf konzentriert hat, sich mechanisch nur in eine Richtung zu entwickeln, sondern in viele Richtungen, der Wärme und dem Licht mit all seinen Blättern entgegen, und zum Wasser hin mit seinen Wurzeln, und all dies zur gleichen Zeit.[3]

Der zweite Bericht stammt von einer Heiligen, Teresa von Avila. Ihre Worte erscheinen als Anleitung und beschreiben den Übergang vom frühen zum späteren Stadium der Meditation.

> Sobald Du Dich der Reflektion hingibst, wirst Du fühlen, wie Deine Sinne sich sammeln; sie scheinen wie Bienen, die zu ihrem Bienenstock zurückkehren und sich darin versammeln, um sich an die Arbeit des Honigmachens zu begeben... Beim ersten Aufruf des Willens kommen sie, und dann immer schneller und schneller. Schliesslich, nach unzählbaren Übungen dieser Art, versenkt Gott sie in einen Zustand vollkommener Ruhe und Kontemplation.[4]

Berichte fortgeschrittener geistiger Entwicklung unterstreichen die Aussage, dass es keinen Prozess der Selbst-Verwirklichung ohne einen gut trainierten Geist gibt. Nicht nur, *was* wir denken, sondern ebenfalls *wie* wir denken - die Art, der Rhythmus, die Überzeugungskraft unseres Geistes, bestimmt kraftvoll die Muster unseres Lebens. Deshalb kann ein gut funktionierender Geist

- sich nach eigenem Willen jederzeit konzentrieren, jedes Thema bis auf den Grund gehend prüfen, sogar in Situationen starker Ablenkung.

- Gedanken, Ideen, Erinnerungen und Vorstellungen in inneren Abteilen wie in Aktenordnern oder Schachteln einreihen, jederzeit abrufbereit.

- sich der Furchen und Schablonen bewusst werden, in denen er sich bewegt und jederzeit wählen und entscheiden, sie zu verlassen.

- alle Seiten einer Frage sehen, nicht nur die, die einem angenehm und bequem sind.

- enge und qualifizierte Umfelder errichten.

- leicht von einem geistigen Universum in ein anderes wechseln und sich in allen daheim fühlen.

- seine eigenen Funktionsmöglichkeiten richtig einschätzen und abändern.

- Einzelheiten prüfen, ohne sich in ihnen zu verlieren und grosse, umfassende Prinzipien erfassen, ohne das Detail zu vergessen.

- nichts als selbstverständlich hinnehmen, die eigenen Grenzen wahrnehmen und sie überschreiten.

- seine eigene Tätigkeit als müheloses Vergnügen wahrnehmen.

Es braucht Zeit, um solche positiven geistigen Qualitäten zu entwickeln, dennoch ist reflektive Meditation ein einfacher und erstaunlich wirksamer Schlüssel zu ihrer Erlangung. Einige Belohnungen der reflektiven Meditation erhalten wir, wie bereits gesagt, sofort, während andere Geduld erfordern. Das Ziel ist jedoch die Reise wert, weil wir durch stetige Anwendung die Art Mensch werden können, die Ernest Dimnet mit dem Namen «Denker» ehrt:

> Ein Denker ist mit Vorrang ein Mann (oder eine Frau), der sieht, wo andere dieses nicht tun. Die Neuheit dessen, was er zu sagen weiss, die Eigenschaft, als sei es eine Art Offenbarung, der Zauber, der damit verbunden ist, all das rührt von der Tatsache, dass er *sieht*. Es scheint, als trage er Kopf und Schultern über der Menge, als gehe er auf dem Grat, während die anderen unten auf dem Grund dahintrotten. Unabhängigkeit ist das Wort, das den moralischen Aspekt dieser Fähigkeit für Visionen beschreibt.

Nichts ist eindrucksvoller als das Fehlen intellektueller Unabhängigkeit bei den meisten Menschen: sie beugen sich konformistisch einer Meinung, wie sie es mit ihrem Verhalten tun und sind vollkommen zufrieden mit den sich wiederholenden Vorschriften. Während die Mehrheit dieses tut, kann der Denker in aller Ruhe um sich sehen und gibt seiner geistigen Freiheit vollen Spielraum. Es mag sein, dass er dem Konsens, genannt öffentliche Meinung, zustimmt, aber nicht weil dies eine universale Meinung ist. Sogar etwas so unverletzliches wie der sogenannte gesunde Menschenverstand genügt nicht, ihn zur Anpassung einzuschüchtern.[5]

10

Die Schule des Lebens

Eines Morgens, nachdem ich mit Assagioli bereits ungefähr ein Jahr gearbeitet hatte, passierte etwas, das mich sehr bestürzte: Mit der Post kam mein Einberufungsbefehl. In Italien ist der Militärdienst für jeden männlichen Bürger Pflicht. Man kann es für ein paar Jahre hinausschieben, wie ich das bereits gemacht hatte, aber schliesslich muss man ihn doch leisten. Ich hatte diese Tatsache fast gänzlich vergessen, so sehr hatte mich die Begeisterung für meine Arbeit mit Psychosynthese gepackt. Nun musste ich plötzlich in wenigen Tagen fortgehen. Damit unterbrach ich meine Suche nach dem höheren Bewusstsein, meine Ausbildung in Psychosynthese, meinen Lernprozess bei Assagioli, meinen Aufenthalt in Florenz - ich musste einige der aufregendsten Dinge abbrechen, die ich bisher in meinem Leben erfahren hatte. All dies würde nun für fünfzehn Monate ersetzt werden durch Tragen einer Uniform, durch Märsche und Wachen, Gewehre und Granaten, durch Leben mit lauten, langweiligen Menschen (so glaubte ich damals jedenfalls), ständig beaufsichtigt und kontrolliert von anderen Menschen. Ich war sehr wütend und gleichzeitig sehr bedrückt.

Als ich Assagioli die Nachricht mitteilte, dachte ich, er würde mit mir übereinstimmen in meine Beschwerden über die Absurdität einer solchen Situation. Aber seine Antwort überraschte mich: «Grossartig. Jetzt wirst Du lernen, wie Du mit dem Unausweichlichen zusammenarbeiten kannst. Dies wird einer der wichtigsten Teile deines Psychosynthese-Trainings sein.» Er schlug mir vor, statt über eine Situation zu lamentieren, die ja sowieso jenseits meiner Macht und Kontrolle lag, solle ich lieber alle mir nur möglichen Vorteile daraus ziehen.

Ich war so verwirrt durch Assagiolis Antwort, dass ich versuchte, seinen Anweisungen zu folgen, so wie ich den Anweisungen folgte, die mir das Leben aufgab, anstatt mich darüber zu ärgern, dass er nicht meinen Kummer und meine Verärgerung mit mir teilte.

Wie sich dann herausstellte, wurde der Militärdienst innerhalb meiner Psychosynthese-Ausbildung eine besonders nützliche Erfahrung, auch wenn die Generäle und Kommandeure es nicht so beabsichtigt hatten. Ich lernte, offen zu sein gegenüber Leuten, deren Hintergrund anders war als meiner. Ich erwarb mir die Fähigkeit, in einem lärmigen Schlafsaal zu meditieren; ich wurde fähig, die Zeit zwischen zwei Aufgaben mit Lesen und Notizenmachen zu nutzen; ich lernte, Zeit zu verschwenden, ohne mich schuldig zu fühlen. Und schliesslich verstand ich, dass das Erkennen eines höheren Bewusstseins nicht an diese oder jene Situation gebunden ist, sondern jederzeit und überall geschehen kann. Und natürlich war ich immer noch gelegentlich verärgert durch die ganze Situation und freute mich auf das Ende.

Assagiolis Lehren waren jetzt ganz klar. Wenn uns ein unerfreuliches Ereignis passiert, können wir uns entscheiden, es zu akzeptieren, wie es ist, ohne Jammern, weil das Universum sich nicht nach unseren Plänen richtet. Marc Aurel sagt es besonders schön in seinen *Meditationen*: wir «streiten nicht mit den Umständen».[1] Natürlich kann unsere erste spontane Reaktion eine des Selbstbedauerns, Ausweichens oder der Auflehnung sein. Aber während wir eine positive, dynamische Haltung der Akzeptierung (nicht der Resignation oder Zustimmung) einnehmen, werden wir erkennen, dass wir besser verstehen, was da auf uns zukommt; können aus den Botschaften lernen, können Vorteile ziehen aus den dahinter versteckten Umständen, und – falls wir uns dafür entscheiden – können wir uns wirksam wehren. Auf jeden Fall wird es uns möglich sein, die Verantwortung für die Wahl zu übernehmen, welche wir auch treffen mögen - eine Wahl in bezug auf unsere Handlungen, Gedanken und Gefühle, anstatt einfach allem da draussen in unserer Umwelt die Schuld zu geben. Ein indianisches Wort sagt sehr treffend: «Wenn du nicht willst, dass deine Füsse durch Dornen verletzt werden, kannst du versuchen, die ganze Erde mit Teppichen auszulegen; aber es ist leichter und billiger, ein Paar Schuhe zu kaufen.»

Assagiolis Vorstellungen über die Zusammenarbeit mit dem Unausweichlichen waren sicherlich nicht aus abstrakten Überlegungen geboren worden. 1938, als er von den Faschisten ins Gefängnis gesteckt wurde wegen seiner Antikriegs-Ansichten, erkannte er, dass er sich nur durch eine ganz bewusste Akzeptierung die Möglichkeit erhalten konnte, einen klaren Blick für seine freien Entscheidungen und Möglichkeiten zu behalten. Er hat zu einem späteren Zeitpunkt seine Erkenntnisse in einigen Notizen festgehalten, die er als Buch veröffentlichen wollte unter dem Titel *Freiheit im Gefängnis*:

> Ich erkannte, dass ich *frei* war, so frei, dass ich eine von vielen Haltungen gegenüber dieser Situation einnehmen konnte, ihr diesen oder jenen Wert zuordnen, sie in der einen oder anderen Weise nutzen konnte.
>
> Ich konnte innerlich rebellieren und fluchen, oder ich konnte mich passiv ergeben, nur vegetierend; oder ich konnte mich in dem sehr unbekömmlichen Vergnügen des Selbst-Mitleids ergehen und die Rolle des Märtyrers spielen; oder ich konnte die Situation von der sportlichen Seite sehen und mit Humor aufnehmen, und sie als ein völlig neues und sehr interessantes Erlebnis betrachten. Ich konnte auch eine Ruhekur daraus machen oder eine Periode besonders intensiven Denkens, entweder über ganz persönliche Angelegenheiten - als Rückschau auf mein bisheriges Leben - oder über sehr wissenschaftliche und philosophische Probleme; oder ich konnte mir die Situation zunutze machen, indem ich ein persönliches psychologisches Training durchmachte; schliesslich konnte ich mein Gefängnis zu einem spirituellen Zufluchtsort machen. Ich hatte die klare und reine Wahrnehmung, dass dies voll und ganz meine eigene Angelegenheit war, dass ich *frei* war zu wählen und mich für das eine oder andere oder auch mehrere dieser Aktivitäten zu entscheiden. Ich

war mir auch bewusst, dass diese Wahl unvermeidliche Folgen haben würde, die ich bereits voraussehen konnte und für die ich vollumfänglich *verantwortlich* war. Es gab überhaupt keinen Zweifel in meinem Geist, was diese essentielle Freiheit und Macht und ihre darin enthaltenen Vorteile und Verantwortlichkeiten betraf.

Wenn so gehandhabt, bietet Akzeptierung die schnellste und praktischste Möglichkeit, sich selbst aus einer schwierigen Situation zu befreien, während andererseits Rebellion unausweichlich den Knoten noch fester anzieht. Der Übergang von der Rebellion zur Akzeptierung mag sodann eine aussergewöhnliche Konsequenz in sich bergen: den Wechsel von der reaktiven zur kognitiven Haltung, in der wir beginnen, das Leben als Schule zu sehen, in der uns durch eine ganze Reihe von Gelegenheiten genau das gelehrt wird, was wir brauchen. Wir verstehen, dass unser inneres Wachsen nicht durch vorher festgelegte Meditationen und Übungen oder durch therapeutische Sitzungen geschieht, sondern hauptsächlich durch den fortwährend wechselnden Lebensprozess.

Dann werden schmerzvolle Situationen eher zu Scharaden, die zu enträtseln sind, als zu Ärgernissen, die man verfluchen möchte. Und anstatt lediglich zu überleben, indem wir verletzt, erschöpft oder frustriert sind, können wir aus solchen Erfahrungen wesentlich bereichert mit grösserem Verständnis hervorgehen.

Wir können Akzeptierung auch mit den nicht zu verhindernden gegenwärtigen und zukünftigen Störungen unseres inneren Lebens üben. Angst, Depression und Erbitterung können auf vielfache Art gemildert werden; aber wir können sie nicht vollständig aus unserem Erfahrungsbereich ausklammern. Indem wir sie nämlich bekämpfen, verleihen wir ihnen neue Energien und schaffen dadurch einen Teufelskreis. Wenn wir sie jedoch akzeptieren wie sie sind, nehmen wir ihnen den Wind aus den Segeln und ihre Macht wird bedeutend kleiner. Anstatt uns zum Beispiel an unserer eigenen Erbitterung zu stören – uns über unseren Ärger zu ärgern – oder wegen unserer Depressionen niedergeschlagen zu sein, was nur zu Folge hätte, dass das Problem sich verschlimmert, können wir unsere Gefühle akzeptieren. Wir können eine Art seelisches Judo üben.

Akzeptierung

1. Denken Sie an etwas in Ihrem Leben, wofür Sie damals dankbar waren oder es heute noch sind. Das kann die Anwesenheit eines Menschen sein, den Sie lieben; es kann ein Talent sein, das Sie besitzen; ein Gefühl körperlichen Wohlbefindens; es kann die Schönheit einer Blume sein, oder irgendetwas anderes, das ihnen gerade einfällt. Stellen Sie es sich ganz lebhaft vor. Würdigen Sie es, während Sie sich vorstellen, was es Ihnen zu geben vermag und was Sie daraus lernen können.

2. Jetzt denken Sie an etwas (oder an jemanden), dem Sie in Ihrem Leben lieber aus dem Weg gehen würden. Stellen Sie es sich wieder ganz intensiv vor und beobachten Sie Ihre inneren Reaktionen darauf ganz genau, ohne zu versuchen, diese zu unterdrücken. Nehmen Sie wahr, was für eine Strategie Sie entwickeln, um *nicht* zu akzeptieren. Wie drückt sich diese Weigerung, zu akzeptieren, in Ihrem Körper, in Ihren Gefühlen und in Ihrem Geist aus?

3. Nun nehmen Sie einmal an, dass das Leben Sie leitet und Ihnen diese Führung in einer Art chiffrierten Sprache vermittelt, die sich aus Ereignissen und Situationen zusammensetzt. Wie lautet die Botschaft, die in dem von Ihnen gerade gewählten Ereignis enthalten ist? Schreiben Sie Ihre Gedanken nieder, während Sie über diese Frage nachdenken.

4. Kehren Sie jetzt noch einmal zum ersten Punkt zurück, als Sie an etwas dachten, wofür Sie dankbar sind. Stellen Sie es sich noch einmal ganz deutlich vor, spüren Sie Ihre Wertschätzung und nehmen Sie Ihre Akzeptierung so klar wie möglich wahr.

5. Und jetzt schalten Sie wieder um zu der unangenehmen Situation, aber dieses Mal aus der akzeptierenden Haltung heraus, die Sie in sich geweckt haben. Anerkennen Sie die zeitweilige Unvermeidlichkeit dieser unerfreulichen Situation. Erkennen Sie, dass das gleiche Universum die angenehme *und* die unangenehme Situation schuf, und - falls Sie dazu bereit und gewillt sind - nehmen Sie die Haltung bewusster und absichtlicher Akzeptierung ein.

Selbst wenn Sie in der gewählten Situation keinerlei Botschaft erkennen konnten, sind Sie vielleicht bereit und gewillt, sie zu akzeptieren. Das Absurde zu akzeptieren heisst Hingabe, Aufgabe in ihrer tiefsten Bedeutung. Echte und vollkommene Akzeptierung heisst jeglichen Vergleich, alle Erwartungen und Manipulationen aufgeben. Dann werden Sie in ihrem Innersten Dankbarkeit für die grundsätzliche, allseitige Richtigkeit unseres Universums spüren. Eine Zen-Geschichte macht diesen Punkt wunderschön deutlich:

> Als Banzan über einen Markt schlenderte, wurde er Zeuge eines Gespräches zwischen einem Metzgermeister und seinem Kunden.
>
> «Gib mir das beste Stück Fleisch, das Du hast», sagte der Kunde. Da antwortete ihm der Metzgermeister: «In meinem Laden gibt es nur beste Stücke. Du wirst hier kein einziges Fleischstück finden, das nicht das beste ist».
>
> Als Banzan diese Worte hörte, kam ihm eine Erleuchtung.[2]

11

Ein Füllhorn der Offenbarungen

Ich bin in der frühen Morgendämmerung am Strand. Einige Sterne blinken in unvergleichlicher Zartheit am klaren Himmel; die Luft ist frisch und das Meer fast bewegungslos. Plötzlich fällt auf mein Gesicht ein warmer, goldener Strahl, und ich gebe mich diesem Licht völlig hin. Die Sonne steigt langsam wie ein goldener Diamant aus dem Meer empor und ihr Licht legt sich wie ein strahlendes, glänzendes Band auf das Wasser und reicht bis zu mir. Völlig nackt bewege ich mich auf dieses Lichtband zu.

Das helle, klare Wasser umspielt meinen Körper und ist kühl. Die Sonnenstrahlen hüllen mich ganz ein, und ich gehe weiter darauf zu, bis mir das Wasser über die Taille reicht. Dann beginne ich, in diesem Lichtband der Sonne entgegen zu schwimmen, bis mir bewusst wird, dass ich gar nicht mehr im Wasser schwimme, sondern in diesem Lichtmeer, und ich trete in die Sonne ein.

Ich ergebe mich ihrem unendlich warmen und strahlenden Licht; ich lasse die solare Energie auf mich wirken, meinen ganzen Körper streichelnd. Sie berührt meine Haare, mein Gesicht und dringt durch meine Vagina in mich ein, steigt langsam in mir hoch, durchdringt alle meine inneren Organe und wandelt sie in

Licht um. Als sie mein Herz erreicht, spüre ich, wie meine Brust sich dehnt. Für einen Augenblick kann ich nicht mehr atmen; die Energie durchdringt meine Kehle und mein Gehirn; mir ist, als öffne sich meine Kopfdecke nach oben. Und dann beginnt mein Körper plötzlich, das strahlende Licht in mir nach aussen zu verströmen. Schliesslich habe ich das Gefühl, dass mein ganzes Sein mit der Sonne verschmilzt und zu ihrem Licht wird. Es ist schwer, dieses Erlebnis der Ausdehnung und Ekstase zu beschreiben. Nach einiger Zeit beginnt mein Körper, sich langsam, Stück für Stück, wieder zusammenzusetzen, aber mir ist, als sei er jetzt ganz aus Licht gemacht.

Veronika, eine Lehrerin Ende Dreissig, schrieb diese Worte als Ergebnis einer Visualisierungsübung. Sie war immer sehr intensiv in ihrem Gefühlserleben und hatte viele Schwierigkeiten in ihren Beziehungen zu anderen Menschen. Als Veronika und ich miteinander zu arbeiten begannen, erlebte sie gerade, wie der Mann, den sie liebte, sie abwies, und gleichzeitig hatte sie auch noch Schwierigkeiten mit ihren Kollegen. Ich erlebte sie verwirrt, verletzbar und ärgerlich; ihre seelischen Wunden waren gross, aber ihre Fähigkeiten waren überraschend. Sie war von Anfang an sehr empfänglich für Psychosynthese. Die Visualisierung, sich in der Sonne schwimmend zu erleben, wurde der Höhepunkt unserer gemeinsamen Arbeit:

Diese Visualisierung half mir, meine eigene Weiblichkeit zu retten. Ich wollte nicht, dass sie abstarb, selbst wenn sie zur Zeit in keiner Weise bestärkt wurde. Sie war ein Teil in mir, der schon viel zu lange verborgen gewesen war; ich wollte sie nicht verlieren. Es schien mir, dass durch diese Übung alles transformiert wurde. Das Licht drang in die dunkelsten Teile meines Unbewussten und verwandelte meine Leidenschaft; ich konnte sie dadurch auf eine andere Ebene meines Seins heben.

Natürlich dauerte die Erleichterung, die ich spürte, zunächst nicht sehr lange. Bald schon war ich wieder dort, wo ich vorher gewesen war und die Krise wiederholte sich mehrere Male. Aber ich führte die Übung weiterhin durch und ganz plötzlich geschah eine grosse Veränderung. Es fand eine Art Erleuchtung und Erneuerung statt; meine Lebenskräfte kehrten zurück.

Für Veronika war die Vorstellung der Sonne ein Symbol des Lichts, der Regeneration, der Wärme - eines der vielen Symbole, die wir in solchen Übungen benutzen können. Wenn wir sie kraft unserer Vorstellung visualisieren, können solche Symbole einen sehr tiefen, uns verwandelnden Eindruck auf unsere Seele haben. Sie können dazu beitragen, Konditionierungen aus unserer Vergangenheit aufzulösen und neue, angenehmere Energiemuster in uns aufzubauen.

Symbole können auch kognitive Funktionen haben. Wie Jung es ausdrückte, «zeigen sie etwas an, über das wenig oder gar nichts bekannt ist».[1] Sie stellen Verbindung zu Regionen unseres Seins her, die unserem analytischen Verstand völlig verschlossen sind. Deshalb lehren sie uns, durch direktes Sehen zu verstehen, indem wir die Ebene unseres Denkens, das sich auf Schlussfolgerungen abstützt und sehr oft mehr Hindernis als Hilfe zum Verständnis ist, überspringen. Diese tiefere Art des Verstehens erweckt eine Fähigkeit, die fast gänzlich und wir können sogar sagen, universell, vernachlässigt wird: *die Intuition.*

Wir werden intuitiv empfänglich für das Wesentliche, den Geist eines Symbols, indem wir es beständig vor unserem inneren Auge festhalten und unsere Wahrnehmung von den feinen Qualitäten bestrahlen lassen. Diese Art beschaulicher Betrachtung kann zu einer Identifikation mit dem Symbol führen. Diese Identifikation - ob sie nun absichtlich oder spontan geschieht - ermöglicht es uns, Symbole von innen heraus zu verstehen; und Intuition ist nichts anderes als das Verständnis formloser Realität, die ein Symbol repräsentiert, von innen heraus. Ein Mann schreibt zum Beispiel:

> Wenn ich mir in einer Visualisierungsübung die Sonne vorstelle, dann meine ich, aus meinem Körper in jene Quelle hineingezogen zu werden, und gleichzeitig fühle ich mich lebendiger und wacher und mehr in meinem Körper als je. Ich fühle mich, als könnte ich diese Energien um mich herum ausbreiten, in die Welt hinaustragen und dadurch einen höheren Willen erfüllen, dessen Wirkungsbereich jenseits dessen liegt, was mein armseliger Verstand erfassen kann. Ich würde gerne für immer in diesem Bewusstseinszustand verbleiben, denn das ist *das wirkliche Leben*; dies ist die Ewigkeit, das ewige Jetzt.

Natürlich erlebt nicht jeder ständig derartige Erkenntnisse; und selbst wenn sie geschehen, werden sie nicht übereinstimmende Einsichten hervorrufen. Es gibt zum Beispiel Leute, für die ist der Diamant ein Symbol des Selbst und der Welt der Visionen, voll schimmernder Harmonie und Einheit. Aber für andere ist der Diamant nichts anderes als ein gesellschaftliches Status- und Prestigesymbol. Für wieder andere hat er überhaupt keinen symbolischen Gehalt. Es ist einfach ein Diamant und nichts weiter. Wie dem auch sei, jeder von uns wird in dem einen oder anderen Symbol ein ganzes Füllhorn von Offenbarungen und Erkenntnissen entdecken.

Der Leuchtturm

Jetzt schlage ich vor, dass wir unsere Aufmerksamkeit auf eine Visualisierungsübung richten, die sich auf ein anderes Symbol konzentriert – dieses Mal eines, das von Menschenhand gemacht wurde: der Leuchtturm.

Stellen Sie sich vor, dass Sie sich auf einem kleinen Schiff befinden. Es ist Nacht. Ein Sturm wütet und der Regen prasselt auf das Deck. Das Schiff rollt und schlingert hin und her. Ringsum ist alles finster.

Spüren Sie das Schlingern und Rollen des Schiffes, hören Sie den Wind heulen und fühlen Sie die Kälte und den Regen auf Ihrem Gesicht. Stellen Sie sich die stürmische See in dunkler Nacht vor; spüren Sie die Erschöpfung in Ihren Muskeln und wie mühsam Sie mit dem Steuerrad ringen.

Jetzt sehen Sie in der Ferne einen starken Lichtstrahl. Er kommt von einem Leuchtturm. Dieser leuchtende, gleichmässige Lichtstrahl ist Ihr Wegweiser durch die dunkle Nacht. Sie spüren grosse Erleichterung durch diese Begleitung. Jetzt wissen Sie, wohin Sie steuern müssen. Konzentrieren Sie sich auf den Leuchtturm und stellen Sie sich vor, dass sein Licht in alle Richtungen strahlt und all jenen den Weg weist, die sich verirrt haben.

Der Sturm tobt, der Wind heult, der Regen peitscht und die Nacht ist pechschwarz. Aber der Leuchtturm steht standhaft und solide da und lässt sein Licht scheinen. Nichts kann ihn erschüttern.

Lassen Sie sich etwas Zeit und dann lassen Sie allmählich das Bild verblassen und verschwinden, aber erhalten Sie in sich dieses Gefühl strahlender Kraft und Stärke.

Ein Student, der diese Übung wiederholt durchgeführt hat, schreibt dazu:

> Lange schon, bevor das Universitätsbüro öffnete, hatte sich eine Schlange von mehreren hundert wartenden Menschen vor der Tür gebildet. Ich stand ganz hinten in der Schlange.
>
> Ich habe eine starke Abneigung gegen Menschenmengen, Büros und Bürokratie ganz allgemein, und als ich daran dachte, was geschehen würde, wenn sich die Türen öffneten, fühlte ich Angst in mir aufsteigen. Und dann geschah das Schlimmste: alle drängten sich gleichzeitig in das Büro, eingekeilt wurde ich mit hineingedrängt. Ich fand mich in einem kleinen Raum inmitten von etwa hundert Menschen eingezwängt. Eine solche Situation ist für mich gerade zu traumatisch. Zuerst wollte ich nur einfach raus, zur Hölle mit den anderen! Dann entschloss ich mich jedoch, zu bleiben trotz der Angst, die mich fast erstickte.
>
> An diesem Punkt dachte ich an Psychosynthese und wie ich sie mir zunutze machen konnte; ich wählte die Leuchtturm-Übung. Teilweise hielt ich die Augen geschlossen, als würde ich mich ausruhen, aber ansonsten führte ich die Visualisierungsübung mit offenen Augen mitten in der Menschenmenge durch. Ich konnte mich zunächst ganz leicht mit einem kleinen Segelboot identifizieren, das von den Wellen wild hin- und hergeworfen wurde. Dann stellte ich mir einen Leuchtturm vor, der einen mächtigen Lichtstrahl aussandte, fast so strahlend wie die Sonne. Zu Füssen des Leuchtturmes tobten unbarmherzig die Wellen, aber er stand unerschütterlich und unverrückbar solide da. Dann begann sein Licht, ständig sich in der Intensität steigernd, über die Wasserfläche bis hin zum Horizont zu scheinen.
>
> Dieses Bild vor meinem inneren Auge brachte mir grosse Erleichterung in der schwierigen Situation. Mein Atem wurde langsamer und ruhiger, mein Oberkörper und meine Kehle entspannten sich, und ich begann langsam, eine Art inneren Frieden und Kraft zu spüren.

Ein solches Beispiel illustriert, wie Symbole, richtig angewandt, ihre verwandelnde Funktion vertiefen können und uns gestatten, unsere innere Haltung und Verhaltensweise zu ändern. Die Qualität, die in den Symbolen liegt, lässt uns nicht nur neue Erfahrungen unserer selbst und unseres Lebens machen, sondern in unserer Psyche wird eine neue Art von Stärke geschaffen - eine Stärke, die zu einem Teil unserer Persönlichkeit wird und unsere Handlungen beeinflusst. Der Student konnte die Kraft, die er verspürte, als er die Leuchtturm-Übung machte, in sich aufnehmen und sich so eine stärkende Haltung schaffen. Auf den nächsten Seiten folgen eine Reihe von Visualisierungsübungen, die auf symbolischen Vorstellungen beruhen. Jedes dieser Symbole repräsentiert auf sehr zarte Weise eine ganz besondere Qualität. Folglich öffnet jedes eine Tür zu neuem Bewusstsein und kann dadurch psychologische Änderungen herbeiführen. Wählen Sie jeweils ganz bewusst und gezielt eines der Symbole, die in diesem Kapitel oder in anderen Teilen des Buches angeführt sind, wie zum Beispiel die aufblühende Rose, die weise Person, der Aufstieg zu einem Berggipfel, der Tempel der Stille; oder Sie wählen ein Symbol aus jenen, die Sie bereits kennen. Das Vorgehen besteht sodann darin, sich fest und unermüdlich auf das Symbol zu konzentrieren, das Sie ausgewählt haben und es sich so lebhaft und in beständigem Einklang vorzustellen, wie es Ihnen möglich ist.

Es geht hier darum, dass Sie nicht darauf zu warten brauchen, bis Ihnen spontan aus Ihrem inneren Entwicklungsprozess heraus ein Symbol erscheint. Vielmehr können *Sie wählen*, ob Sie mit diesem oder jenem Symbol arbeiten wollen. Es geht hier um einen sehr allgemein gültigen Sachverhalt: wir können sehr schöpferisch in unsere Entfaltung eingreifen, alle Möglichkeiten aktiv ausschöpfen statt passiv zuzulassen, welche Form sie annehmen will.

In diesem Sinne unterstützt Psychosynthese absichtliche und abgewogene Entscheidungen, anstatt die Initiative der Spontaneität des Momentes zu überlassen. Sie legt mehr Betonung auf Beharrlichkeit in der allmählichen Erfassung eines Themas - in diesem Falle eines Symboles - als auf zielloses Dahingleiten von einer Erfahrung zur nächsten. Es ist deshalb gut, über einen längeren Zeitraum bei einem Symbol zu bleiben, einige Minuten pro Tag, während einer Woche oder länger, weil es dadurch möglich wird, dass uns das Symbol mit der Zeit unerwartete innere Realitäten enthüllen wird.

Der Schmetterling

Stellen Sie sich eine Raupe vor. Sie sehen, wie sie langsam an der Baumrinde entlang kriecht. Dann setzt sie sich an einem der Zweige fest und beginnt, sich in ihren Kokon einzuspinnen. Ganz langsam spinnt sich die Raupe mit goldenen seidigen Fäden ein, bis sie völlig verschwindet in ihrem Kokon. Betrachten Sie diesen Kokon ein paar Minuten.

Und nun stellen Sie sich vor, Sie seien selber in diesem Kokon verborgen. Eingehüllt von der weichen Seide, ruhen Sie in der Wärme der goldenen Dämmerung. Sie nehmen es nur undeutlich wahr, deshalb wissen Sie nicht genau, was Ihnen geschieht, aber Sie ahnen, dass in der völligen Stille des Kokon eine verborgene, Verwandlung schaffende Intelligenz am Werk ist.

Schliesslich bricht der Kokon auf und ein Lichtstrahl dringt durch eine Spalte ein. Als das Licht Sie berührt, spüren Sie eine plötzliche Woge der Vitalität durch Sie hindurchziehen und Sie erkennen, dass Sie den Kokon abwerfen können.

Während Sie spüren, wie die Kokonhülle langsam von Ihnen abfällt, entdecken Sie, dass Sie damit gleichzeitig auch Ihre Verteidigungsschranken und Sicherheitsbedürfnisse und Ihre Vergangenheit abgeworfen haben. Sie sind jetzt freier, als Sie es sich je träumen liessen; Sie sind ein wunderschöner, vielfarbiger Schmetterling geworden. Bald schon erkennen Sie, dass Ihre Grenzen in unsichtbare Fernen gerückt sind: Sie können fliegen. Sie erleben sich in einem ganz neuen Reich von Farben, Tönen und Freiräumen. Sie sehen sich selber fliegen und von der Luft sanft getragen, auf und ab gleitend.

Unter sich sehen Sie eine grosse Wiese, bedeckt von farbenprächtigen Blumen. Sie fliegen von einer Blüte zur anderen, setzen sich so sanft und leicht auf die eine oder andere, dass die Blütenblätter Sie gar nicht spüren. Sie erleben jede Blume als ganz eigenes, farbiges und duftendes Wesen, mit seiner eigenen Lebensqualität. Lassen Sie sich Zeit, um die vielfältigen Aspekte Ihrer Freiheit, Weite und Leichtheit zu erfahren.

Die Sonne

Stellen Sie sich vor, dass Sie in der Morgendämmerung am Strand stehen. Das Meer ist fast bewegungslos, während die letzten hellen Sterne am Himmel verblassen. Spüren Sie die frische und klare Luft. Beobachten Sie das Wasser, die Sterne, den noch dunklen Himmel.

Lassen Sie sich etwas Zeit, die Stille vor dem Sonnenaufgang zu erleben, diese besondere Ruhe, die alle Möglichkeiten birgt.

Langsam beginnt die Dunkelheit zu weichen und die Farben ändern sich. Der Himmel über dem Horizont wird zuerst rot, dann golden. Die ersten Strahlen der Sonne erreichen Sie und Sie sehen, wie die Sonne allmählich über dem Wasser emporsteigt.

Die Sonne hat sich wie eine Scheibe jetzt halb aus dem Wasser gehoben, halb liegt sie noch unter dem Horizont. Dadurch bildet sie auf dem Wasser eine Bahn goldenen, glänzenden Lichtes zu Ihnen.

Die Wassertemperatur ist angenehm und so entschliessen Sie sich, hineinzugehen. Sie fühlen Freude, während Sie langsam in der goldenen Bahn des Wassers zu schwimmen beginnen. Sie spüren, wie das lichterfüllte Wasser Ihren Körper berührt. Sie bewegen sich ohne jede Anstrengung im Wasser.

Während Sie der Sonne entgegenschwimmen, spüren Sie immer weniger das Wasser; dafür wird das Licht um Sie herum immer mehr und heller. Sie fühlen sich wohlig geborgen in goldenem Licht, das Ihren Körper völlig durchdringt.

Jetzt badet Ihr ganzer Körper in der vitalen Kraft der Sonne. Ihr ganzes Wesen ist durchdrungen und erfüllt und erleuchtet von Wärme und Licht.

Die Flamme

Stellen Sie sich eine Flamme vor. Sehen Sie, wie sie tanzt und ständig sich verändernde Formen zeichnet. Schauen Sie in sie hinein und nehmen Sie ihre feurige Qualität wahr.

Während Sie die Flamme in Ihrer Vorstellung sehen, denken Sie über den Sinn des Feuers nach und wie es sich in der Psyche ausdrükken kann: persönliche Wärme, Ausstrahlung, brennende Liebe oder strahlende Freude, feurige Begeisterung, glühende Hingabe.

Schliesslich, während Sie das Bild der Flamme weiterhin vor Ihrem inneren Auge halten, stellen Sie sich vor, dass Sie durch dieses Feuer langsam beseelt werden, dass Sie zu dieser Flamme werden.

Die Quelle

Stellen Sie sich eine Quelle vor, die Granitgestein entspringt. Sie sehen, wie das klare Wasser in der Sonne sprudelt und glitzert und Sie hören das Plätschern in der stillen Umgebung. Sie erleben das Aussergewöhnliche dieses Ortes, wo alles viel klarer, reiner und oder wesentlicher ist.

Beginnen Sie, von dem Wasser zu trinken und spüren Sie, wie die heilsame Energie dieses Wassers Sie durchströmt und Ihnen ein Gefühl von Leichtigkeit verleiht.

Nun steigen Sie in die Quelle und lassen Sie das Wasser über Ihren ganzen Körper fliessen. Stellen Sie sich vor, dass das Wasser die Kraft hat, durch jede einzelne Körperzelle zu strömen. Stellen Sie sich auch vor, dass das Wasser durch die unendliche Vielfalt Ihrer Gefühle strömt, Ihre Gedanken durchfliesst. Es ist, als würde das Wasser Sie von allem reinigen, was Sie tagtäglich belastet - Frustrationen, Sorgen, Schmerzen, Enttäuschungen, Gedanken aller Art.

Allmählich erleben Sie, wie die Reinheit dieser Quelle Ihre eigene wird, wie die Kraft dieser Quelle zu Ihrer Kraft wird.

Schliesslich stellen Sie sich vor, dass Sie die Quelle selber sind, wo alles möglich und das Leben ewig neu ist.

Der Diamant

Stellen Sie sich ganz intensiv einen Diamanten vor. Sehen Sie all seine glänzenden Facetten, die eine vollkommene Einheit bilden.

Sehen Sie die Vollkommenheit und Perfektion seiner Form. Halten Sie den Diamanten vor Ihrem inneren Auge und lassen Sie sich von seiner kristallinen Schönheit erfüllen.

Das Wort Diamant stammt aus dem Griechischen: *adamas* heisst unüberwindlich, unbesiegbar. Während Sie sich mit dem Diamant identifizieren, spüren Sie, wie Sie durch den Diamant mit dem Teil in sich in Kontakt kommen, der genau so unbesiegbar und unüberwindbar ist, Ihr Selbst.

Ihr Selbst ist unüberwindbar - Ängste, Bedrohungen, der Druck des Alltags mit all seinen Nöten können diesem Selbst nichts anhaben. Es bleibt unberührt von den Schatten der Vergangenheit, den Sorgengespenstern und Ungewissheiten der Zukunft, den Dämonen der Gier und Habsucht, den Zwängen der Gesellschaft. Es ist Ihr wahrer Kern, die Essenz Ihres Seins, das durch vielzählige Facetten scheint und dennoch eine Einheit ist. Erkennen Sie, dass *Sie* dieses Selbst *sind*, und während das Symbol des Diamanten langsam verblasst, lassen Sie die Wahrnehmung des Selbst in sich wachsen, immer klarer und stärker werdend.

Der Himmel

Stellen Sie sich vor, dass Sie an einem sommerlichen Nachmittag im Gras liegen. Sie spüren das weiche Gras ganz deutlich, auf dem Ihr Körper ruht. Sie schauen hinauf in den Himmel: er ist durchsichtig, klar und von tiefem Blau. Lassen Sie sich bei dieser Betrachtung Zeit.

Sie sehen einen Schmetterling in Ihrem Blickfeld über Ihnen hin und herfliegen, und Sie nehmen wahr, wie leicht und schwerelos er ist und mit welcher Zartheit seine Flügel gefärbt sind. Dann beobachten Sie, wie er langsam davonfliegt.

Jetzt sehen Sie in dunkler Silhouette gegen den Himmel abgehoben einen Adler in grosser Höhe kreisen. Während Sie dem Adler mit Ihren Augen folgen, durchdringen Sie die tiefe Bläue des Himmels.

Während Sie hinaufsehen, spüren Sie, wie Ihr Blick immer weiter in die Tiefe des Himmels eindringt - Sie sehen jetzt in endloser Ferne eine kleine weisse Wolke langsam vorbeiziehen. Schauen Sie einfach zu, wie sie vorbeizieht und, sich langsam auflösend verschwindet.

Schliesslich gibt es nur noch den endlosen und grenzenlosen Himmel.

Werden Sie zum Himmel - körperlos, endlos in Zeit und Raum, all-umfassend. Wie der Himmel sind auch Sie ohne Begrenzung. Erkennen Sie, dass Sie überall sind, alles erreichend, alles durchdringend.

Das Schiff

Stellen Sie sich ein grosses Schiff vor, das eine Reise beginnt; der Wind füllt die Segel, während es langsam auf die offene See hinausgleitet.

Stellen Sie sich das Schiff ganz lebhaft vor, wie die Segel sich wölben und der Bug durch die Wellen pflügt; der Wind bläst mit voller Kraft. Hören Sie die Wellen das Schiff umspülen, während es auf unbekanntem Kurs steuert.

Jetzt stellen Sie sich vor, Sie sind auf dem Schiff. Sie stehen vorn am Ruder des Schiffes und schauen auf das offene Meer hinaus. Das Wasser vor Ihnen glitzert im Sonnenlicht und Sie können kaum erkennen, wo das Meer und der Himmel zusammenschmelzen.

Sie riechen das Meer und spüren den Wind auf Ihrem Gesicht. Sie spüren die hölzerne Oberfläche des Ruders in Ihren Handflächen.

Sie drehen das Ruder nach rechts und dann nach links und Sie werden sich Ihrer Herrschaft über das Schiff gewahr. Konzentrieren Sie sich auf Ihre Macht über das Schiff und Ihre Fähigkeit, es in jede Richtung dirigieren zu können, die Sie wünschen. Es ist eine mühelose Beherrschung, in der jede Entscheidung unmittelbar in Handlung umsetzbar wird. Sie fühlen, dass Sie die Verantwortung haben.

Erleben Sie Ihre eigene meisterhafte Beherrschung und entdekken Sie alle Nuancen, die darin liegen.

Dann lassen Sie das Symbol langsam wieder entschwinden.

Die Glocke

Stellen Sie sich vor, dass Sie auf einer Wiese im Gras liegen, umgeben von sanften Hügeln. Nehmen Sie den weichen Boden wahr, auf dem Sie liegen und spüren Sie den Duft der Blumen, von denen Sie umgeben sind. Blicken Sie in den Himmel über sich.

Ganz in der Nähe steht eine kleine Kirche und Sie hören ihre Glocke klingen. Ihr Klang ist zugleich voll Reinheit und Freude. Die Glockentöne klingen an Ihr Ohr. Es ist *Ihr* Klang, den Sie hören und er erweckt die Freude, die unbekannt in Ihnen ruht.

Nun hören Sie wieder die Glocke. Dieses Mal ist ihr Klang lauter.

Spüren Sie die Resonanz dieses Klanges in sich. Werden Sie sich bewusst, wie Ihre in Ihnen ruhenden Möglichkeiten und Kräfte dadurch geweckt werden. Hören Sie dem Klang zu, wie er langsam vergeht, wie der Moment kommt, wo der Ton ganz aufhört und die Stille beginnt.

Und jetzt hören Sie noch einmal die Glocke tönen. Der Klang ist jetzt irgendwie noch viel näher und Sie spüren, wie er in Ihnen vibriert. Sie spüren seine Schwingung in jeder Faser Ihres Körpers, in jedem Nerv. Und jetzt, vielleicht nur für eine Sekunde *werden Sie* zu diesem Ton, rein, grenzenlos und schwingend.

Der Pfeil

Stellen Sie sich vor, dass Sie einen Pfeil und Bogen in der Hand halten. Spüren Sie Ihre Füsse fest auf dem Boden stehend. Halten Sie den Bogen mit der einen Hand und spüren Sie die Pfeilspitze auf der Bogenseite in der anderen Hand. Erleben Sie, wie Ihre Armmuskeln sich dehnen, während Sie den Bogen spannen. Sehen Sie das Ziel klar und deutlich vor sich; beobachten Sie die Pfeilspitze, die genau auf das Ziel zeigt.

Jetzt ist der Bogen bis zur Grenze gespannt; der Pfeil ist genau ausgerichtet. Spüren Sie die Energie, die in diesem Moment in der absolut statischen Haltung liegt. Alles, was Sie tun müssen, ist den Pfeil loszulassen, damit er durch diese Energie ins Ziel getragen wird. Nehmen Sie wahr, wie dieses Loslassen die ganze dynamische Kraft freisetzen wird.

Jetzt haben Sie den Pfeil abgeschossen. Verfolgen Sie seinen Flug und spüren Sie seine absolute pfeilgerade Richtung. Für den Pfeil existiert nur das Ziel - sonst nichts. Keine Zweifel, keine Ablenkungen, keine Umwege. Auf absolut perfekte Weise fliegt der Pfeil auf sein Ziel zu und trifft dort genau ins Zentrum - zitternd und nachschwingend bleibt er in seinem Ziel stecken.

Schiessen Sie ruhig und gelassen noch einige Male Pfeile auf Ihr Ziel ab und erleben Sie sich währenddessen in der völlig konzentrierten, zielgerichteten Kraft.

Wiederaufbau - Das Haus

Stellen Sie sich einen sehr vernachlässigten Garten vor, von Unkraut überwuchert. Der Garten umgibt ein altes, unbewohntes Haus mit verfallenen Mauern und vielen zerbrochenen Fenstern. Öffnen Sie die in den Angeln knarrende hölzerne Eingangstür, treten Sie ein und schauen Sie sich in den staubigen, leeren Räumen um. Der Anblick dieses verlassenen Hauses und der verwahrloste Garten mögen in Ihnen ein Gefühl der Öde und traurigen Verlassenheit wekken. Aber denken Sie daran, was aus diesem Haus werden könnte, wenn Sie sich entscheiden würden, es zu restaurieren. Schauen Sie sich nur die wunderschöne Landschaft an, in der das Haus steht: Bäume, ein See, und in der Ferne die Berge.

Es wird Zeit, dass Sie sich an die Arbeit machen und die Wiederherstellung beginnen. Dort, wo die Mauern Risse und Löcher haben, bessern Sie mit Backsteinen und Mörtel aus. Ersetzen Sie die alten Türangeln durch neue. Bessern Sie den Fussboden wo erforderlich aus. Setzen Sie neue Fensterscheiben ein und flicken Sie das Dach, wo die Ziegeln zerbrochen sind.

Entfernen Sie das Unkraut im Garten und graben Sie den Boden um, damit er bereit ist für neue Bepflanzung. Säen Sie den Samen verschiedenster Blumensorten in mehreren Teilen des Gartens aus, ganz gemäss der Vorstellung, die Sie von dem fertigen, blühenden Garten haben.

Dann putzen Sie das Haus. Wachsen Sie den Fussboden, damit er glänzt. Bemalen Sie die Wände innen und aussen mit frischer Farbe.

Bewässern Sie den Garten gut und nehmen Sie wahr, dass bereits einige Pflanzen zu wachsen beginnen.

Jetzt ist das Haus so weit fertig, dass es möbliert werden kann. Stellen Sie sich alles im Detail vor: Tische und Stühle, Betten und Teppiche, Spiegel und Lampen, Bilder und Schränke, Wandschmuck und Blumenvasen. Es ist Ihr Haus und Sie können es so ausstatten, wie es Ihnen gefällt. Nehmen Sie sich genug Zeit für die Möblierung jeden Raumes.

Wandern Sie durch den Garten und sehen Sie, dass die Blumen bereits zu blühen beginnen - sie sind so vielfältig in Farben und Formen. Freuen Sie sich an Ihrem Anblick und Duft. Ordnen Sie den Garten genau so an, dass er Ihnen gefällt. Wie würde Ihnen ein

Brunnen darin gefallen, oder eine Statue, an der sich das Efeu emporrankt? Erfüllen Sie sich jeden Wunsch.

Jetzt wird es Zeit, dass Leben in das Haus einzieht. Drehen Sie das Licht an und schauen Sie nach, dass alle Energiequellen funktionieren, wie z.B. Wasser, Elektrizität. Im Kamin brennt ein wärmendes Feuer, der Holzvorrat ist ausreichend. Nun sorgen Sie für genug Nahrungsmittel in den Schränken und im Kühlschrank. Die Vasen füllen Sie mit vielen bunten Blumen.

Treten Sie zum Fenster und schauen Sie hinaus auf den blühenden Garten, mit dem See und den Bergen im Hintergrund.

Einen Teil der Wirksamkeit solcher Visualisierungs-Übungen mit Symbolen können wir nun erklären. Sie helfen uns, gewisse unbewusste Energien zu strukturieren und zu lenken. Unser Unbewusstsein ist zum Teil in Stücke verstreut und ohne Sinn. Man könnte es mit einer Gruppe von Kindern vergleichen, die zwar eine Menge Energie haben, aber nicht wissen, wohin damit und was für Spiele sie spielen könnten. Wir wissen jedoch, dass sie nicht einfach herumsitzen werden und warten. Wenn die in uns vorhandene Energie nicht in bestimmte Richtungen gelenkt wird, entsteht ein vages Gefühl der Unzufriedenheit und Ruhelosigkeit. Wir spüren dann eine Menge Anreize, aber schliesslich machen wir gar nichts. Diese frei umherfliessende Energie führt oft zu übertriebenen emotionalen Hochs und Tiefs, zu Gefühlen der Sinnlosigkeit und Ausdrucksleere oder explodiert in plötzlichem Jähzorn. Es kann sich auch in einem ganz allgemeinen Gefühl ausdrücken, dass man etwas tun müsste, aber wir wissen nicht, was. Oder es äussert sich in irgendwelchen anderen störenden oder gar unproduktiven Möglichkeiten.

Das Unbewusste, und insbesondere dieser ungeordnete, chaotische Teil, bedarf der Schulung. Es braucht einen Rhythmus und entsprechende Anweisungen. Symbole durch Visualisierungs-Übungen hervorzurufen kann dabei sehr hilfreich sein, weil sie dazu beitragen, diese frei umherfliessende Energie richtunggebend zu konzentrieren und sie dabei nicht zu unterdrücken. Wenn wir uns zum Beispiel das Öffnen und Blühen einer Rosenknospe vorstellen, können wir dadurch unser Unbewusstes in die Richtung des Aufblühens, also der positiven Entfaltung zu lenken.

Das mythische Symbol des Wagenlenkers und seine Pferde, die

wir sowohl in der östlichen und westlichen Tradition finden, symbolisiert unsere Fähigkeit, die inneren unbekannten und irrationalen Kräfte meistern zu können. Wenn wir uns diese Fähigkeit allmählich aneignen, lernen wir, die latent in uns ruhenden Kräfte nutzbringend zu gebrauchen, anstatt uns unvorhersehbaren, unbeeinflussbaren Energien auszusetzen. Wenn wir unser Unbewusstes schulen, werden wir in ihm auch unsere inneren Möglichkeiten für unzählige Verwandlungen entdecken. Ich glaube, dass diese Möglichkeiten metaphorisch in der griechischen und römischen Mythologie durch die Götter und Menschen vertreten werden, die in alle Arten von Blumen, Pflanzen, Tiere, Flüsse und leblose Steine verwandelt werden. Eine Gestalt symbolisiert in ganz besonderem Masse diese unendliche Wandlungsfähigkeit: Morpheus, der Gott der Träume, der die Menschen besucht, während sie schlafen und sich jederzeit und in jede menschliche Gestalt verwandeln kann, wenn er will. In der Verwandlungsfähigkeit der menschlichen Psyche liegt das Versprechen unermesslicher Möglichkeiten.

12

Eine Blume öffnet sich

Es gibt Zeiten in unserem Leben, da beginnt sich eine geheimnisvolle, innere Barriere zu lockern, und wir erleben unmittelbar das, wonach wir uns gesehnt haben, oder das wir nur vage gespürt oder gar nur davon gehört hatten. In einem solchen unvergleichlichen Augenblick fliesst in unser Bewusstsein der köstlichste Strom von Erkenntnissen: wir sind mit der höchsten Ebene unseres Seins in Kontakt gekommen, mit unserem *höherem Bewusstsein* (Überbewusstsein).*

«Es geschah alles in einer Sekunde, aber es war der wichtigste Augenblick meines Lebens», berichtet eine Frau über eine solche Erfahrung. «*Das* war *Wirklichkeit.* Ich hatte sehr lange geschlafen und wachte plötzlich auf. Und da war diese überwältigende Liebe – es war nicht ich, die liebte, oder etwas, das mich liebte, sondern *Es war nur Liebe* – es schien mir, als sei sogar die Luft lebendig damit, das Nichts schien zu funkeln in Liebe. Alles ergab einen Sinn.» Was sich dann daraus ergab, war nicht weniger intensiv als das Gefühlserlebnis. Diese Frau, die seit Monaten die Nahrungsaufnahme verwei-

* engl. superconsciousness, s. Kapitel 3, Die innere Landkarte

gert hatte und dem Tod durch Verhungern sehr nahe, entschied sich, nach dieser Erfahrung wieder zu essen und wurde langsam wieder gesund.

Obwohl solche Erfahrungen von unermesslichem Wert sind und offensichtlich immer wieder geschehen, wurden sie über Jahre von jeglicher psychologischer Forschung ausgeschlossen, dem Übernatürlichen zugeschrieben, als pathologisch oder als plumpe Autosuggestion weg-erklärt. Sehr selten ist der Versuch unternommen worden, sie als natürliche Tatsache zu untersuchen, so wie wir zum Beispiel ein Blatt, einen Vogel oder einen Planeten studieren können. Glücklicherweise hat sich das in den letzten Jahren geändert und es sind Berichte veröffentlicht worden, in denen der Versuch unternommen wurde, befriedigende Beschreibungen und Erklärungen zu finden; die Forschung hat gezeigt, dass überbewusste oder transpersonale Zustände nicht das Monopol einiger weniger Auserwählter sind, sondern häufig vorkommende Ereignisse im Leben vieler Menschen. Dennoch sind wir noch weit davon entfernt, die vollständige Antwort auf so fundamentale Fragen wie beispielsweise transpersonale Zustände geben zu können: wie manifestieren sie sich in uns? Wie beeinflussen sie unsere Psyche? Welche Bedeutung und Funktion haben sie für die menschliche Existenz? Welchen Gesetzen unterliegen sie? Welche Techniken können wir anwenden, um sie zu erwecken? Es ist eine gewaltige Aufgabe, auf diese Fragen eine Antwort zu finden, und die Betrachtungen in diesem und im nächsten Kapitel - die natürlich weit davon entfernt sind, erschöpfende Auskunft geben zu können - sind ein Versuch, ein paar brauchbare Hypothesen zu formulieren.

Wir können vielleicht mit dem Hinweis beginnen, wie unangemessen es ist, zu glauben (und manche Aussage lässt dies durchblikken), dass es sozusagen einen dauerhaften Zustand der Erleuchtung oder «Befreiung» gibt, der einmal erreicht für immer und ewig dauert. Ich kann mich noch ganz deutlich erinnern, als ich Assagioli in diesem Punkt angriff und er lächelnd zur Antwort gab: «Leben ist Bewegung, und die überbewussten Ebenen sind in ständiger Erneuerung begriffen. In diesem Abenteuer bewegen wir uns von Offenbarung zu Offenbarung, von Freude zu Freude. Ich hoffe, Du wirst keinen ‹dauerhaften Zustand› erreichen. Ein ‹dauerhafter Zustand› bedeutet tot sein.»

Um zu verstehen, was das bedeutet, reicht es, ein paar der schier unendlichen Formen zu betrachten, über die überbewusste Erfahrungen zu berichten wissen:

Eine Einsicht
Die plötzliche Lösung eines schwierigen Problemes
Das eigene Leben im richtigen Licht sehen und den Sinn ganz klar erkennen
Eine verklärte Vision der äusseren Realität
Einen Teil der Wahrheit des Universums erfassen
Ein Gefühl der Einheit mit allen Wesen und teilhaben am Schicksal eines jeden
Erleuchtung
Aussergewöhnliche innere Stille
Wellen strahlender Freude
Befreiung
Kosmischer Humor
Ein tiefes Gefühl der Dankbarkeit
Ein heiteres Gefühl, zu tanzen
Der Wiederklang des Seins aller Wesen und Dinge, mit denen wir in Verbindung sind
Alle Menschen in einem Menschen lieben
Sich selbst wie ein Weg oder Kanal fühlen, durch den ein grösserer, kraftvollerer Strom fliesst
Entzückung
Andeutung tiefen Mysteriums
Zauberhafte Schönheit
Schöpferische Eingebung
Ein Gefühl grenzenlosen Mit-Leidens
Transzendenz von Zeit und Raum wie sie uns bekannt sind

Der Rhythmus überbewusster Erfahrungen kann sehr verschieden sein. Wegen ihrer Plötzlichkeit und Schönheit sind sie manchmal Feuerwerken oder Meteoren vergleichbar, die über den nächtlichen Himmel ziehen, schnell in all ihrer Herrlichkeit und Pracht auftauchend und wieder verschwindend. Manchmal entfalten sie sich jedoch auch erst ganz allmählich, vergleichbar einer wunderschönen Landschaft, die langsam aus einem Nebel emporsteigt.

Trotz aller Verschiedenheit scheint sich durch die transpersonalen Erfahrungen in allen Kulturkreisen, zu allen Zeiten, auf allen Lebenswegen, etwas wie ein roter Faden hindurchzuziehen: ein flüchtiger Blick oder manchmal auch eine vollständige Verbindung mit einem *zeitlos essentiellen Geist*, einer lebendigen Wesenheit, die als unveränderbares, stilles, reines Sein wahrgenommen wird. In der Psychosynthese nennen wir diese Wesenheit das transpersonale Selbst. Dabei gehen wir von der Annahme aus, dass das transpersonale Selbst das Zentrum des höheren Bewusstseins ist, so wie das personale Selbst, das «Ich», das Zentrum der allgemeinen Persönlichkeit darstellt.

Aber ganz gleich, unter welcher Bezeichnung, bleiben überbewusste oder transpersonale Erfahrungen Tatsachen. Es würde schwer fallen, ihre Realität zu leugnen, da doch so viele Menschen davon Zeugnis ablegen können. Aber welche Bedeutung haben sie? Warum gibt es sie? Sind sie aussergewöhnliche, zufällige oder gar wunderliche, abnormale Manifestationen des menschlichen Geistes?

Unter den vielen Antworten, die auf diese Fragen schon gegeben worden sind, ist vielleicht die vernünftigste Erklärung transpersonaler Erfahrungen jene, die besagt, dass sie den nächsten Schritt in unserer menschlichen Evolution darstellen.

Richard Maurice Bucke hat diese These bereits in seinem Buch *Cosmic Consciousness* aufgestellt. Indem er die Evolution mit einem wachsenden Baum vergleicht, schreibt Bucke:

> Wir wissen, dass der Baum nicht aufgehört hat, zu wachsen, sondern dass er jetzt, wie immer, neue Keime treibt, und dass die alten Schösslinge, Zweige und Äste grösser und stärker werden. Soll ihr Wachstum etwa heute aufhören? Das scheint wohl unwahrscheinlich. Es ist viel wahrscheinlicher, dass andere Glieder und Äste, von denen wir heute noch nicht einmal träumen, dem Baum entspringen werden, und dass der Hauptstamm, der aus blossem Leben in empfindsames Leben, einfaches Bewusstsein und Selbstbewusstsein wuchs, noch in viel höhere Formen des Lebens und Bewusstseins steigen wird.[1]

Ähnlich beansprucht Teilhard de Chardin, dass die biologische Evolution - in der Version, die seit Darwins Tagen vorherrscht - nur ein Aspekt der «mächtigen Gezeiten» der Evolution des Bewusstseins sei und die Menschheit «dem unendlichen und unzerstörbaren Neuen» entgegenträgt.[2]

In der neueren Zeit sah Abraham Maslow «Gipfel-Erlebnisse»* und «Meta-Bedürfnisse»** (das Bedürfnis nach Schönheit, Liebe, Wahrheit, Gerechtigkeit, Ordnung etc.) als den höchsten Teil unserer Natur und die jüngste Errungenschaft unserer Evolution. Er behauptet, dass sie als Aspekte der menschlichen Biologie zu betrachten seien, und dass sie nicht das ausschliessliche Eigentum der Theologen, Philosophen oder Künstler, sondern auch Gegenstand wissenschaftlicher Studien sein sollten. Er sagt: «Das spirituelle Leben ist Teil unseres biologischen Lebens. Es ist der höchste Teil, aber es ist ein Teil davon.»[3]

Es ist schwierig, mit absoluter Gewissheit zu argumentieren, dass die Menschheit sich entfaltet - Konzentrationslager, Atomwaffen, Kriegsschrecken, die ungleiche Verteilung von Reichtum tragen nicht dazu bei, den Beweis zu erbringen. Aber wir sind sicher der gleichen Meinung, dass einzelne Menschen wachsen und sich entfalten können. Ihr Bewusstsein kann sich in Ebenen entwickeln, die sie als innerlich wertvoll erfahren, die sie als eine Dimension der Universalität erleben, in ihnen das Mysterium und Wunder erwecken und eine offenbarende, heilende und verwandelnde Kraft besitzen. Erfahrungen des höheren Bewusstseins werden subjektiv erlebt als ein Schritt vorwärts in der persönlichen Entfaltung, als eine wunderbare Offenbarung dessen, was bis anhin nur als Möglichkeit existierte.

Die Rose

Um das Verständnis für den Prozess, der als Entfaltung in der Psyche stattfindet, zu fördern und zu erleichtern, schuf Assagioli - in seinem Buch *Handbuch der Psychosynthesis* - die Übung der aufblühenden Rose. Der nachstehende Text ist eine Variante dieser Übung: Stellen Sie sich einen Rosenstrauch vor: Wurzelballen, Stiel, Blätter und ganz oben eine Rosenknospe. Die Knospe ist geschlossen und

* «peak-experience» im Originaltext
** «meta-needs» im Originaltext

noch ganz eingehüllt von den grünen Kelchblättern. Lassen Sie sich Zeit, um alle Einzelheiten deutlich vor sich zu sehen.

Und nun stellen Sie sich vor, dass sich die Kelchblätter zu öffnen beginnen und die darin verhüllten Blütenblätter in ihrer Zartheit und Feinheit sichtbar werden - noch ganz geschlossen.

Jetzt beginnen sich die Blütenblätter ebenfalls langsam zu öffnen. Während Sie zuschauen, nehmen Sie wahr, wie in der Tiefe Ihres eigenen Wesens ebenfalls ein Aufblühen beginnt. Sie spüren, wie sich etwas in Ihnen zu öffnen beginnt und dem Licht entgegenstrebt.

Während Sie den öffnenden Bewegungen der Rosenblätter in Ihrer Vorstellung folgen, spüren Sie, dass dieser Rhythmus auch Ihr Rhythmus ist, das Aufblühen Ihr eigenes Aufblühen. Beobachten Sie weiter die Rose, die sich dem Licht und der Luft öffnet und ihre ganze Schönheit offenbart.

Nehmen Sie den Duft der Rose in Ihr ganzes Wesen auf. Blicken Sie jetzt in das Zentrum der Rose, in ihre Lebensmitte. Lassen Sie aus dieser Rosenmitte ein Symbol entstehen. Dieses Symbol wird Ihnen zeigen, was jetzt in Ihrem Leben an Schönheit, Bedeutsamkeit, Kreativität zur Entfaltung kommen will. Lassen Sie dieses Bild, dieses Symbol ganz spontan und vorbehaltlos entstehen, lassen Sie einfach zu, dass es sich in Ihnen formen kann, ganz absichtslos.

Lassen Sie sich mit der Betrachtung dieses Symbols Zeit, nehmen Sie die Qualitäten ganz in sich auf. Vielleicht enthält das Symbol eine Botschaft für Sie - seien Sie offen dafür.

Wie die Erfahrung zeigt, ist die Ebene des Höheren Bewusstseins und des Transpersonalen Selbst eindringlich *wirklich*.

Es ist kein intellektuelles Konzept
Es ist kein Nebenprodukt des Superego
Es ist keine Suggestion
Es ist kein parapsychologisches Phänomen
Es ist kein Zustand verminderter Wahrnehmung

Unter gewöhnlichen Umständen fühlt sich unsere Persönlichkeit zurecht unvollständig und ist ständig damit beschäftigt, diese Vollständigkeit zu erlangen. Wir befinden uns deshalb immer in einem Zustand der Emsig-keit. Das Selbst befindet sich jedoch in einem

Zustand der Vollständigkeit und muss nicht nach aussen blicken, um sich zu erfüllen. Das Selbst ist reines *Sein*, jenseits von Gedanken, Worten und Taten.

Anna stiehlt sich hin und wieder kostbare Minuten aus ihrem übervollen Zeitplan, um die Rosen-Übung zu machen und sieht als letztes Symbol eine lange Treppe, die auf eine intensiv erleuchtete Quelle zuführt: «Auf jeder Stufe stehen auf beiden Seiten Blumen, und während ich sie ansehe, beginnen sie zu blühen. Während mein Blick der Treppe folgt, sehe ich ihr oberes Ende mit dem Licht verschmelzen. Ich sehe, dass dort der Treffpunkt anderer, unendlicher Treppen ist, die, aus allen Richtungen kommend von der Quelle erleuchtet werden, zu der sie aufsteigen.»

Bei dieser Beschreibung handelt es sich um eine bildhafte Darstellung der Reise von der Vielfalt zur Einheit. Unsere übliche Persönlichkeit ist gekennzeichnet durch Vielfalt - wir nehmen Vielfalt überall wahr: im Innenleben des Einzelnen mit seinen verschiedenen Teilpersönlichkeiten, die sehr oft im Streit miteinander liegen; in der Welt der Gegensätze; in den menschlichen Beziehungen, wo die Persönlichkeit sich als eine Ganzheit erlebt, getrennt von anderen Ganzheiten.

Aber während wir uns auf das Selbst zubewegen, weicht die Vielfalt der Einheit. Unsere psychologische Existenz beginnt sich zu harmonisieren, während die mannigfaltigen Teile in einer Synthese zu verschmelzen beginnen. «Jetzt fühle ich das *Ich*», berichtet ein junger Mann über seine Erfahrung, «Ich fühle mich jetzt als Eins, während ich mich früher immer in viele Teile zersplittert wahrgenommen habe.» Man kann Einheit auch auf der intellektuellen Ebene erfahren, wenn wir zum Beispiel das Gesetz der Natur betrachten, welches die Vielfältigkeit scheinbar nicht verwandter Vorfälle erklärt. Einheit finden wir in einem Kunstwerk - sei es eine Sinfonie, ein Schauspiel, ein Gemälde - wenn sich alle Einzelteile zu einem harmonischen Ganzen zusammenfügen. Und schliesslich erleben wir Einheit in der Beziehung zu anderen, als Zusammengehörigkeitsgefühl mit der Menschheit im Grossen und als Wahrnehmung einer einzigen Quelle, die allen gemeinsam ist - eine Quelle, in deren Licht alle widerstreitenden Meinungen und Interessen verschwinden oder ihre Bedeutung verlieren.

Sehen wir uns noch ein anderes Symbol an, das in Anna's Übung aufsteigt: «Ein Quell, der sich aus einem gespaltenen Stein ergiesst. Das kurz aufspritzende Wasser glänzt durch die darauf fallenden Sonnenstrahlen. Dieses Bild vermittelt mir ein Gefühl der Dauer, der Zeitlosigkeit.»

Unsere Persönlichkeit lebt *in der Zeit*. Auf dieser Ebene gewinnen wir die Überzeugung, dass nichts endlos dauert, nichts auf ewig zufriedenstellend ist - ein Zustand, den Mircea Eliade «die Schrekkensherrschaft der Zeit»[4] genannt hat. Aber das Selbst lebt in *der Zeitlosigkeit*. Der englische Dichter Henry Vaughan drückt den Unterschied zwischen den beiden Formen sehr schön aus:

I saw Eternity the other night
Like a great *Ring* of pure and endless light,
    All calm, as it was bright
And all around beneath it, Time in hours, days, years
    Driv'n by the spheres
Like a vast shadow mov'd, in which the world
    And all her train were hurl'd.

Bezeugungen von Zeitlosigkeit sind viel häufiger als wir meinen. Es ist zum Beispiel leicht, die übliche Wahrnehmung von Zeit zu verlieren, wenn uns eine Beschäftigung oder eine Begegnung völlig absorbiert - bis uns irgendein äusseres Ereignis wieder in den alten Rhythmus zurückholt. Oder es kann passieren, dass wir mit einer Umgebung in Kontakt kommen, deren Tempo viel langsamer ist als unser menschliches: die Berge, das Meer, die Wüste und vor allem der sternenübersäte Himmel.

Ähnliche Erfahrungen können wir in der Meditation machen, ohne Hilfe äusserer Stimuli. An diese Tatsache wurde ich einmal auf seltsam häusliche Art erinnert. Assagioli verliess sich stets auf eine Eieruhr, die das Ende einer Meditation mit einem lauten «ping» ankündigte. Als ich ihn fragte, warum er dieses Signal brauche, gab Assagioli als Grund dafür, dass er die Eieruhr aus ihrer bescheidenen Küchenexistenz in eine solch würdevolle Funktion erhob, an, dass in der Meditation sehr oft der Sinn für die Zeit dahinschwindet und es sehr schwierig wird, noch zu wissen, wieviel «normale» Zeit nach unserem menschlichen Verständnis wirklich vergangen ist. Er erwähnte es als etwas so Offensichtliches, dass ich erkennen konnte, wie real die Erfahrung für ihn war. Genau so real war meine eigene Erfahrung mit Meditation zu jener Zeit: Es gelang mir überhaupt nicht, die *Zeitlosigkeit* zu erleben. Im Gegenteil, ich kämpfte jeden Augenblick mit Ablenkungen, Widerständen oder Schläfrigkeit - die unausweichlichen Hindernisse, denen jeder Anfänger begegnet.

Kehren wir noch einmal zu Anna und ihren Erfahrungen zurück. Einmal, während sie die Übung macht und in das Zentrum der Rose blickt, sieht sie darin den Himmel: «Es ist ein unendlicher Himmel, von intensivem Blau, unermesslich in seiner Tiefe. Ich verschmelze mit diesem Himmel und höre eine Stimme, die mir daraus entgegenklingt.» Während die Stimme zu ihr spricht und sie zu Mut und Ausdruck in Taten anregt, fühlt sie sich bewegt und überzeugt. «Ich spüre eine Ausdehnung meiner Bewegungsfreiheit. Es ist, als hätte ich die Erlaubnis erhalten, durch ein Tor zu gehen. Ich fühle Mut und Freude.»

Gewöhnlich nimmt die Persönlichkeit die Welt in strukturierten *Formen* wahr (Gedanken, Gegenstände, Menschen: *alles* ist Form). Und Formen neigen dazu, uns zu begrenzen, uns letztlich einzukerkern. Die Welt des Selbst wird jedoch als form-los erfahren - weshalb wir oft ein Gefühl von Freiheit und Ausdehnung jenseits aller Begrenzungen erleben, wenn wir mit dieser Welt in Kontakt kommen.

Formen können jederzeit beschrieben, verglichen, katalogisiert werden. Das Selbst ist jedoch so form-los und unstrukturiert wie der von Anna beschriebene Himmel. Wir können einigermassen passable Hypothesen und undeutliche, schwache Andeutungen über das Selbst aufstellen, aber wir können es nie wirklich «festnageln». William James sagt darüber, dass eines der Hauptmerkmale mystischer Erfahrungen ihre «Unaussprechlichkeit»[5] ist.

Das heisst nicht, dass Formen verschwinden, aber sie verlieren sozusagen ihre begrenzenden Aspekte und enthalten doch auf eine Art alle Formen. Für William Blake hiess das:

To see a World in a grain of sand
    And a Heaven in a wild flower
Hold Infinity in the palm of your hand
    And Eternity in an hour.

Oder denken Sie an diesen Haiku: «Ein Staubkorn enthält die ganze Erde; wenn sich eine Blume öffnet, entsteht die ganze Welt.»

Borge berichtet ähnliches über den Aleph, den mystischen Ort, wo «ohne jegliche Verwirrung alle Orte der Welt gefunden und von jedem Winkel aus gesehen werden können».[6]

Das Hologramm ist das technische Gegenstück zu dieser intuitiven Art der Wahrnehmung. Ein Hologramm ist ein Bild, das durch Laserstrahlen auf eine photographische Platte reproduziert wird. Es unterscheidet sich von einem gewöhnlichen Bild dadurch, dass in jedem seiner Punkte das gesamte Bild enthalten ist. Wenn Sie einen Ausschnitt eines normalen Bildes betrachten - das Bild eines Menschen zum Beispiel - dann haben Sie, und zwar nicht mehr und nicht weniger, nur das: ein Auge, die Nase, einen Teil der Lippen, etc. Aber wenn Sie einen Ausschnitt aus einem Hologramm betrachten, sehen Sie immer noch das Muster des gesamten Bildes; in unserem Fall sehen Sie also immer noch das ganze Gesicht. Jeder Teil ist nicht nur sein eigener Teil, sondern gleichzeitig auch noch jeder andere Teil.

Einige Physiker der Gegenwart (deren Erkenntnisse, wie häufig gezeigt wurde, die Erinnerung an die Mystiker wachrufen) sind zu der Schlussfolgerung gelangt, dass die Elementarteilchen keine separat nebeneinander stehenden Bausteine sind, sondern Prozesse, die in einem dynamischen Netzwerk in Wechselbeziehung zueinander stehen. Diese Hypothese geht in ihrer Aussage soweit, dass «jedes Teilchen alle anderen Teilchen enthält».[7] Auf irgendeine Art enthalten und durchdringen sie einander, so dass das gesamte Universum in jedem seiner Teile enthalten ist.

Eine ähnliche Durchdringung der Formen wird oft von den Mystikern der östlichen und westlichen Tradition genannt. Meister Eckhart behauptet zum Beispiel, dass die Wesen in der spirituellen Ebene nicht länger getrennt sind voneinander, wie wir das im normalen Alltag empfinden, sondern dass jeder in jedem anderen enthalten ist und dennoch auf geheimnisvolle Weise seine oder ihre eigene Identität behält. Ähnlich erlebt der erfüllte Mensch, dass jeder Augenblick das ganze Leben, jede Haltung kunstvoll alle anderen enthält, jeder Mensch das Universum selbst ist. Milton sagt dazu: «Du bist für mich alle Dinge unter dem Himmel, alles ist Du».[8]

Die Unterscheidung zwischen Ereignis und Eigenschaft trägt vielleicht zur weiteren Klärung bei. In der Erforschung des höheren Bewusstseins kommen wir mit dem in Kontakt, was als psychologische Qualität bezeichnet werden kann, wie Liebe, Freude, Stärke, Gelassenheit, Friede, usw. Und wir sehen diese Qualität als das, was sie in sich ist, jenseits aller spezifischen Formen, die wir ihnen in der äusseren Welt der Ereignisse zuordnen. Zum Beispiel schreibt eine Frau über ihre Meditationen:

> Als ich mit der Qualität Mut in Kontakt kam, berührte ich das innerste Wesen des Mutes in den Samurais und in den Helden; den stillen Mut, der sich im alltäglichen Leben immer wieder aufs Neue in unzähligen Tagen manifestiert und sie dennoch alle übersteigt.
>
> Als ich mich auf Liebe einstimmte, kam ich sozusagen mit dem ganzen Vorratslager der Energie Liebe in Kontakt - Liebe, die die unendlich vielen Handlungen und Gedanken der Liebe, die es je gab und geben wird, durchströmt.

Andererseits wird jedoch das Interesse, insofern die Perspektive auf die Persönlichkeit gerichtet bleibt, hauptsächlich auf diesem oder jenem *Ereignis* ruhen: gewinnen, Geld verdienen, Karriere machen, befördert werden, heiraten, leben ohne Voreingenommenheit und der dualistischen Rechnung von Vergnügen und Schmerz, Versagen und Erfolg folgend.

Menschen in Kontakt mit dem Selbst sind weniger am Ereignis und mehr an der allgemeinen Lebensqualität interessiert. Sie beschäftigen sich mehr mit dem *Wie* und weniger mit dem *Was*. Sie sind mehr darauf bedacht, gut zu spielen als zu gewinnen; es geht ihnen mehr um Harmonie und Schönheit als um Vorteil und Gewinn. Sie leben das, was Keyserling das «symbolische Leben» nennt - das heisst, sie werden zum lebendigen Symbol oder Ausdruck der Liebe, des Friedens oder einer anderen Qualität des höheren Bewusstseins. Festverwurzelt in der Ebene der Qualitäten, neigen diese Menschen dazu, der stetig wechselnden Welt der Ereignisse keine Bedeutung beizumessen, obwohl sie sich in dieser Welt mit leidenschaftlicher Fähigkeit und Hingabe bewegen.

Ein weiteres Symbol, das Anna im Zentrum der Rose sieht, erinnert an solche Einsichten. Ein Tropfen scheint glänzend, da er von einem Sonnenstrahl berührt wird; aus dem Innern des Tropfens hört Anna einen Chor menschlicher Stimmen, der sie ausdrucksvoll und tiefbewegend anspricht. Diese Kommunikation vermittelt Anna das Verständnis für Teilnahme, Teilhaben und für eine neue Beziehung: «Ich fühle mich in hellem Licht versunken. Ich fühle mich in einer Welt voll wunderbarer lebender Wesen lebendig. Ich fühle, dass ich an einer Welt teilhabe, von der ich bis jetzt so weit entfernt war.»

Die Persönlichkeit erlebt in gewöhnlichem Zustand überall Mangel. Sie sehnt sich nach der Aufmerksamkeit eines bestimmten Menschen, nach Reichtum und Wohlstand, Erfolg und Macht. Und da jeder versucht, soviel wie möglich zu ergattern, scheint es immer weniger zu werden. Diese Vorstellung führt zu einem Gefühl des Vorwärtsdrängens, der Isolation und des Wettstreits. Dagegen lebt das Selbst in einer Welt, wo teilhaben die Norm ist. Je mehr wir Liebe, Freude oder Wahrheit miteinander teilen, je mehr haben wir sie: diese Erkenntnis kehrt alle mathematischen Gesetze um.

In einer weiteren Übung sieht Anna das Symbol eines Brunnen: «Ich lehne mich darüber und sehe, dass er sehr tief ist. Auf seinem Grund sehe ich mein Gesicht und hinter mir den eisernen Brunnenbogen und den Himmel. Die Innenwände des Brunnen sind mit alten Weisheiten beschrieben. Ich frage den Brunnen: ‹Was ist Leben?› ‹Gib Du mir die Antwort›, sagt der Brunnen, ‹*Du* bist die, die auf die Frage nach dem Leben die Antwort geben kann, anstatt sie von anderen zu erwarten›.»

Der Brunnen erinnert Anna an die zentrale Haltung des Selbst – die des Gebens und Ausstrahlens. In den Worten Dantes ist das Selbst «der wahre Reichtum, der nichts mehr sucht».[9] Dieser Reichtum von Liebe und Freude ist nicht begrenzend, sondern neigt vielmehr zu Überfluss und Vermehrung.

Dienen ist eine der grundlegenden Ausdrucksformen des Selbst – es ist ein Dienen, das frei ist, nicht *versucht*, zu helfen und Gutes zu tun. Es gibt nur wenige Menschen, die ohne jegliche Absicht geben können, aus nichts als reiner Freude am Geben. Und viele von uns haben diese Art der Freude von Zeit zu Zeit schon gekostet.

Die Persönlichkeit wird auch gekennzeichnet durch ein Gefühl des *Nichterfülltseins*. Darin ist stets ein Bedürfnis enthalten, das nach Befriedigung schreit. Und wenn das nicht geschieht, fühlt sich die Persönlichkeit in ihrer Existenz bedroht. Die zentrale und sich ständig wiederholende Hauptbeschäftigung besteht deshalb in physischem und psychischem Überleben.

Tag für Tag macht Anna die Rosen-Übung und jedes Mal erlebt sie ein neues Symbol:

> Dieses Mal sehe ich ein grenzenloses Meer. Es ist so zeit- und endlos wie das Universum. Von den Wellen tönt ein friedliches Lied zu mir. Dann trägt eine Welle ein Baby ans Ufer. Es ist, als würden mir zwei unendliche Arme aus einer Welle, die sich rechts und links von mir teilt, das Kind entgegenreichen. Ich sehe mich diesem Baby gegenüber. Ich knie auf dem Sand, um ihm näher zu sein und spüre in mir eine tiefe Verehrung für dieses einmalige und kostbare Wesen. Ich habe ein Gefühl völliger Hingabe an das, was das Leben mir zu geben hat.

Auf der Persönlichkeitsebene versuchen wir unser Leben zu kontrollieren und seine Richtung durch das, was für uns von Vorteil ist, zu bestimmen. Auf der Ebene des Selbst tritt an die Stelle von Kontrolle *Hingabe* an das, was das Leben uns bringen wird. Das Verständnis heisst Loslassen und Befreiung. Der indische Weise Ramana Maharishi hat einmal gesagt, dass wir uns wie Menschen verhalten, die in einem Zug fahren und immer noch den Koffer fest in der Hand halten. Warum ihn tragen? Wenn wir ihn auf den Boden stellen, wird ihn der Zug tragen, und wir müssen uns nicht weiter mit dem Tragen anstrengen.

Die Persönlichkeit hat eine bestimmte Vorstellung, wie sie sein sollte und neigt dazu, sich allen Ereignissen zu verschliessen, die nicht in den engen Kreis der Erwartungen passen. Der Mensch mit einem sich verwirklichenden Selbst ist *offen*. Die *Bhagavad Gita* sagt, dass ein solcher Mensch «zufrieden ist mit allem, das kommen mag»,[10] wie Anna, die ihr Baby vom Meer erhielt.

Es sei ausdrücklich betont, dass dieser Hingabe Fatalismus unterstellt. Weise Herrschaft und Bewusstheit werden in keiner Weise unterdrückt oder verleugnet. Wir können es am besten mit dem Dirigenten eines Orchesters vergleichen: was er tut, hat nichts mit Resignation oder Passivität zu tun. Aber während er die Musiker dirigiert, folgt er damit nicht irgendeiner Laune, sondern der Musik und gibt sich ihr mit allen seinen Fähigkeiten hin.

Wir könnten nun den Fehler machen, zu glauben, dass das Reich des Selbsts *gut* und das Reich der Persönlichkeit *schlecht* ist. Aber ein solches Urteil würde uns daran hindern, zu verstehen, dass die Persönlichkeit und das Selbst als zwei verschiedene Aspekte der gleichen Entfaltung zu betrachten sind. Ein Schmetterling ist nicht *besser* als eine Raupe. Es ist eine Entwicklung, eine Entfaltung. Der Blick vom Tal aus ist nicht schlechter als der, den wir vom Berggipfel aus geniessen können. Er ist lediglich eingeengter und das ist das Gesetz aller Dinge. Es gäbe keinen Gipfel ohne Tal, keinen Schmetterling ohne Raupe, keine Verwirklichung des Selbst ohne die vorausgehende Stufe der Persönlichkeit.

Wir können von Entfaltungsphasen der Persönlichkeit zum Selbst sprechen. Die transpersonale Evolution hat sich im einzelnen Menschen in den verschiedenen Kulturkreisen und zu allen Zeiten auf sehr verschiedene Arten manifestiert. Dennoch können sozusagen typische immer wiederkehrende Themen entdeckt werden und wenn wir den Fehler vermeiden, zu konkret oder pedantisch zu werden, mag es uns gelingen, die Hauptaspekte dieses grossartigen Abenteuers zu erleuchten.

Paradoxerweise wird die erste Stufe häufig als negativ erfahren, als Leere und Unzufriedenheit. Bevor die ersten Andeutungen eines spirituellen Erwachens auftreten, scheint der Mensch die Werte der Persönlichkeit blind zu akzeptieren. Wie wir gesehen haben, besteht das tägliche Los aus Mangel, Wettstreit, Vielfältigkeit, Kampf ums Überleben, Formbegrenzung und der Schreckensherrschaft der Zeit. Es mag sein, dass wir gelernt haben, in diesem Kampf recht erfolgreich zu sein und die soziale Anerkennung für persönliche Leistung sogar geniessen. Wir mögen auch unsere psychologische Freiheit sehr deutlich spüren.

Aber es kommt der Punkt, da beginnt das Gebäude Risse zu zeigen. Das Gefühl taucht auf, dass etwas fehlt, obwohl man nicht weiss, was; persönliche Bemühungen haben keine tiefe Bedeutung mehr; Unbehaglichkeit und Ruhelosigkeit werden spürbar; oder eine alles umfassende Schuld oder gar Verzweiflung breiten sich aus.

Psychologische Freiheit verschwindet nicht, sondern wird paradoxerweise zum Alptraum - Sartres berühmter Ausspruch, dass wir dazu verdammt sind, frei zu sein, belegt dies deutlich.

In dieser Phase wird sich das «Ich» seiner vollkommenen Isolation von den anderen «Ichs» bewusst, die ihm völlig fremd scheinen. Es scheint, als habe man zeit- und teilweise die eigenen normalen

Bedürfnisse überschritten. Man schwebt, sozusagen, zwischen der Welt der Persönlichkeit und der Welt des Selbst, jedoch noch ohne Bewusstheit für letztere. Das Resultat ist ein existentielles Vakuum – ein Zustand, in dem alle Möglichkeiten als gleichwertig erachtet werden und die Totalität aller Dinge als nebensächlich und gleichgültig wahrgenommen wird. Die existentielle Philosophie verwendet für diesen Zustand Worte wie «Langeweile», «Ekel» und «Schwermut». «Wahre Langeweile», sagt Heidegger, «entsteht nicht wegen eines Buches oder einer Handlung, sondern überfällt uns, wenn ‹man einfach gelangweilt ist›; es ist die tiefe Langeweile, die dem stummen Nebel gleicht, der sich im Abgrund unseres Seins sammelt und Menschen und Dinge, uns selbst mit allem, das uns umgibt, in einer merkwürdigen Art von Gleichgültigkeit vereinigt.»[11]

An diesem Punkt werden alle Hypothesen, auf die die Menschen ihr Leben abgestellt haben, unbrauchbar. Alles, woran sie geglaubt und wofür sie gekämpft haben, wird sinnlos. Manchmal entsteht dieser Zustand sehr abrupt. Häufiger jedoch kommt und geht er in Wellen - und manchmal wird dieses existentielle Vakuum ganz vermieden, indem man sich noch mehr in die Routine des alltäglichen Lebens vertieft.

Früher oder später, allmählich oder abrupt wird das existentielle Vakuum durch die Entfaltung des Selbst erfüllt. Dieses Ereignis ist von grösster Bedeutung für das psychologische Leben des Einzelnen. Man hat verschiedene Symbole als Beschreibung dieses Vorganges verwendet:

> Eine *Erleuchtung*, die alle Illusionen verbannt und einen die Wirklichkeit sehen lässt, wie sie ist.
>
> Das *Erwachen* aus langem Schlaf - aus einem Schlaf voller Träume und Unbewusstheit
>
> Die *Geburt* in eine neue und weitere Welt voll unerwarteter Möglichkeiten

Viele andere Metaphern, Begriffsmodelle und religiöse Symbole sind schon verwendet worden, um dieses bedeutende Ereignis zu beschreiben. Ähnlich hat es immer verschiedene Wege, manche qualvoll und seltsam, gegeben, auf denen die Menschen dorthin gelangt sind, und es gibt genau so viele Beschreibungen und Interpretationen darüber. Ganz sicher können wir sagen, dass das Ereignis in seinem Kern allumfassend ist: das Verstehen neuer Bedeutungen und das Fliessen stärkerer Kräfte.

Natürlich versteht die Persönlichkeit dieses Geschehen zunächst in ihrer eigenen Sprache. Transpersonale Zufriedenheit wird als das Mehrfache der persönlichen Zufriedenheit angesehen, aus dem gleichen Stoff gemacht. Das Selbst wird als etwas betrachtet, das man erreicht, besitzt und verzehrt - ein «Objekt», das das Wohlgefühl der Persönlichkeit verstärkt ohne seine Wertsysteme zu verändern. Die himmlische Torte. Auf dieser Stufe finden wir all diese eifrigen und emsigen Leute, die «Erleuchtung» als das Versprechen für sofortiges Glück ansehen und ausgezogen sind, es zu ergattern.

Diese Phase, die unmittelbar auf das Erwachen folgt, können wir sehnsuchtsvolles Streben (Aspiration) nennen. Es ist sehr lebendig und voll Freude. Erleichtert erkennt man, dass Kummer, Trübsal und Leere, die zuvor so schmerzhaft waren, verschwunden sind. Man fühlt sich stark und zuversichtlich und glaubt, dass alle psychologischen Probleme gelöst sind. Es herrscht oft ein naiver Glaube, dass man einen dauerhaften und stabilen Zustand psychologischen und spirituellen Gleichgewichts erreicht hat.

Aber es dauert nicht lange, da wird diese Zuversicht durch Unsicherheit bedroht und die Heiterkeit weicht der Verzweiflung. Man beginnt zu glauben, dass alles, was man gesehen und gespürt hat, Illusion war. Oft fühlt man sich getäuscht oder preisgegeben und immer entsteht ein Gefühl grosser Verwirrung. Die leichtfallenden Erklärungen, die allesdurchdringenden Gefühlserregungen und begeisterten Meinungen sind vergangen.

Nur sehr langsam beginnt die Persönlichkeit zu verstehen, dass eine gründliche Neugestaltung stattfinden muss. Diese Arbeit braucht Zeit und bringt Zermürbung mit sich, weil die Psyche sich gegen die Umwandlung wehrt. Schwankungen zwischen neuen und alten Werten und manchmal ein unbehagliches, unsicheres Nebeneinander der beiden werden spürbar. Durch neue Herausforderungen wird manch einer gegen persönliche Grenzen stossen, deren er sich vorher nicht bewusst war. Es mag zu einem vorübergehenden Verlust von Selbstwertgefühl kommen. Bildlich gesehen könnten wir sagen, es ist als sei mehr Licht entstanden und dieses Licht hat die Hindernisse gnadenlos und dramatisch sichtbar werden lassen.

Es kann aber auch sein, dass dieser Vorgang als völlig natürlich und selbstverständlich erlebt wird. Das Selbst wird zur neuen, wertvollen Seinsweise und die alten Wege wurden leichten Herzens zurückgelassen und vergessen, so wie man erwachsen wird und die Kinderspielsachen weglegt.

Menschen, die sich in der Phase der Umwandlung befinden, spüren oft, dass sie auf dem Weg zum Selbst sind. Deshalb kann man auch vom Weg der Liebe, vom Weg der Erleuchtung, dem Weg der Tat, oder dem Weg der Schönheit, des Rituals, der Hingabe, dem Weg des Willens, der Wissenschaft, usw. sprechen. Es scheint, dass die verschiedenen Menschentypen die entsprechend verschiedenen Wege zum Selbst gehen und sich gestatten, den eigenen und einzigartigen Weg der Erfüllung zu beschreiten. Krishna, das Selbst darstellend, sagt in der *Bhagavad Gita*: «Wie die Menschen zu mir kommen, so nehme ich sie: Menschen von überall her folgen meinem Weg.»

Umwandlung gipfelt in der völligen Erkennung des Selbst. Diese letzte Phase wird in verschiedenen Abstufungen bei vielen der grossen Begnadeten, Künstlern, spirituellen Führern der Menschheit sichtbar. Ihre Biographien und Schriften lehren uns am meisten über das Selbst und das höhere Unbewusste.

Trotz der Vielfalt von Möglichkeiten, in denen die Umwandlung und Entfaltung geschehen kann, geht es doch nicht nur um die Erweiterung des Bewusstseins. Die Verwirklichung des höheren Bewusstseins bedarf der Verankerung und Erdung. So wie das Muster eines Kristalls als Potential angelegt ist und dann in einer übersättigten Lösung sichtbare Form anzunehmen beginnt, so neigen die Energien des höheren Bewusstseins dazu, sich in der äusseren Welt zu materialisieren.

Es ist allen Bewusstseinsinhalten gemeinsam, dass sie dazu neigen, sich auf der physischen Ebene zu manifestieren. Der Wunsch zu entfliehen materialisiert sich in einer Reise. Wut äussert sich in einer Beleidigung; Andacht und Frömmigkeit manifestieren sich in einer Kathedrale; die Sehnsucht, zu sehen, führt zum Teleskop; das Verteidigungsbedürfnis manifestiert sich als Stacheldraht, Aggression als Gewehr; die Sehnsucht nach Geschwindigkeit als Motorrad.

Gleichermassen brauchen die Energien des höheren Bewusstseins die Verwirklichung. Dies stellt ein fundamentales Prinzip seelischer Gesundheit dar. Das bedeutet also, dass es nicht nur darum geht, Gipfelerlebnisse, Ekstase, Satori und ähnliches hervorzurufen, sondern die Ideale, die die Gipfelerfahrungen darstellen, in unserem Leben zu einer durchdringenden Wirklichkeit zu machen. Auch ohne ekstatische Verzückung können innere Realitäten wie altruistische Liebe, Erkenntnis, Wunder und Dankbarkeit, der Sinn für Schönheit und Gerechtigkeit zur bestimmenden Thematik unseres Lebens werden - Maslow nannte es «Plateau-Erfahrungen» - statt flüchtige Episoden zu bleiben.

Ich will dieses Kapitel mit einem einfachen Beispiel des Verankerns beenden. Wir sind der Entwicklung von Anna's Erfahrungen des höheren Bewusstseins gefolgt. Wie hat sie diese in ihrem Leben verwirklicht? Am Ende ihres Berichtes schreibt sie: «Ein neues Ereignis ist in mein Leben getreten. Mein Mann und ich haben den Antrag auf Adoption eines Babies, dessen Mutter sich nicht darum kümmern kann, gestellt; das Kind wäre sonst in ein Waisenhaus gekommen. Dieser Zeitabschnitt ist aussergewöhnlich schön, wenn auch manchmal voller Schwierigkeiten. Es kommt mir so vor, dass ich jetzt das lebe, was ich in meinen inneren Erlebnissen erfahren habe.»

13

Der beste Therapeut

Einer östlichen Legende entsprechend, entschlossen sich die Götter eines Tages, das Universum zu schaffen. Sie schufen die Sterne, die Sonne, den Mond. Sie schufen die Meere, die Berge, die Blumen und die Wolken. Und dann schufen sie menschliche Wesen. Ganz zum Schluss schufen sie Wahrheit.

An diesem Punkt entstand jedoch ein Problem: wo sollten sie die Wahrheit verstecken, damit die Menschen sie nicht sofort fänden? Sie wollten das Abenteuer der Entdeckung verlängern.

«Lasst uns Wahrheit auf den höchsten Berg stellen», sagte einer der Götter. «Dort wird sie sicherlich ganz schwer zu finden sein.»

«Lasst sie uns auf dem fernsten aller Sterne verstecken», sagte ein anderer.

«Lasst sie uns in den tiefsten und dunkelsten Abgrund stecken.»

«Verbergen wir sie auf der unsichtbaren Seite des Mondes.» Schliesslich sagte der älteste und weiseste Gott: «Nein, wir werden Wahrheit im Herzen der Menschen verbergen. Auf diese Weise werden sie sie im ganzen Universum suchen ohne gewahr zu sein, dass sie sie die ganze Zeit in ihrem Herzen tragen.»

Die Psychosynthese-Technik des inneren Dialoges nützt die Wahrheit, die, verborgen und oft vergessen, in uns selbst liegt. Wir stellen uns vor, dass wir auf dem Gipfel eines Berges einem Menschen begegnen, weit entfernt und über jede Zivilisation erhoben, in einer zeitlosen Ebene. Diese Person ist die Quelle heilender und nährender Liebe - einer Liebe, die uns annimmt wie wir sind und in uns erweckt, was wir werden können. Nicht kurzsichtig eingestellt auf die unmittelbare Befriedigung persönlicher Bedürfnisse, unbeeinflusst durch die launischen Ansprüche der Umwelt oder der flüchtigen Stimmungen, zeigt diese Person grosse Weisheit und versteht das Leben als ein Ganzes mit all seinen Widersprüchen und Paradoxen. Wir fühlen uns behaglich und vor allem sind wir umgeben von Atmosphäre völligen Vertrauens. In dem darauffolgenden Dialog geschieht ein Austausch von Energien, Vorstellungen werden geklärt und Zweifel zerstreut.

Aber in dieser Technik spielt sich mehr ab als nur eine Phantasie. Die weise Person übernimmt die Funktion eines sehr wirksamen Symbols des Selbst und lässt uns mit seiner heilenden, belebenden und erleuchtenden Kraft Kontakt aufnehmen. Deshalb können wir voller Überzeugung sagen, dass das Selbst der beste Therapeut ist.

Der innere Dialog kann bei allen Gelegenheiten nützlich sein, aber es gibt ganz besondere Momente dafür, wie

Wir stehen vor einer wichtigen Entscheidung

Wir stecken in einer Krise

Wir stellen uns vor, dass uns niemand versteht

Wir möchten unsere innere Weisheit erschliessen

Wir fühlen uns einsam

Wir sind für einen Wandel bereit

Wir möchten eine kostenlose Sitzung

Aber die Wirksamkeit des inneren Dialoges geht weit über die Befreiung aus einer Sackgasse hinaus. Wir erhalten dadurch die Möglichkeit, eine Kommunikation mit dem höheren Bewusstsein herzustellen und setzen dabei das in Bewegung, was Assagioli die «vertikale Telepathie» nannte. Wir können lernen, uns auf unser Selbst zu verlassen, statt dem Druck anderer Leute oder unserer eigenen Teilpersönlichkeiten nachzugeben. Wir können lernen, wie wir die ganze Situation erfassen können statt uns von einzelnen intensiven, aber unwichtigen Teilen beeinflussen zu lassen. Es ist auch möglich, dass die Lösung eines Problemes immer auf einer Ebene zu finden ist, die höher liegt als diejenige, auf der das Problem selber liegt. Darüber hinaus können wir all jene Schwierigkeiten vermeiden, die sich aus Entscheidungen ergeben, die wir in oberflächlicher, eiliger und unbedachter Art getroffen haben.

Der innere Dialog

Stellen Sie sich einen Sommermorgen vor. Sie stehen in einem Tal. Langsam werden Sie sich Ihrer Umgebung bewusst: die Luft ist rein und der Himmel tiefblau, Blumen und Wiesen umgeben Sie. Der Morgenwind streicht sanft über Ihr Gesicht. Spüren Sie Ihre Füsse auf dem Boden. Nehmen Sie wahr, was für Kleidung Sie tragen. Nehmen Sie sich etwas Zeit, um alles genau wahrzunehmen.

Sie spüren in sich Bereitschaft und Erwartung. Ihr Blick fällt auf einen Berg. Er erhebt sich ganz in der Nähe, und während Sie zum Gipfel blicken, spüren Sie ein Gefühl der Erhabenheit.

Dann entschliessen Sie sich, den Berg zu besteigen. Sie gehen in einen Wald hinein, nehmen das angenehme Aroma von Nadelbäumen wahr und spüren die kühle, dämmrige Atmosphäre des Waldes.

Als Sie den Wald wieder verlassen, treffen Sie auf einen steilen Weg. Aufwärts steigend spüren Sie die Anstrengung in Ihren Beinmuskeln und die Energie, die Ihren Körper gleichzeitig angenehm anregt.

Der Weg hört jetzt auf und alles, was Sie sehen, sind Felsen. Während Sie nach oben steigen, merken Sie, wie der Aufstieg mühsamer wird, Sie müssen auch Ihre Hände zu Hilfe nehmen.

Die Luft wird frischer und dünner. Sie spüren Erhabenheit; die Umgebung ist völlig still.

Jetzt führt Sie der Aufstieg in eine Wolke. Alles sieht weisslich neblig aus - sonst ist nichts zu erkennen. Sie gehen ganz vorsichtig und behutsam weiter; Sie sehen knapp Ihre Hände auf den Felsen vor sich.

Jetzt löst sich die Wolke auf und Sie können den Himmel wieder über sich sehen. Hier oben ist alles viel heller und klarer. Die Luft ist aussergewöhnlich rein, die Farben der Felsen und des Himmels sind intensiv; die Sonne scheint wärmend. Sie sind bereit, weiterzugehen. Das Klettern ist leicht geworden. Es ist, als hätten Sie weniger Gewicht; Sie fühlen sich von dem Gipfel angezogen und sind darauf erpicht, ihn zu erreichen.

Während Sie sich der obersten Bergspitze nähern, nehmen Sie immer intensiver ein Gefühl der Höhe war. Sie halten ein und schauen sich um. Sie sehen andere Berge nah und fern, das Tal unter sich und einige Dörfer darin.

Sie sind jetzt ganz oben auf dem Berg und stehen auf einem grossen Plateau. Jetzt ist die Stille vollkommen. Der Himmel ist von tiefstem Blau.

In einiger Entfernung sehen Sie jemanden. Es ist eine weise und liebevolle Person, die bereit ist, Ihnen zuzuhören und Ihnen zu sagen, was Sie wissen wollen. Diese Person erscheint zunächst nur als ein kleiner erleuchteter Punkt in der Entfernung.

Sie haben einander bemerkt und gehen langsam aufeinander zu.

Sie spüren die Gegenwart dieser Person und die Freude und Kraft, die Sie Ihnen vermittelt.

Sie sehen das Gesicht und das strahlende Lächeln dieser weisen Person und die liebende Wärme, die von ihr ausströmt.

Nun stehen Sie sich gegenüber: Sie sehen der weisen Person in die Augen.

Sie sprechen über Probleme oder stellen Fragen, die Ihnen wichtig sind. Still und aufmerksam folgen Sie den Antworten. Sie führen den Dialog so lange, wie Sie das Bedürfnis haben.

Maurizius ist körperlich sehr stark. Er kommt aus einer grossen ländlichen Familie, wo alle zusammenleben - nicht nur Vater und Mutter, sondern auch viele Tanten, Onkel, Vettern und Cousinen - und wo niemand sehr viel Aufmerksamkeit erhielt, weil einer wie der andere war, niemand etwas besonderes.

Maurizius arbeitet als Angestellter und kam für ein paar Sitzungen zu mir: «Ich bin 28 Jahre alt; ich spüre eine grosse Leere und Isolation», schreibt er, «ich lasse mich gehen und bin fast immer deprimiert.» Er fühlt sich versucht, Tabletten zu nehmen und sich dem Alkohol hinzugeben und vor allem und jedem zu fliehen, «in einer Art Selbst-Zerstörung». Sein grösstes Problem liegt in den Beziehungen: «Ich kann Leute nicht ausstehen und ich muss mich von bevölkerten Orten wie Tanzsälen, langen Warteschlangen, Verkehrsgewühl und Sportplätzen fernhalten. Ich habe Angst vor Leuten und gehe ihnen aus dem Weg.»

Diese Haltung erinnert an Kafkas Kurzgeschichte *Die Höhle*, in dem ein geheimnisvolles Tier ständig darüber nachdenkt, wie es seine Höhle gegen unsichtbare Feinde verstärken kann und seine ganze Zeit damit verbringt, mehr und mehr Untergrundverteidigung zu errichten. Maurizius schreibt: «Ich glaube, dass mein mangelndes Selbstvertrauen entstand, als ich noch sehr jung war. Es ist ein Gefühl, das keinerlei Bezug zu einer Person oder einer Gruppe oder einer Generation hat. Es ist allumfassend. Nichts ist in meinem Leben so wichtig wie ständig darüber nachzudenken, wie ich mich gegen andere verteidigen kann. Ich habe mich in meiner Festung völlig isoliert.»

Gleichzeitig fühlt sich Maurizius ganz schwach versucht, sich zu öffnen, weil er auch schreibt: «Es ist so unendlich schwierig, zu lernen, Vertrauen zu haben und zu lieben.» Aber das Gefühl der Verzweiflung ist gegenwärtig das vorwiegendste. In einer spontanen Vorstellungsübung sieht er sich selbst in einem Sumpf. «Schlamm, nichts als Schlamm bis zu meinen Hüften hinauf. Panik packt mich, und mehr noch erfüllt mich ein Gefühl der Müdigkeit oder Resignation. Um mich herum herrscht Nebel. Und hinter dem Nebel ist alles schwarz.»

Nach einer Reihe von Sitzungen, in denen nur sehr wenig zu geschehen schien, entschied ich, dass es an der Zeit sei, dass Maurizius seiner weisen Person begegne. Hier ist sein Bericht, wie die Begegnung verlief: «Jemand sitzt vor dem Feuer; ich gehe näher heran. Es ist ein alter Mann. Er ist dünn und hat weisse Haare. Auch sein Bart ist weiss. Er lächelt; seine Augen sind ganz klar. Er bittet mich, näher zu kommen. Unendlicher Friede durchströmt mich, als ich vor ihm stehe. Ich fühle, dass ich ihn kenne und dass er mich kennt. Sein Lächeln vermittelt mir ein Gefühl grosser Freude.»

An diesem Punkt wissen wir, dass Maurizius' weise Person echt und kein Schwindel ist, wie das manchmal in dieser Technik passiert. Freude ist der beste Garant dafür. Wenn wir diese Übung durchführen, müssen wir uns bewusst sein, dass es in uns eine Reihe von Gestalten gibt, die den weisen Mann verkörpern: der vornehm tuende alte Mann, der kritische, urteilende alte Mann, der böse alte Mann, und andere Charaktere, die nicht die lebendige Verkörperung der Liebe, Freude und Weisheit sind. Eine Frau sagte einmal zu mir: «Ich traf den weisen alten Mann, aber die Begegnung war sehr frustrierend. Ich konnte sagen, was ich wollte, er behandelte mich abschätzend, machte hasserfüllte Bemerkungen - und seine Sprache war so kompliziert, dass mir der Inhalt völlig unverständlich blieb.» Das war natürlich nicht ihr weiser alter Mann. Wir sprachen über ihr Erlebnis und es stellte sich heraus, dass der Alte sie an ihren Onkel erinnerte, der sich ihr gegenüber genau so verhalten hatte. Als sie das verstand, war es ihr auch möglich, die Übung zufriedenstellend durchzuführen. Aber kehren wir zu Maurizius' Erlebnis zurück:

> «Ich weiss alles über Dich», sagte der weise Mann. «Sei beruhigt, es ist alles in Ordnung, Du brauchst Dir keine Sorgen zu machen.»
>
> Ich gehe ganz glücklich weg. Er weiss alles über mich; ich bin nicht mehr allein. Ich kann jederzeit zu ihm zurückkehren. Er wird da sein, alles über mich wissend. Ich habe einen Verbündeten. Ich fühlte mich so leicht, ich hätte den Berg hinunterfliegen können.
>
> Dieses Gefühl hat mich tagelang begleitet, bis es langsam verging. Die dunklen Gedanken begannen wieder, mein Bewusstsein zu besetzen, aber da ich sie sofort erkenne, wenn sie auftauchen, kann ich sie wieder loswerden.

Nach dieser Übung wurde Maurizius seelisch stärker, er wuchs psychisch schneller und seine Beziehungen zu anderen Leuten verbesserten sich. Er fand eine Freundin, und allmählich begann er, Wert und Lohn der Liebe zu erkennen. Seine Schüchternheit schwand und er lernte, Gefühle zu erleben und auszudrücken.

Wie konnte diese ganze Verwandlung geschehen? Schliesslich hatte der alte weise Mann doch nur gesagt, Maurizius solle sich keine

Sorgen machen. Warum konnte so eine simple Begegnung, die ja nur in seiner Vorstellung stattgefunden hatte, eine Kette von Änderungen auslösen? Der innere Dialog spielt sich oft in ganz einfacher Form ab, aber unter der Oberfläche einer solchen Interaktion mag sehr viel mehr vor sich gehen. Es ist, als öffne sich eine Tür zum höheren Bewusstsein und, sofern man dafür empfänglich ist, kann Energie einfliessen und heilend und regenerierend wirken. Wir kennen keine Einzelheiten, wie dieser Vorgang wirklich funktioniert - wir sehen lediglich die unleugbaren Ergebnisse dieser Entwicklung.

Es mag deshalb nicht überraschend sein, dass es genau so wichtig sein kann, unserer weisen Frau zu begegnen. Und es ist nützlich, mit beiden zu arbeiten - wie der nachfolgende Bericht einer Frau zeigt:

> Ich habe beides - eine weise alte Frau und einen weisen alten Mann. Meine weise Frau ist schön. Sie ist etwas untersetzt und hat ein sehr freundliches Gesicht, ihr graues Haar ist in einem Knoten geschlungen, sie hat warme braune Augen und trägt einfache Kleidung, meistens blau. Ich wähle nicht absichtlich die Frau oder den Mann - ich schliesse einfach meine Augen und lasse das zu, was kommt. Meistens erscheint der Mann, wenn es um mehr sachliche Dinge geht. Aber wenn es um ein sehr persönliches Gespräch geht, erscheint die Frau. Die weise Frau wirkt beruhigender als der Mann; er zeigt sehr viel Güte und Weisheit. Ihre Weisheit ist ganz anders - viel fraulicher, sanftmütiger und nährender.
>
> Die weise Frau gibt mir das Gefühl, dass es in Ordnung ist, eine Frau zu sein. Ich kritisiere mich oft sehr hart, aber wenn ich der weisen Frau begegne, spüre ich sehr viel Akzeptierung und das beeinflusst sehr, wie ich mich erlebe.

Andere Leute erleben die weise Frau ganz anders: als den Archetypus für Weisheit, vielleicht so wie die griechische Göttin Athene, nicht so sehr als vertrautes, erd- und gefühlsverbundenes Wesen. Männer wie Frauen erleben die weise und liebende Frau als ein positives, weibliches Symbol, das sie bis anhin in ihrem Leben vielleicht nicht so zugelassen haben. Fast alle erleben, dass ihnen die weise Frau etwas geben kann, was der weise Mann nicht hat - und umgekehrt.

Obwohl der innere Dialog zeitweise einen aussergewöhnlichen Energiestrom aus dem höheren Bewusstsein und eine radikale Umwandlung in der Persönlichkeit auslösen kann, kann man doch mehrheitlich über die Erfahrungen mit dem inneren Dialog sagen, dass er wie eine Sitzung wirkt, die wir mit einem liebevollen und sehr geschickten Therapeuten hatten - eine Sitzung, nach der wir uns erfrischt und klar fühlen im Bewusstsein, dass wir das selbst geschafft haben ohne psychologische Abhängigkeit von anderen.

Brief an das Selbst

Eine andere Form des inneren Dialoges ist der Brief an das Selbst. Auch wenn es fremd tönen mag, so ist es doch oft eine sehr wirksame Art, sich auf das höhere Bewusstsein einzustimmen. Man beschreibt eine Situation oder ein Problem in allen Einzelheiten, erwägt die Alternativen, beschreibt die eigenen Gefühle und die der anderen, führt die Vor- und Nachteile jeder Alternative auf, usw.

Die Antworten, die wir im inneren Dialog erhalten, ganz gleich, in welcher Form wir ihn durchführen, können sich auf ganz verschiedene Weise zeigen. Die nachfolgenden Beispiele zeigen die wichtigsten:

1. Die Botschaft kommt noch während der Übung oder unmittelbar danach.

2. Die Antwort kommt in verzögerter Form. Normalerweise blockieren unsere Erwartungen - oder unsere Ängste - in bezug auf eine besondere Lösung den Fluss der Erkenntnisse. Dann mag die Erkenntnis später völlig überraschend kommen. Die Lösung mag sich vielleicht auch sehr subtil, fast unmerklich ankündigen, so dass wir erst allmählich merken, dass wir klarer sehen; oder die Sache stellt kein Problem mehr dar; oder wir wissen, was wir in der Angelegenheit tun können. Es mag sein, dass wir uns nicht mehr erinnern, wann sich die Lage verändert hat.

3. Die Botschaft erreicht uns im Traum.

4. Die Antwort zeigt sich als ein Impuls zur Handlung, wenn wir zum Beispiel ganz plötzlich spüren, dass wir etwas tun wollen, das wir vorher eher ablehnten.

5. Die Antwort kommt aus unserer Umgebung, zum Beispiel als ein Ausspruch eines Freundes, der Titel eines Filmes, als Satz, den wir zufällig in einem Buch lesen, als Ereignis, das unsere tägliche Routine ändert, usw. Die Botschaft ist da, wir müssen sie nur lesen oder hören können. C. G. Jung und der Physiker Wolfgang Pauli nannten diesen Vorgang Synchronizität.

Sogar Lieder können zu Signalen werden. Ein Mann, der von einer langen Reise zurückgekehrt war, fragte seine weise Person, ob er sein altes Leben wieder aufnehmen solle, oder ganz etwas Neues beginnen solle. Scheinbar blieb die Frage im Dunkeln. Aber ein paar Tage später, als der Mann gar nicht mehr daran dachte, hörte er im Radio das Lied «Those were the days . . .». Die Worte trafen ihn und es wurde ihm mit aller Kraft bewusst, dass die alten Tage vorbei waren («those *were* the days»), und dass es am besten für ihn war, ganz neu anzufangen. Er war sehr berührt durch die intensive Gewissheit, die er spürte, und durch den Humor, der in dem Erlebnis lag – etwas, das viele Leute erleben. Die Häufigkeit, die Intensität, und die befreiende Wirkung solcher Augenblicke verbieten uns, sie als blosse Zufälle abzutun. Sie scheinen auf eine unbekannte Wechselwirkung von «innerer» und «äusserer» Realität zu weisen.

Wie können wir sicher sein, dass die Botschaft, die wir erhalten, nicht doch eine Selbsttäuschung ist? Wir können nie hundertprozentige Gewissheit haben. Aber es gibt einige Kriterien, die uns helfen können, die Echtheit der Botschaft zu überprüfen. Das erste Merkmal ist subjektiv: wenn die Antwort vom Selbst kommt, ist sie geprägt von dem Gefühl absoluter Richtigkeit. Wir bekommen nicht einfach ein kühles und glattes «ja» oder «nein» serviert, sondern wir erfahren Verständnis und Freude wie Geschenke.

Ein zweites Merkmal leitet sich her aus der Fähigkeit, zu unterscheiden. Wir betrachten die Antwort im Licht der Vernunft um zu prüfen, ob sie Sinn ergibt. Wir müssen uns dabei jedoch daran erinnern, dass das Selbst Botschaften vermitteln kann, die ungewöhnlich, voll Humor und jenseits der Grenzen unserer Erwartungen liegen.

Das dritte Kriterium lautet: in der Praxis allein zeigt sich die Bewährung. Wenn wir die Botschaften in unserem Leben ausprobieren, wird sich zeigen, ob sie echt sind oder nicht.

Es bleibt auf jeden Fall wichtig, zu erkennen, dass die Antworten im inneren Dialog sehr subtil, spitzfindig und manchmal auch verschmitzt sein können. Sie sind oft weder direkt, noch konkret oder so formuliert, wie wir das erwarten. Stattdessen neigen sie dazu, uns die psychologische Qualität einzuflössen, die wir benötigen, um unseren Blick zu verändern, so dass sich die Frage selbst verwandeln kann. Luisa's Geschichte bietet sich dafür als gutes Beispiel an.

Luisa ist jetzt seit dreizehn Jahren verheiratet. Sie ist sehr gefühlsbetont und hat Psychosynthese-Übungen bereits seit geraumer Zeit gemacht. Jedes Mal, wenn sie wieder einmal für eine Sitzung zu mir kommt, steckt sie in einer Krisenphase. Die Beziehung zu ihrem Mann ist schwierig; er kann heftig, sogar gewalttätig werden und sein Verhalten nimmt oft bizarre Formen an. Während seiner Abwesenheit ist zuhause alles in Ordnung, aber seine Heimkehr schafft für Luisa die Hölle. Sie denkt oft daran, ihn zu verlassen, aber der Gedanke an seine mögliche Gewalttätigkeit hält sie davon ab. Gleichzeitig hat sie ihn sehr gern, und die Beziehung hat sie vieles gelehrt. Ausserdem hat sie tief innen Angst vor dem Alleinsein. Es gibt ein wichtiges Element in Luisas Geschichte: in ihrem Leben hat es noch nie eine positive Männergestalt gegeben - diese Tatsache zeigt sich auch in der Übung, in der sie den weisen alten Mann trifft - sie findet das sehr schwierig.

Als wir es wieder versuchen, gelingt es:

Der alte weise Mann lächelt mir entgegen und ich setze mich auf eine Bank in seiner Nähe, zum ersten Mal auf gleicher Höhe mit ihm. Ich spüre sofort eine starke Gefühlswallung und ich weine, weil ich in seinen Augen grosse Freude, Frieden und Kraft erkenne, während ich mich so anders, von meinen Schmerzen überschwemmt fühle und so unsicher in meinen Entscheidungen. Ich weine und der weise Mann lächelt und legt seine Hand auf meine Schulter. Ich erzähle ihm von meinen Problemen. Er sagt nichts, macht mir aber seine Gedanken bewusst.

Er zeigt mir ein Schwert, das in der Sonne glänzt: «Du wirst aus dieser Situation gestärkt hervorgehen.» Ich frage ihn, wie. Er antwortet: «Du wirst es finden, aber nicht sofort. Du wirst es selber finden.» Diese Antwort erstaunt mich, aber ich bin so froh darüber, weil ich sonst immer meine, die Ratschläge anderer zu benötigen, auch wenn ich schlussendlich doch meinen eigenen Weg wähle. Dann fügt er noch hinzu: «Aber mit *Liebe*». Ich schaue ihn an und es sieht aus, als würde er ein Musikstück dirigieren. Er ist in strahlendes Weiss gekleidet, von der Sonne beleuchtet und lächelnd sieht er jetzt jünger aus als vorher.

Wir sehen hier eine Art Kommunikation, die typisch ist für das Selbst. Es schlägt keine spezifische Alternative vor, sondern vermittelt den Zugang zu den Qualitäten, die er oder sie benötigen, um den gewählten Weg zu gehen - für Luisa heissen die Qualitäten Liebe und Kraft. Aber Luisa ist noch nicht zufrieden:

Ich protestiere, dass ich die Kraft nicht spüre, von der er spricht. Er streckt seine Hand aus, um meine zu ergreifen. Er hebt unsere ineinander verflochtenen Finger hoch und ich sehe einen Strom klaren und frischen Wassers unter ihnen dahinfliessen. Das Wasser trägt die Körper toter Krieger und alte Stücke Holz schnell davon. Es schwemmt alles davon und gleichzeitig werden unsere Arme immer länger, bis sie eine bogenförmige Brücke über das Wasser bilden. Der weise alte Mann zeigt lächelnd auf die Landschaft, und ich lache. Alles scheint auf so einfache, leichte Art verschwunden. Ich fühle mich so sicher wie in einer Festung, in der ich nichts zu befürchten habe. Dann wird aus der Brücke ein leuchtender Regenbogen, und der weise alte Mann und ich stehen je auf einem Berg. Wir sind unabhängig, aber durch den Kraft vermittelnden Regenbogen miteinander verbunden.

Zwei Tage nach der Sitzung schreibt Luisa:

Gestern habe ich zum ersten Mal nach vielen Wochen gut geschlafen, ohne ein Beruhigungsmittel zu nehmen. Ich fühle mich ruhig und sicher und das hilft mir, von Moment zu Moment zu leben, ohne über andere Verpflichtungen nachdenken zu müssen. Ich wünsche, ich könnte mich immer so fühlen. Ich sehe das arme Wesen, das ich einmal war, immer nach Ratschlägen suchend, unglücklich, allein und unreif. Ich erkannte mich kaum noch in ihm. Ich bin erstaunt, mich selber ruhig handelnd zu erleben, zumal ich doch dazu neigte, zu rennen und zu hasten und immer mehr zu tun als ich konnte. Jetzt ist es mir sogar möglich, das Beste in den Menschen um mich herum zu sehen.

In dieser neuen seelischen Situation kann Luisa sich viel klarer selber bestimmen. Sie entscheidet sich, ihren Mann zu verlassen. Diese Entscheidung ist aus mindestens zwei Gründen sehr schwer und schmerzvoll. Erstens kann es sein, dass ihr Mann gewalttätig reagiert. Er ist sehr sensibel und intelligent, aber unausgeglichen, und er mag ihre Entscheidung vielleicht nicht akzeptieren. Zweitens hat Luisa - wie wir gesehen haben - Angst vor dem Alleinsein. Ein Teil von ihr würde es sicher vorziehen, weiterhin mit jemandem zusammenzuleben, sogar wenn es die falsche Person wäre. Aber dieser Teil gewinnt nicht und Luisa trifft ihre Wahl.

Sie handelt mit Präzision und ohne Zögern. Sie packt ihre Koffer, teilt ihrem Mann ihre Entscheidung mit und findet eine neue Wohnung. «An diesem Abend», schreibt sie, «erlebe ich die Stärke meines Selbst als Entschlusskraft, Standhaftigkeit und heitere Gelassenheit. Was ich glaubte der schwierigste Moment meines Lebens zu sein, stellt sich als aussergewöhnlich leicht heraus.»

Die Zeit vergeht und ihr Mann ruft sie häufig an. Oft fühlt sich Luisa sehr einsam und sie ist versucht, zu ihm zurückzukehren, aber sie weiss gleichzeitg auch, dass diese Entscheidung ein Schritt zurück wäre. Während dieser Zeit erhält sie innere Begleitung von ihrer weisen Person, mit der sie in ihren Meditationen regelmässig Kontakt aufnimmt. Die weise Person rät ihr, «das Ufer der Sicherheit zu verlassen und nach vorn ins Meer zu gehen», und, was das wichtigste ist, der weise Mann flösst ihr beständig neue Kraft ein. Sie bleibt bei ihrer Entscheidung.

Unterdessen hat sich auch unsere Beziehung verändert. In der Vergangenheit spürte ich, wie abhängig sie sich von mir machte, mich ständig um Rat und Unterstützung bat. Jetzt hatten wir das Ziel einer guten therapeutischen Beziehung erreicht - sie konnte sich auf ihre eigene Kraft und Weisheit stützen - ich hatte mich für meine Klientin völlig nutzlos gemacht.

Ich möchte jetzt noch einen letzten Punkt anführen. Während Sie dieses Kapitel lasen, haben Sie sich vielleicht gefragt, warum wir uns vorstellen, dass das weise Wesen von allen Orten ausgerechnet zuoberst auf einem Berg zu finden ist. Die Antwort lautet, dass wir nebst der Technik des inneren Dialoges auch die des Aufstiegs verwendet haben, oder wie Assagioli es in einem Artikel nannte, die Technik des «psychologischen Bergsteigens».

Es ist oft gesagt worden, dass die Götter oder heiligen Wesen ihren Wohnort auf den Berggipfeln haben und man verbindet mit ihnen Gefühle und Vorstellungen, die intensiver und erstrebenswerter sind als normalerweise. Wie wir in Kapitel 4 gesehen haben, vermittelt der Aufstieg oft ein Gefühl von Freude und Befreiung und das Metapher Höhe wird häufig verwendet, um höhere Geisteszustände zu beschreiben. Zum Beispiel schrieb Bertrand Russel, um seine schöpferischen Momente zu beschreiben: «Meine Gefühle ähneln jenen, die man empfindet, nachdem man einen Berg im Nebel erstiegen und den Gipfel erreicht hat, der Nebel sich gehoben hat und die Landschaft kilometerweit in jeder Richtung zu sehen ist.»[1]

Die Technik des Aufstiegs kann ganz einfach dafür verwendet werden, sich vorzustellen, dass man einen Berg besteigt und von dort oben aus die Landschaft ringsum betrachtet. Das Hochheben des Bewusstseins hat oft eine belebende und stärkende Wirkung, wie der folgende Bericht einer Frau zeigt: «Mein Wille wurde besonders stark geweckt, indem ich mir vorstellte, dass ich einen sehr grossen, schneebedeckten Berg bestieg. Ich habe diese Übung oft gemacht, wenn ich meinte, unfähig zu sein, irgendetwas zu tun oder wenn ich mich nicht konzentrieren konnte, oder wenn ich die Buchhaltung nicht machen konnte, nicht Schreibmaschine schreiben oder nicht mal meine Tochter von der Schule abholen konnte.

Dann würde ich in meiner Vorstellung diesen Berg in Gelassenheit, Geduld und mit Methode ersteigen. Auf dem Gipfel fühlte ich mich grösser, ich spürte, dass ich alles tun konnte, was ich wollte. Danach konnte ich dann meine Tochter abholen und lächeln, oder eine englische Übersetzung ohne Fehler abtippen. Ohne die Übung wäre ich den ganzen Tag zu Hause im Bett geblieben.»

14

Die Pathologie der Erhabenheit

So seltsam es auch klingen mag: wenn sich transpersonale Eingebungen bemerkbar machen, entwickelt die Persönlichkeit manchmal Wege, diese wieder zu neutralisieren. Die Persönlichkeitsebene hat ihre eigenen Gesetze, Ziele und Möglichkeiten, um zu funktionieren. In vielen Fällen veranlasst der plötzliche Einbruch transpersonaler Energie eine Ausdehnung und Umwandlung, die als segensreich und angenehm empfunden werden. Aber in anderen Fällen kann der aufwühlende Eindruck der neuen Energien, die in das festgefügte Gerüst einbrechen, auch als unangenehm, ja bedrohlich erlebt werden.

Obwohl eine solche Erfahrung von einem starken Gefühl der Richtigkeit begleitet wird, ziehen Eingebungen aus dem höheren Bewusstsein die Notwendigkeit nach sich, dass die ganze Persönlichkeit sich neu anordnen muss, damit sie den Gesetzen und Zielen des Selbst entspricht. Das heisst, alte Gewohnheiten müssen gelöscht werden, psychologischen Hindernissen muss man mutig gegenübertreten, man muss neue und grössere Verantwortungen auf sich nehmen und ein neuer, unbekannter Rhythmus kündigt sich an - mit anderen Worten: eine ganze Kette von grossen Veränderungen gehen damit einher.

Die Veränderungen, die durch die Eingebungen aus dem höheren Bewusstsein bewirkt werden, sind selbstverständlich natürliche Teile der Gesamtentwicklung eines Menschen. Früher oder später kommt der richtige Moment für die Puppe einer Raupe, zum Schmetterling zu werden; aber es mag sein, dass die Puppe sich dem Prozess der Veränderung nur widerwillig fügt. Wachsen heisst verstehen, was wir bis jetzt nicht erfassen konnten, heisst fühlen, was wir noch nie gefühlt haben, heisst tun, was wir noch nie vorher getan haben. Es heisst wagen, was wir noch nie gewagt haben. Es mag deshalb nicht unbedingt erfreulich sein. Es verpflichtet uns, unser sicheres, bequemes Umfeld zu verlassen und uns in das Unbekannte zu begeben, dem ungeheuren Anprall des Selbst zu begegnen. Auflehnung gegen Veränderungen ist jedoch nicht der einzige Grund für die Persönlichkeit, sich gegen den Strom aus dem höheren Bewusstsein zu verteidigen. Angst, dort, wo man am verwundbarsten ist, sehr tief verletzt zu werden, ist ein weiterer Grund. Es gab eine Zeit, wo jeder von uns dem Leben in vollkommener Unschuld und Offenheit begegnete, ohne Vorbehalte und Abwehr. Aber dann ging etwas schief - unsere Unschuld und Offenheit wurden schmählich missbraucht, unsere Liebe wurde nicht erwidert, unsere Spontaneität wurde lächerlich gemacht, unsere Empfindsamkeit wurde verletzt, oder unser Glaube wurde verraten. Daraus entstanden Vorbehalte und Misstrauen und reichte vom nüchternen Verstand des Erwachsenen bis zum tief verwurzelten, manchmal totalen Widerstand, sich dem Neuen hinzugeben. Man will einfach nicht wieder vom Leben angeschwindelt werden.

Aus diesen zwei wichtigen und vielleicht noch anderen Gründen neigt die Persönlichkeit dazu, sich ihre eigenen Gesetze und Ziele wiederherzustellen, sich gegen den transpersonalen «Einbrecher» zu verteidigen, damit einfach die eigenen Systeme überleben. Sie verwendet dabei eine Reihe geschickter und fast immer unbewusster Strategien.*

Verdrängung ist die einfachste und gängigste Strategie. Desoille prägte den Ausdruck «Verdrängung der Erhabenheit» und wies auf die Tatsache hin, dass es oft die Ursache einer «tiefen Melancholie»

* Ich bin Robert Gerard dankbar für seinen Hinweis auf die Ähnlichkeit zwischen Freuds Abwehrmechanismen und Abwehrmechanismen in Beziehung zu dem höheren Bewusstsein.

und das vage Gefühl, etwas verloren zu haben, ist. Er sagt auch, dass dieser Begriff dem ähnlich ist, was Baudouin «die Weigerung, sich einzulassen» nannte.

Ein Fremdkörper tritt sozusagen in unser Leben und bedroht die bestehende Ordnung. Wir drängen ihn aus unserem Bewusstsein, aber seine Gegenwart ist zu schmerzhaft, um nicht empfunden zu werden - meistens in Form von Unzufriedenheit, Langeweile, Gefühlen der Unechtheit und einer Reihe anderer Störungen.

In der *Göttlichen Komödie* erachtet Dante den Verrat des eigenen spirituellen Schicksals als die abscheulichste Heuchelei und symbolisiert dies in der Figur Kaiphas, des Mannes, der Jesus verurteilt. Wie Dorothy Sayers es in ihrem Begleittext erklärt, illustriert er den Zustand des Menschen, «der seine innere Wahrheit der Zweckdienlichkeit opfert... und für den das zurückgewiesene Gut sofort zum Himmel wird, von dem er ausgeschlossen ist und zur Folterbank, auf der er leidet.»[1]

In Dantes Allegorie wird Kaiphas auf dem Grund der Hölle gekreuzigt und andere Menschen treten ständig über ihn hinweg.

Projektion. Anstatt sich die transpersonalen Qualitäten, die einzuströmen beginnen, anzueignen, und sie in ihrem Leben entsprechend zum Ausdruck zu bringen, gehen manche Leute einen leichteren, wenn auch weniger lohnenswerten Weg: sie schreiben diese Qualitäten anderen Menschen zu - einem Guru, einem Therapeuten, einer bekannten Persönlichkeit, einem Freund oder Lehrer, usw. Dann erwarten sie, dass die Person entsprechend der Vorstellung, die sie von ihrem Idol haben, handelt, und sie nehmen es sehr übel, wenn er oder sie nicht den Erwartungen entsprechen. Unterdessen können sie selber den Status Quo ihres eigenen Lebens aufrechterhalten, obwohl sie sich kostbarer Geschenke berauben.

Diese Strategie wird von psychischer Faulheit, niedrigem Selbstwertgefühl, Abhängigkeit, Hilflosigkeit und schliesslich von Wut begleitet. Darüber hinaus werden die Qualitäten, die hinausprojeziert werden, oft in ein verzerrtes und unrealistisches Licht gerückt. Ich werde nie den enttäuschten Gesichtsausdruck eines Klienten vergessen, der mich im Fussballstadion traf, als ich einem Spiel zusah. Das engelgleiche Bild, das er - wie ich später entdeckte - auf mich projiziert hatte, stiess in seiner Vorstellung gewaltig mit der prosaischen Wirklichkeit zusammen, als er mich bei dieser Gelegenheit sah.

Kompensation – sie besteht darin, dass die Persönlichkeit einen neuen Charakterzug entwickelt, der der Qualität, die momentan so bedeutsam ist, genau entgegengesetzt ist. So habe ich Leute erlebt, die das Einströmen von liebevollen Gefühlen mit extremer Aggressivität kompensierten, oder die verfeinerte Atmosphäre vom höheren Bewusstsein durch ein besonders erdverbundenes Leben («Spass haben», fernsehen, Illustrierte lesen, usw.) neutralisierten. Diese Strategie verursacht schwere Konflikte und widersprüchliches Verhalten, unausgeglichenes Verhalten und abrupte Richtungsänderungen.

Profanisierung – hier wird alles, was auch nur im entferntesten an das höhere Bewusstsein erinnert, in zynischer Art lächerlich gemacht und zerrissen. Das gestattet dem Einzelnen, aggressiven Neigungen freien Lauf zu lassen, und es kommt häufig in Menschen vor, die sehr sensibel sind und irgendwann durch bestimmte Lebensumstände betrogen wurden und eine tiefe Angst haben, sich lächerlich zu machen.

Abwehr-Pessimismus – aus einer tiefen, oft unbewussten Angst, dass sie sich aus ihren Sackgassen nicht befreien können, machen sich manche Leute sehr klein: «Ich bin zu alt», «Ich bin nicht intelligent genug», «Ich hänge zu fest». Oder sie geben der äusseren Situation die Schuld: «Ich kann mich nicht entwickeln solange meine Frau ständig an mir herummeckert». «Ich arbeite zuviel und habe keine Zeit für etwas anderes», usw. Die Leute, die diese Strategie anwenden, haben Angst, sind leicht entmutigt und ergehen sich in Selbstmitleid. Ihre Gefühle der Unfähigkeit werden oft begleitet durch Groll und Ärger, die nie wirklich und ausreichend geäussert wurden.

Flucht in die Routine heisst, formell das höhere Bewusstsein zu akzeptieren, aber es gleichzeitig in den Mantel der Organisation, Schemata oder Routine zu hüllen und damit das ursprünglich kreative Element auszuklammern. Dies ist die grosse Gefahr bei religiösen oder anderen Gruppen, die sich um einen Führer sammeln, aber die anfängliche Begeisterung und Inspiration nicht immer bewahren können, sondern diese verdrängen, wobei sie die gleichen Worte und Formulierungen benutzen, die der grosse Lehrer verwandte, aber ohne den Impakt ihres Vorbildes nachvollziehen zu können. Ein Beispiel dieses Vorganges sehen wir in Dostojewski's «Die Brüder Karamasow», wo Christus auf die Erde zurückkehrt und von der Kirche verdammt wird, die er gegründet hatte.

Diese Strategie kann im Einzelnen dazu führen, dass man glaubt, man habe für fast alles eine Erklärung - und dabei übersieht man die geheimnisvolle, selbsterneuernde, überraschende Kraft des höheren Bewusstseins und seine unbeschreibbare und so widersprüchliche Natur. So eignet man sich Formulierungen, Klischees und Schlagworte an. Und man hält sich fest an Erfahrungen, Lehren, Wahrheiten und Ereignissen, die vielleicht in der Vergangenheit viel bedeutet haben. Mehr routinemässig imitiert man, was einst eine spontane Explosion des Lebens war und inzwischen zu einem kristallinen Fossil geriet.

Dogmatisierung ist der vorhergehenden Strategie verwandt, indem sie leugnet, was sie bejaht. Dadurch wird das höhere Bewusstsein zum Superego. Was einst eine erregende, pulsierende Erfahrung war, wird nun zu einer rigiden Norm, der man sich anzupassen hat, ein Ziel, das man die Pflicht hat, um jeden Preis zu erreichen: «Ich *muss* mich freuen» oder ich *muss* «liebevoll» oder «erleuchtet» sein. Und was einst eine freiwillige Gabe, wird nun zu einem Werkzeug, um anderen zu gefallen und so gesellschaftlich zu überleben. Um es zu wiederholen: die Persönlichkeit behauptet und erhält sich ihre Gesetze. In diesem Fall wird das eigene Wachsen lediglich als ein weiteres Anliegen auf die lange Liste der «man sollte» gesetzt. Diese Strategie wird begleitet durch Zwang, Härte, Strenge, existentielle Unzufriedenheit und einem grundsätzlichen Liebesmangel.

Wir haben jetzt einige der Mittel betrachtet, mit denen die Persönlichkeit versucht, das Selbst zu neutralisieren, und welche Schwierigkeiten daraus entstehen können. Aber Probleme können auch entstehen, wenn sich die Persönlichkeit tatsächlich dem Einströmen der neuen Energien öffnet. Das heisst nicht, dass diese Probleme immer gegenwärtig sind. Im Gegenteil - die meisten entstehen nur gelegentlich und vorübergehend und den wenigen, die unausweichlich sind, kann man wirksam begegnen. Die Verbindung mit dem höheren Bewusstsein ist erfreuend, aufbauend und lebensspendend, aber es ist vielleicht nützlich, sich mit den Problemen vertraut zu machen, damit wir ihnen entweder aus dem Weg gehen oder Möglichkeiten finden können, mit ihnen umzugehen.

Die bekannteste Schwierigkeit im Zusammenhang mit erweiterter Bewusstheit und stärkerem Kontakt mit dem höheren Bewusstsein ist vielleicht die grössere Empfindsamkeit - Empfindsamkeit gegenüber dem Schmerz der Menschheit ganz allgemein (Wordsworth's «stille, traurige Musik der Menschheit»), gegenüber Gemeinheit, Rohheit, Aggression, Hass, usw. Darüber hinaus geht es nicht nur um die horizontale Richtung der Erweiterung - Mitgefühl und Verständnis für andere - sondern es geht auch um die vertikale Erweiterung. Wenn die Gipfel des Bewusstseins höher und höher hinaufreichen, werden die Abgründe der Verzweiflung und Sinnlosigkeit im Gegensatz dazu tiefer und tiefer werden. In der Tat wird ein Mensch, der zu Wirklichkeit und Lebendigkeit des höheren Bewusstseins erwacht ist, sich zyklischer Abläufe bewusst werden - Ruhe und Leichtigkeit, Einsicht und mühelose Kreativität im zyklischen Wechsel mit Unfähigkeit und Verwirrung.

Eine weitere Schwierigkeit, die vor allem zu Beginn entsteht, wenn das höhere Bewusstsein einströmt, ist die Wahrnehmung der eigenen Unzulänglichkeit. Das plötzliche Erkennen unerwarteter Herrlichkeiten mag die Wahrnehmung für unsere Begrenztheit vergrössern. Da eine der stärksten geistigen Gewohnheiten der Persönlichkeit darin liegt, ständig Vergleiche zu ziehen, fühlen wir uns sofort versucht, unsere eigene Wesenheit mit der Schönheit zu vergleichen, die wir im höheren Bewusstsein entdecken. Es mag dann sein, dass daraus Gefühle der Schuld und Unzulänglichkeit entstehen. Zum Beispiel bemerkte einer meiner Klienten in einer Imaginationsübung, während der er Menschen sah, die ohne Probleme, voll Freude waren, dass er sich im Vergleich dazu «wie in einem Eisblock» gefangen fühlte. «Sie sind oben und ich bin unten», sagte er, «sie gewinnen und ich verliere». Erst später, als er sich ein Gespräch mit diesen Leuten vorstellte, verhalfen sie ihm zu dem Verständnis, dass alle Abtrennungen etwas Künstliches sind, dass sie die Situation ganz anders sahen. Aber bis zu jenem Moment «fühlte ich mich wie jemand, der zu einer Party reicher, eleganter Leute eingeladen worden war, selber ärmlich gekleidet und verklemmt und niemanden kennend.» Diese Art Reaktion entspringt der Unfähigkeit, zu erkennen, dass wir im Grunde zu der Welt unserer schönsten Visionen gehören, und dass jene Zustände, die wir flüchtig wahrnehmen, nur eine Kostprobe dessen sind, was wir werden können und nicht eine unerreichbare Fata Morgana.

Dann gibt es noch die entgegengesetzte Reaktion: im Glauben daran, dass die flüchtig wahrgenommene Vision bereits manifeste

Realität darstellt, vergessen wir unsere gegenwärtige Begrenztheit. Ein solch übertriebener Optimismus resultiert aus der Überzeugung, dass das, was wahr ist, auf allen Ebenen wahr ist. Darum gibt es Leute, die zeitweise glauben, dass alle ihre Probleme gelöst sind, dass sie «die Erleuchtung» erreicht haben. Es scheint tatsächlich, dass das Selbst in Zeitlosigkeit und Freiheit lebt, jenseits aller Probleme und Abtrennungen. Aber vorzugeben, dass dies auch auf unsere Alltagsrealität zutrifft, führt zu gefährlichen Illusionen. Die Unfähigkeit, zu unterscheiden und die Verbindung zum höheren Bewusstsein in unseren Alltagserfahrungen zu integrieren, führt leicht zu Übererregtheit und Aufgeblasenheit.

Oft entsteht dieses Problem, weil unsere Gefühle durch einen besonders starken Strom höherer Bewusstseinsenergie stark angeregt werden. Wenn man sich nicht die klare Wahrnehmung für die eigene Mitte bewahrt, kann man in einem Meer überwältigender Energien verlorengehen, die man einfach nicht begreifen und erfassen kann. Ein Beispiel dafür ist einer meiner Klienten, der mich mitten in der Nacht anrief, um mir begeistert mitzuteilen, dass er soeben «das Symbol des Friedens» gefunden habe und darum bat, sofort allen grossen Führern der Welt Blumen schicken zu können. In solchen Augenblicken ist die Substanz dessen, was wahrgenommen wird, schön und grundsätzlich richtig, aber die Art des Verständnisses und Ausdrucks zeugt von Unausgeglichenheit und Widersprüchlichkeit.

Intensive, spirituelle Anregung mag Inspirationen auslösen, aber sie vermag auch, direkt in das untere Unbewusste einzudringen, um die dort hausenden Dämonen, instinkthaften Energien und lang vergessenen Erinnerungen wachzurufen. Diese steigen dann ins Bewusstsein auf und verursachen alle möglichen überraschenden Probleme in der Persönlichkeit. Wenn die Dämonen auf diese Weise geweckt werden, wird das Gegensätzliche der verschiedenen Seiten unseres Wesens besonders deutlich spürbar. Die Dinge mögen uns kurzfristig aus der Hand gleiten und manchmal erfährt man sehr schmerzhaft die Dualität zwischen dem was man ist, und dem was man gern wäre: «Video meliora proboque», sagt Ovid, «detoriora sequor.» («Ich sehe das beste und heisse es gut, dann folge ich dem schlechtesten.»)

Es kann auch zu geistiger Übererregung kommen – und zwar

durch das Einfliessen vieler Bilder, Symbole, Ideen, geistiger Bezugspunkte und Assoziationen. Daraus folgt manchmal ein Gefühl der trügerischen Klarheit, der Glaube, alle Lösungen gefunden zu haben und der Drang, viele verschiedene Ideen und Pläne zu formulieren. Schlaflosigkeit und andere psychische Störungen können die Folge sein.

Diese geistige und emotionale Übererregtheit können sich auch als Absolutismus, Fanatismus und Kampfeslust äussern - Stuart Miller nannte das in seinem erinnerungswürdigen Vortrag über «Die Risiken der Psychosynthese» den «Stalinismus des Geistes» und wies - wie Pascal - auf die Gefahr dieser Haltung hin: «Qui veut faire l'ange fait la bête.» («Wer ein Engel sein will, wird zur Bestie.»)

Abstraktion ist eine weitere Gefahr, vor allem für den wissenschaftlich oder mystisch orientierten Menschen. Die Abstraktion des genialen Wissenschaftlers, seine völlige Versenkung in die Ebene der Spekulationen ist sprichwörtlich.

Menschen mit mystischen Neigungen werden vielleicht Schwierigkeiten haben, sich - vor allem nach einer intensiven Meditationserfahrung - wieder in der vertrauten Welt des prosaischen Alltagslebens zurechtzufinden. Das Gefühl der schwebenden Verzückung, die wunderbaren Offenbarungen sind für sie unvereinbar mit der äusseren Wirklichkeit, auf die sie sich wieder einlassen müssen. Sehr oft entsteht deshalb für sie ein Gefühl des Ekels und Widerwillens gegen die «gewöhnliche» Welt aus Fleisch und Blut; sie meinen, in einer Wirklichkeit gefangen zu sein, die ihnen fremd ist; sie verspüren ein «göttliches Heimweh», verbunden mit einer absoluten Unfähigkeit, auf der praktischen Ebene zu funktionieren. Eine solche Situation wird - so meine ich - durch die griechische Sage von Ikarus belegt, der so hoch hinauf flog, dass die Wärme der Sonne das Wachs, das seine Flügel zusammenhielt, schmolz und ihn ins Meer abstürzen liess. Die Geschichte illustriert sehr passend die Haltung - und die daraus folgenden schmerzhaften Abenteuer - für alle, die das höhere Bewusstsein erforschen wollen ohne vorher auf der Persönlichkeitsebene solide, feste Grundmauern errichtet zu haben. Man kann sogar von einem «Ikarus-Komplex» sprechen, wenn wir die Neigung beschreiben wollen, dass spirituelle Ambitionen selten die Begrenztheit in der Persönlichkeit in Betracht ziehen und psychische Schwierigkeiten und Störungen auslösen können.

Für andere mag genau das Gegenteil zutreffen. Wenn sie überwältigt werden vom höheren Bewusstsein, wenn sie eine solche Fülle und Intensität erleben, dass es sie schmerzt, beunruhigt und überladet, mag ihre Schlussfolgerung lauten: «Jetzt ist Schluss mit der Seligkeit». Dabei müssen wir zwei Seiten unterscheiden. In dem zuletzt Beschriebenen geht es um die wahre Begegnung mit dem höheren Bewusstsein, denn der Kontakt ist so intensiv und direkt wahrnehmbar, dass er als übermächtig erlebt wird. Im anderen Fall jedoch äussert sich der Kontakt sozusagen in einer Karikatur, als Zerrbild und Abstraktion, was wenig mit dem höheren Bewusstsein zu tun hat, auch wenn es sich den Anschein grosser Wahrheit gibt. Eine kritische Haltung mag das gesündeste Gegenmittel dafür sein.

Wie in fast jedem bedeutsamen Unterfangen gibt es auch auf dem Weg der persönlichen Entfaltung Hindernisse, Gefahren, Schwierigkeiten und Fehler. Aber wir sollten uns davon auf unserem Weg nicht aufhalten lassen, denn dieser Weg ist unsere natürliche Entwicklung. Andererseits bedeutet die Tatsache, dass wir in uns das Bedürfnis nach Entfaltung spüren, noch nicht, dass sie sich unbedingt auch verwirklichen wird, so wie der Besitz einer Fahrkarte noch nicht unbedingt heisst, dass wir schliesslich auch die Reise unternehmen. Die endgültige Wahl, ob wir das uns gegebene Potential verwirklichen oder verraten, liegt allein an uns mit allen damit verbundenen Fragen, Risiken und mit all seiner Schönheit, seinen Wundern und Geheimnissen.

Glücklicherweise haben wir die Mittel, dieses Abenteuer sicher und relativ glatt zu überstehen und mit den Schwierigkeiten, die in diesem Kapitel behandelt wurden, erfolgreich umzugehen. Assagioli pflegte zu sagen: wenn wir einen hohen Berg besteigen wollen, müssen wir uns zunächst einem Training unterwerfen, damit wir körperliche Kraft und Widerstand aufbauen. Wir müssen uns auch die notwendige Ausrüstung zulegen und unsere eigene Beweglichkeit und Möglichkeiten kennenlernen. Das gleiche gilt für den Aufstieg zu den Gipfeln des höheren Bewusstseins. Wir müssen zunächst üben und uns gut dafür vorbereiten.

Wir nennen die dafür notwendige Fundamentlegung *Psychosynthese.* Das Ziel besteht darin, eine Persönlichkeit zu entwickeln, die wirksam und frei von emotionalen Blockierungen funktionieren kann. Eine solche Persönlichkeit weiss ihre eigenen Bedürfnisse zu befriedigen und ist in der Lage, ihre aggressiven Energien konstruktiv einzusetzen und Fehlschläge kreativ zu nutzen. Sie beherrscht vorwiegend ihre psychologischen Funktionen und besitzt eine klare Bewusstheit ihrer eigenen Mitte. Wenn wir eine Persönlichkeit dermassen entwickelt haben, können wir ohne Gefahr die höheren Regionen unseres Seins aufsuchen und die *transpersonale* oder spirituelle Psychosynthese ermöglichen.

Die Techniken, die in den ersten Kapiteln dieses Buches beschrieben sind, betreffen hauptsächlich die Psychosynthese. Aber im Verlaufe des Buches wird unsere Aufmerksamkeit mehr und mehr auf Werkzeuge der transpersonalen Psychosynthese gerichtet. Natürlich greifen die beiden oft ineinander über, aber es dürfte nützlich sein, die Unterscheidung zu wahren, weil jede für sich ohne die andere verwirklicht werden kann. Wir müssen lernen, mit der gleichen Gelassenheit, dem gleichen Wissen, in beiden Welten zu leben, der gewöhnlichen und der aussergewöhnlichen. Ram Dass hat das so formuliert, dass wir auch dann noch unsere Postleitzahl wissen sollten, wenn wir uns in intergalaktischer Ekstase befinden.

Was wir zunächst haben, ist nichts weiter als ein Bündel ruheloser, zusammenhangloser und konfliktbeladener Teilpersönlichkeiten, die jegliche Führung eines höheren, Einheit schaffenden Prinzips ablehnen und es sogar versuchen, in die Falle zu locken oder zu verbergen. Später gelingt es dann, die Einzelteile zu ordnen und durch das persönliche Selbst, durch das «Ich» leiten zu lassen. Die Teilpersönlichkeiten lernen, das Beste in ihnen zum Ausdruck zu bringen und die Wechselbeziehungen werden harmonisiert, es entsteht Nähe und Verbundenheit und die synergistische Qualität, d.h. zu gleichem Zweck zusammenzuarbeiten, wächst. Und dann, wenn die Persönlichkeit integriert ist, wird es Zeit für das höhere Selbst, uns seine Energien und Inspirationen einzugeben.

Das ist der ideale Ablauf. Selbstverständlich entwickeln sich die Dinge im Leben des Einzelnen auf ganz verschiedenen und oft sehr komplexen Ebenen. Oft spürt man schon ein spirituelles oder transpersonales Sehen, lange bevor der Integrationsprozess in der Persönlichkeit abgeschlossen ist. Dieses Sehnen kann sogar von grösstem Wert in der Entwicklung sein, so wie das Hereinbrechen höherer Bewusstseinsenergie den Prozess der Integration fördern oder Konflikte vorübergehend verstärken kann. Vielleicht wechseln sich Perioden personaler mit transpersonaler Psychosynthese ab, so wie die individuelle Entwicklung einmal mehr in diese, ein anderes Mal mehr in die andere Richtung geht. Es fällt schwer, die enorme Vielfalt der Möglichkeiten mit einzubeziehen. Es wäre jedoch wünschenswert, auf die allgemeine, ideale Entfaltung bedacht zu bleiben, die uns aus unserer Zersplitterung in die Integration unserer Persönlichkeit und schliesslich zur Verwirklichung des Selbst führt.

15

Unser Leben - unser Meisterwerk

Ein Vogel pickt sich seinen Weg aus der Eierschale frei.

Eine Knospe erblüht zur Rose.

Ein Stern wird geboren aus der Verdichtung interstellarer Gase.

Flüssige Mineralien erkalten in wunderschönen kristallinen Mustern.

Es scheint so, als gäbe es für jedes Ding, jedes Wesen einen Weg, der wirklich *richtig* ist: sie werden, was sie bestimmt sind, zu werden. Aristoteles nannte das Ende dieses Prozesses «Entelechie» - die vollkommene und perfekte Verwirklichung dessen, was zuvor als Potential vorhanden gewesen war. Dieser Prozess macht die Qualitäten der Harmonie und Intelligenz deutlich sichtbar, sei es nun im Schmetterling, der dem Kokon entfliegt, der reifen Frucht, die vom Baum fällt, oder der Eichel, die zur Eiche wird.

So erhebt sich die Frage, ob der Mensch sich auch gemäss einem inneren Entwurf entfaltet, oder ob unser ganzes Leben ein einziger Zufall ist? Es scheint eine vernünftige und nützliche Hypothese zu sein, von der Annahme auszugehen, dass wir angelegt sind wie alles andere in unserer Schöpfung. Gemäss der östlichen Lehre des «Dharma» ist jeder von uns aufgerufen, ein ganz bestimmtes Lebensmuster zu erfüllen. Und da jedes Muster von der gleichen Würde getragen wird, sollte jeder die Möglichkeiten gebrauchen, die einzigartig und einmalig nur zu ihm gehören. Jeder sollte sein Muster zu entdecken und verwirklichen suchen. In Psychosynthese verwenden wir das Wort *Zweck* in ähnlichem, wenn auch dynamischerem Sinn. Der Zweck unseres gesamten Lebens ist bereits in uns gegenwärtig und darüber hinaus enthält noch jeder einzelne Abschnitt unseres Lebens einen untergeordneten Zweck - als Stufen auf dem Weg zur Erfüllung unseres idealen Musters.

Ideal - was für ein doppelsinniges, gar gefährliches Wort; aber wir sprechen nicht - wie das so oft der Fall ist, wenn man von einem «idealen Charakter» oder «idealem Verhalten» redet - über unpraktische oder unerreichbare Ziele. Wir sprechen nicht über einen unerbittlichen, unpersönlichen Standard, an dem wir unsere Handlungen und Gedanken zu messen haben. Und wir sprechen auch nicht über eine kalte, abstrakte Norm, die in keinerlei Beziehung zu unserer Alltagswelt aus Fleisch und Blut besteht. Wir meinen vielmehr etwas in besonderem Masse praktisches und persönliches: die Erfüllung unseres tief in uns liegenden Wissens, von Augenblick zu Augenblick, auf die angenehmste und wirksamste Art. Wir meinen den Prozess der Entfaltung, der gemäss dem jedem von uns innewohnenden Muster von unermesslicher Freude begleitet ist.

Man kann zurecht sagen, dass Freude das untrüglichste Zeichen dafür ist, dass wir unseren idealen Zweck zu jedem gegebenen Moment erfüllen. Es ist das Gefühl der *Richtigkeit*, das wir auch erleben, wenn wir bestimmte Kunstwerke betrachten, bestimmte Ereignisse oder Menschen erleben, eine besondere Rose, ein Blatt oder eine Muschel und genau wissen, dass es nichts gibt, was man dieser Einheit noch hinzufügen könnte: kein Wirrwarr, keine Unvollständigkeit, kein Missklang, sondern eine einzigartige Vollkommenheit. Dieses Festhalten an einer idealen Norm braucht gar nichts Feierliches oder Aussergewöhnliches an sich zu haben - es stimmt einfach für diese eine Wesenheit. Eine derartige Übereinstimmung zwischen idealem Muster und der Wirklichkeit hat zumeist eine sehr belebende und kraftvolle Wirkung auf uns.

Die Vorstellung, dass sich eine innere ideale Form in uns manifestieren will, kann uns auch dazu verhelfen, unsere Vorstellung von Therapie und Wachstum neu zu überdenken. Therapie - die Ausleuchtung des Unbewussten, die Katharsis gefangengehaltener Emotionen, die Behandlung von Symptomen - bleibt nicht länger ein Selbstzweck, sondern wird zu einer Folge von Schritten in einem grösseren Prozess. So gesehen besteht ihre Aufgabe darin, dass wir uns unseres zum Vorschein kommenden Lebenszweckes bewusst werden, die auf diesem Weg liegenden Hindernisse aus dem Weg räumen und seine Verwirklichung fördern. Das heisst, dass auch das Wachstum nicht länger per se existiert. Schliesslich sind unsere Möglichkeiten, zu wachsen um des Wachsens willen nahezu unbegrenzt: wir können Arabisch lernen, unsere Muskeln entwickeln, reisen und viele Leute kennenlernen, Fallschirmspringen lernen, usw. Erst wenn wir diese unzähligen Möglichkeiten vom Standpunkt unseres inneren idealen Musters aus betrachten, das zum Vorschein kommen will, können wir den Versuch unternehmen, die Handlungen, die das wahre und wesentliche Wachstum unseres Seins ausmachen, zu beurteilen.

Wir müssen jedoch sehr behutsam dabei vorgehen, unser inneres Ideal zu erfassen und zu empfangen, indem wir uns unseren eigenen grösseren Zweck vorstellen. Das muss in einem allmählichen Prozess vollzogen werden, der ständig Irrtümern, Infragestellungen und Prüfungen unterliegt. Die Annahme, wir könnten unser inneres ideales Muster in aller Eile in Empfang nehmen, wird fast immer zu negativen Ergebnissen führen, uns einschüchtern, entmutigen oder - was noch schlimmer wäre - uns in die Falle einer selbstauferlegten, künstlichen Form locken, das tödliche Gefängnis unrealistischer Vollkommenheit.

Ideale Formen

Beginnen wir deshalb mit einer Übung, die uns gestattet, allgemein die Schönheit von Formen zu erforschen:

1. Denken Sie an eine Form, die Ihrer Meinung nach die Reinheit und Vollkommenheit eines Ideales erreicht hat. Das kann eine Form sein, die in der Welt der Mineralien vorkommt wie zum Beispiel ein Kristall oder ein Edelstein. Oder eine Blume, ein Blatt aus der Welt der Pflanzen.

Oder ein Pferd, ein Delphin oder ein Vogel aus der Welt der Tiere
Oder ein Regenbogen, ein Stern aus dem Kosmos
Oder der Welt des Menschen zugehörig: eine Person in einer ganz bestimmten Funktion; ein Ereignis, das nicht vollkommener hätte sein können - ein Gedicht, ein Wandgemälde, eine Sonate.

2. Betrachten und erwägen Sie die verschiedenen Formen.

3. Erleben Sie sie ganz klar und lebendig und freuen Sie sich an der Kraft und Schönheit dieser Ideale.

So weit - so gut. Aber wenn wir unsere Aufmerksamkeit den Menschen unseres Alltags zuwenden (uns selbst eingeschlossen), sehen wir wahrscheinlich, dass Idealmodelle eher die Ausnahme denn die Regel sind, dass die harmonische Entfaltung der grösseren Absicht blockiert oder vergessen worden ist. Was machen wir falsch? Vielleicht ist der entscheidenste Faktor ein innerer: unsere eigene Vorstellung.

Was wir uns innerlich vorstellen, sein zu können, kann unsere ideale Entwicklung sowohl erleichtern als auch auf schmerzhafteste Weise entstellen - und letzteres ist häufig der Fall. Weit entfernt davon, neutral zu sein, *haben alle inneren Vorstellungen motorische Kraft.* Und das Problem entsteht, weil wir oft durch den trügerischen Schleier unserer Teilpersönlichkeiten dazu verleitet werden, ungeeignete und unpassende Vorstellungen von dem zu bilden, was wir sind oder was wir werden können. Nachstehend ein paar traurige, aber wahre Beispiele, wie die Eigenvorstellungen die Menschen in ihrem natürlichen Prozess beeinflussen kann:

Eine Frau schläft so ungefähr mit jedem Mann, der etwas von ihr will. Obwohl sie eigentlich ausgesprochen gutaussehend und sehr sensibel ist, fühlt sie sich wertlos und minderwertig. Da sie sich vor der Einsamkeit fürchtet, gibt sie sich jedem Mann hin, der sich herablässt, sie auch nur anzusehen. Ihr psychisches Selbstbild hat das Bild, das ihr aus dem Spiegel entgegenblickt, völlig verdrängt und überwältigt.

Ein pensionierter Geschäftsmann, mit ausgezeichneter Gesundheit, könnte und würde gerne fremde Länder bereisen, eine neue Sportart lernen und sein gesellschaftliches Leben durch viele Aktivitäten bereichern, da er ja jetzt Zeit genug hat. Aber er tut nichts dergleichen, weil er meint, jetzt sei er «zu alt für solche Dinge».

Ein Börsenmakler leidet unter einer akuten Depression ohne zu wissen, weshalb. Er glaubt, er sei zu keiner anderen Tätigkeit fähig. In seinen jungen Jahren zeigte er sehr viel künstlerisches Talent und Interesse. Aber diese scheinen nun verschwunden, und wenn er von der Arbeit nach Hause kommt, sitzt er nur noch vor dem Fernsehapparat.

Eine junge Frau meint, eine grosse Sängerin zu sein und träumt davon, ein Star zu werden. Ihre Freunde zögern, ihr wahrheitsgemäss zu sagen, dass ihre Stimme nicht mehr als mittelmässig ist. Sie wagt den Sprung in die Karriere und Ruhm, aber alle Agenturen weisen sie gnadenlos ab. Als Folge dieses Versagens macht sie einen Selbstmordversuch.

«Der Traum der Vernunft erzeugt Ungeheuer» heisst der Titel einer berühmten Zeichnung von Goya. Wir können auch sagen, dass der Missbrauch der Vorstellungskraft Ungeheuer erzeugt, wenn wir mit «Ungeheuer» all das meinen, was nicht so wird wie es vorgesehen war. Wenn die irrationalen Kräfte des Unbewussten die Macht über die kreativen Kräfte der Vorstellung übernehmen, gebären sie entstellte und verzerrte Gebilde.

Glücklicherweise haben die Bilder der Vorstellung nicht nur negative Einflüsse und Wirkungen. Einige von ihnen - vielleicht sogar die Mehrheit - verzerren und unterdrücken das eigentliche Potential des Menschen. Aber es gibt auch andere, die stattdessen anregen und zum Leben erwecken, was richtig ist, vor allem dann, wenn die Bilder der Vorstellung klar und zielbewusst angewandt werden. Ein Mann sagt darüber zum Beispiel: «Ich erlebe so viel Freude bei der Entdekkung, dass ich positive Bilder meiner Vorstellung formen und dadurch meine Reaktion auf die Umwelt bestimmen kann». Sogar wenn die Kraft der Vorstellung spontan ausgelöst wird, kann sie einen positiven und sehr konkreten Einfluss auf das Leben eines Einzelnen haben. Zum Beispiel erhielt ein sechs Jahre altes Mädchen zu Weihnachten ein Fahrrad und begann sofort vor den erstaunten Augen ihrer Eltern ohne jegliche Schwierigkeiten, darauf herumzufahren.

Als sie gefragt wurde, wie und wann sie denn gelernt habe, Fahrrad zu fahren, antwortete sie: «Ich habe es mir die ganze Zeit vorgestellt.»

Bildliche Vorstellungen können uns gefangenhalten oder befreien. Wir können unbewusst ihre Sklaven sein und uns von ihnen beherrschen lassen, oder wir können uns ihre ungeheure Macht in voller und klarer Absicht zunutze machen.

Wenn wir uns etwas als Möglichkeit ganz klar vorstellen, bringen wir sie automatisch damit der Verwirklichung näher; das heisst wir können bildliche Vorstellungen absichtsvoll dazu verwenden, unseren Vorsatz, den eigentlichen Zweck, verkörperte Wirklichkeit werden zu lassen. Und wir können das bewerkstelligen, indem wir an den nächsten angemessenen Schritt unserer persönlichen Entwicklung denken.

Das Idealmodell

In dieser Aufgabe werden wir den gleichen Weg einschlagen, den das kleine Mädchen mit dem Fahrrad spontan nahm: wir werden uns das gewählte Ziel ganz lebendig vorstellen. Das ist die Technik für die Arbeit mit dem Idealmodell, und wie wird am geeignetsten in Zusammenhang mit einer Qualität, wie etwa Liebe, Kraft, Verständnis, Freude, usw. angewandt. Nachstehend die entsprechenden Schritte dazu:

1. Wählen Sie eine Qualität, von der Sie annehmen, dass sie Ihnen zum jetzigen Zeitpunkt behilflich sein kann, den Zweck und Sinn Ihres Lebens sichtbar werden zu lassen.

2. Jetzt stellen Sie sich vor, dass Sie diese Qualität bereits im grösstmöglichen Masse besitzen, in ihrer klarsten und reinsten Form. Lassen Sie zu, dass die Qualität in Ihrer Vorstellung Gestalt und Form annimmt; stellen Sie sich das Bild in allen Einzelheiten vor. Betrachten Sie die Gestalt: sehen Sie in den Augen den Blick, der die Qualität ausdrückt, den Gesichtsausdruck, die Körperhaltung. (Das Bild mag zu Beginn nicht sehr klar, sondern vielleicht verschwommen sein, kommend und gehend; dennoch wird es einen starken Einfluss

auf Ihr Unterbewusstsein haben.) Halten Sie das Bild für einige Augenblicke vor Ihrem inneren Auge fest und ermutigen Sie es, die Qualität, die Sie gewählt haben, immer stärker auszudrücken.

3. Stellen Sie sich jetzt vor, dass Sie quasi in das Bild, in die Gestalt, *eintreten* und eins werden damit - so als würden Sie neue Kleider anlegen. Spüren Sie die Qualität des Bildes, mit dem Sie verschmelzen, einen Teil von Ihnen werden. Stellen Sie sich vor, wie das ist, diese Qualität im Höchstmass zu besitzen. Spüren Sie, wie Ihr ganzer Körper, jede einzelne Zelle, davon durchdrungen wird, durch jede Ader fliessend, jede Faser Ihres Körpers füllend. Stellen Sie sich vor, wie die Qualität Ihre Gefühle, Ihre Gedanken, Ihre Absichten durchdringt.

4. Schliesslich stellen Sie sich vor, wie Sie in einer oder mehreren Situationen Ihres täglichen Lebens diese Qualität mehr zum Ausdruck bringen, als Sie es bis anhin taten. Stellen Sie sich diese Situationen lebhaft und in allen Einzelheiten vor.

Die Technik des Idealmodells kann man auch in einer stärker nach aussen gerichteten Weise anwenden. Statt die Aufmerksamkeit auf eine besondere innere Qualität auszurichten, können wir uns auch das Bild oder die Form einer sozialen Funktion, die wir verändern und verbessern wollen, vorstellen, zum Beispiel als idealer Partner, idealer Lehrer, idealer Freund, usw. Wir können die Funktion in ihrer wahren Essenz visualisieren, über den Wert nachdenken und uns all die besonderen Fähigkeiten, die wir damit in Verbindung bringen, vorstellen. Auch in dieser Übung ist jeglicher innerer Druck, jeder grimmige Entschluss wie die berühmten Neujahrs-Entschlüsse oder im Geheimen gehegte Erwartung auf Erfüllung ganz unnötig. Alles, was wir brauchen, ist das Bild.

Die Technik des Idealmodells stützt sich auf die Freiheit des Einzelnen, sein oder ihr Schicksal beeinflussen zu können. Jeder geht auf seine Art heran an diese Aufgabe. Am einen Ende der weiten Spanne von Möglichkeiten finden wir Menschen, die dazu neigen, zunächst einmal die Entfaltung ihres Lebenszwecks langsam zuzulassen, als seien sie eigentlich nur Zuschauer. Sie werden sich des inneren Entwurfs bewusst, lassen ihn sich entfalten und tragen dann aktiv zu seiner Belebung bei durch das Bild, das sie sich vorstellen.

Am anderen Ende finden wir Menschen, die - ausgestattet mit einer anderen psychologischen Struktur - sehr viel aktiver und dynamischer vorgehen in der Gestaltung ihres Lebens. Sie sind vitaler in der Suche und Gestaltung von Sinn und Zweck. Im ersten Fall scheint die Erfahrung mehr gekennzeichnet durch ein Zulassen des sich entfaltenden Prozesses, im zweiten Fall eher durch aktives Tun. In beiden Fällen stützt sich jedoch die Technik auf menschliche Freiheit und Verantwortung. In beiden Fällen sind es jedoch Menschen, die man als «Künstler ihres eigenen Lebens» bezeichnen kann.

In den frühen Jahren der moderneren Zeit, in der italienischen Renaissance, wurde die Fähigkeit, das eigene Schicksal kunstfertig zu gestalten, als die wahre Schönheit und Würde unseres Menschseins erachtet - aber gleichzeitig wurde auch die darin enthaltene Gefahr erkannt. Gemäss einer Geschichte aus der damaligen Zeit schuf Gott alle Wesen des Universums und gab jedem einzelnen eine besondere Qualität und damit sein eigenes, besonderes Schicksal. Dem Fuchs gab er die Schlauheit, dem Hund die Treue, dem Löwen die Stärke, usw. Als Gott zum Schluss zum Menschenwesen kam, entschied Er, diesem ein *offenes Schicksal* zu geben:

> Er hiess ihn als Wesenheit unbeschränkter Art willkommen, stellte ihn in das Herz des Universums und sprach folgendermassen zu ihm: «Ich schuf Dich als ein Wesen, das weder sterblich noch unsterblich, weder himmlisch noch irdisch ist, so dass Du, als Herrscher und freier Künstler selber Form oder Fälschung schaffen kannst nach Deiner Wahl. Du kannst auf die Ebene niedriger Wesen absinken. Du kannst, wenn Du das willst, Dich selber den erhabenen Wesen gleichmachen.»[1]

Aus keinem anderen Grund als wegen dieser Freiheit und Unbestimmbarkeit ist es möglich, die Technik des Idealmodells in sehr aufbauender und sehr zerstörerischer Weise anzuwenden. Einer der üblichen, destruktiv wirkenden Fehler besteht darin, die Technik für unsere Frustrationen einzusetzen. Ich will dazu ein Beispiel geben: Ich leitete einmal einen meiner Klienten, einen kleinen, aber sehr energischen Mann, durch die Idealmodell-Übung. Im Verlaufe der

Visualisierung sah ich, wie sein Gesicht einen finsteren Ausdruck annahm. Ich fragte ihn deshalb, was in ihm vorgehe. «Ja», sagte er mit aggressiver Stimme, «jetzt bin ich endlich stark, jetzt kann ich mich endlich rächen. Ich werde die Leute, die mir im Weg stehen, verdrängen und unterdrücken können. Ich habe im Laufe der Jahre viele Beleidigungen und Missachtung einstecken müssen, aber jetzt kann ich es allen heimzahlen, die mich gedemütigt haben. Ich schlage ihnen die Zähne ein.» Es war ganz klar, dass er noch in seinem Groll, in seinen Ressentiments gefangen war und sich sein «ideales» Modell nur von dem Standpunkt aus vorstellen konnte. Ich hatte den Fehler begangen, die Übung zu früh mit ihm zu machen. Es war für ihn zunächst noch wichtig, die Frustrationen und den Zorn, der noch in ihm gärten, zum Ausdruck zu bringen; erst dann konnte er lernen, sich mit seinem wahren Selbst zu identifizieren, um von dort aus sein Idealmodell zu wählen. Obwohl die Technik des Idealmodells uns zeitweise behilflich sein kann, Probleme und unerwünschte Merkmale zu überwinden, sollte man das immer gemäss den Angaben machen, die im vorangegangenen Kapitel aufgeführt wurden.

Ein weiterer Fehler, der oft gemacht wird, besteht darin, die Arbeit mit dem Idealmodell mit Phantasien und Tagträumen zu verwechseln. Es gibt viele Menschen, die Phantasien nachhängen, wie aussergewöhnlich sie sind; dass sie verblüffende Leistungen vollbringen können, ihre geheimsten Wünsche sich erfüllen, dass sie den tollsten Leuten begegnen und die grössten Triumphe erleben. Diese Art Tagträume dienen dazu, unbefriedigte Bedürfnisse aufzuwiegen. In seinem Buch über Imagination (*L'Imagination,* 1936) sagt Sartre, dass der Akt der Imagination ein wahrhaft magischer ist. «Es ist eine Beschwörung, die dazu führt, den Gegenstand der eigenen Gedanken, das was man sich ersehnt, zu produzieren, und zwar so, dass man Besitz davon ergreifen kann.»[2] Aber, so fügt er hinzu, die Objekte der Imagination sind oft einfach ausser Reichweite. Sie mögen gegenwärtig sein, aber gleichzeitig sind sie unwirklich. In einem solchen Fall

> kann man von einem Tanz um das Unwirkliche sprechen, so wie ein Ballett um eine Statue tanzt. Die Tänzer öffnen ihre Arme, strecken ihre Hände hin, lächeln, bieten sich ganz an, nähern sich und fliehen wieder; aber die Statue bleibt davon ganz unberührt.

Es gibt keine wirkliche Beziehung zwischen ihr und dem Ballett. So ähnlich kann unser Verhalten gegenüber dem Objekt unserer Imagination dieses nicht wirklich berühren; so wenig wie es andererseits uns nicht berühren kann, weil es im Himmel des Unwirklichen ruht, ausserhalb jeglicher Reichweite.[3]

Übertrieben häufiges Tagträumen führt dazu, dass man sich verliert und sehr verwundbar wird gegenüber den harten Tatsachen des Lebens; man zieht sich in eine unwirkliche Welt zurück. Es geschieht dann genau das Gegenteil von dem, was die Technik des Idealmodells beabsichtigt: während die Tagträume nur als Ersatzbefriedigung dienen können, ist das Idealmodell wirklichkeitsbezogen und erzeugt nur Befriedigung durch die allmähliche Offenbarung des vorgestellten Ideales; während Tagträume völlig unrealistisch bleiben, benützt das Idealmodell Vorstellungen von Zielen, die in vernünftiger Reichweite liegen; während Tagträume die Frustrationen eines Menschen glaubwürdig wiederspiegeln, ist das Idealmodell der Ausdruck des wahren Selbst; während Tagträumen nur auf Wunschdenken beruht, hat das Idealmodell einen absichtsvollen Inhalt - wie er in jedem sorgfältig abgestimmten Vorhaben enthalten ist.

Ein anderes latentes Problem in der Arbeit mit dem Idealmodell (und das gilt auch für eine Reihe anderer Psychosynthese-Übungen) bildet die Erfahrung des Rückschlags. Das ist eine Erscheinung, die destruktiv scheinen kann, es aber nicht notwendigerweise sein muss. Zu Beginn mag die Wirkung, uns unsere Ideale vorzustellen, nicht unbedingt erfreulich sein. Ein Teil von uns mag sich dagegen wehren und negativ reagieren, als handle es sich um einen störenden Fremdkörper und wir geraten vielleicht aus dem Gleichgewicht. Vielleicht spüren wir auch Unzulänglichkeit oder Schuldgefühle. Oder wir erleben eine Art Ersatzbedürfnis, indem wir das Gegenteil der Qualität erleben, die wir gewählt haben. Aber derartige Folgeerscheinungen können umgangen werden, wenn man die Technik des Idealmodells geschickt, nicht zwanghaft und zeitlich gut abgestimmt anwendet, auch wenn einige der unliebsamen Reaktionen vorübergehend auftreten können.

Wir können jedoch sagen, dass der Rückschlag-Effekt durchaus nichts Ungesundes an sich hat. Ganz im Gegenteil - er gibt uns die Gelegenheit, die konservativen Seiten unserer Persönlichkeit zu beobachten – den Unwillen, uns zu verändern; unsere Angst, anders zu werden, usw. Wir sollten diese, man könnte sagen altmodischen und reaktionären Neigungen einfach zur Kenntnis nehmen; sie werden allmählich ihre Kraft verlieren, wenn wir nicht mit ihnen ringen. Selbstverständlich ist es auch möglich, dass gar kein Rückschlag auftritt.

Zum Schluss möchte ich noch eine illusorische Gefahr erwähnen: manche Leute glauben, wenn sie sich ein Idealmodell errichten, dass sie sich eine Zwangsjacke zulegen, die ihre Spontanität beeinträchtigt. Diese unrealistische Angst resultiert aus ungenügendem Verständnis für das Wirken von bildhaften Vorstellungen. Ein Vorbild, das eine in uns liegende Fähigkeit dazu anregt, zum Vorschein zu kommen, kann auf keinen Fall als Gefängnis wirken, es sei denn es wird sehr diktatorisch und als zwanghaftes «Ich sollte» gehandhabt. Wir können an unser Idealmodell einfach als eine in uns schon fertig ausgebildete Qualität denken, die nur auf Entdeckung und Beseitigung der Barrieren wartet. Indem wir unsere Aufmerksamkeit auf das Idealmodell in uns richten, gestatten wir ihm, sich zu entfalten und so zum Vorschein zu kommen, wie es in etwa Michelangelo formulierte: Die Skulptur «wartet» in einem rohen Marmorblock darauf, vom Bildhauer «entdeckt» zu werden.

Eine Kurzgeschichte von Hawthorne, *The Great Stone Face*, illustriert auf eindrückliche Weise, welch begeisternden Einfluss ein Vorbild haben kann; es kann ganz natürlich und leicht geschehen, ohne die schädlichen Erscheinungen, die die Anwendung einer autoritären Norm schafft. Die Geschichte erzählt von einem Dorf am Fusse eines grossen Berges, dessen Form den Gesichtszügen eines edlen und geläuterten Mannes sehr ähnelt. Die Dorfbewohner nennen den Berg «das grosse Steingesicht» («The Great Stone Face») und glauben, «dass von ihm grössere Weisheit ausgehe als aus Büchern zu lernen sei». Eine Legende besagt, dass eines Tages ein Mann kommen werde, dessen Gesicht den Konturen des grossen steinernen Gesichtes ähneln wird. Einer der Dorfbewohner hatte von frühester Kindheit an eifrig, aber vergeblich auf die Ankunft des Mannes gewartet. Die Zeit verging. Der Dorfbewohner hat das Steingesicht ständig vor seinen Augen und es geht ihm nie aus dem Sinn. Sein Haus liegt nach dem Berg hin und er verbringt viele Stunden damit, darüber nachzudenken und sich vorzustellen, «dass das grosse

Steingesicht seinen Blick erwidert und ihn freundlich ansieht». Schliesslich beginnen die Leute im Dorf zu bemerken, dass er selbst eine erstaunliche Ähnlichkeit mit dem grossen Steingesicht angenommen hat. Seine Gesichtszüge spiegeln die gleiche edle und vornehme Art wieder.

Wie der Mann in der Geschichte können wir die lebendige Gegenwart eines Ideales langsam unser Leben verwandeln lassen. Nachdem wir eine Qualität gewählt haben, können wir weitere hinzufügen, die Vorstellung üben und so allmählich das werden, wozu wir in Wahrheit bestimmt sind. So können wir zu eigentlichen Erfindern unseres Lebens werden und es zu unserem Meisterwerk machen.

> Ich erlebe jeden Tag die gleiche Qual, dass ich nicht weiss, ob spirituelle Liebe und Verständnis wirklich wahr sind. Ich habe sie noch nie sehen können, obwohl ich mein ganzes Leben danach gesucht habe. Habe ich nach einer Illusion gesucht, die es gar nicht gibt?

Lucia, die diese Worte schrieb, ist 39 Jahre alt. Als sie zu mir kam, litt sie unter tiefen Depressionen und Gefühlen der eisigen Leere. Sie grollte und misstraute den Menschen, denn ihre Liebe - so sagte sie - sei oft verraten worden; ihre Freundlichkeit hatte nur Gleichgültigkeit und Ablehnung erzeugt. Lucia war unverheiratet und kinderlos - dadurch fühlte sie sich noch einsamer und unerfüllter. Sie hatte eine Beziehung zu einem Mann, der sowohl über die Massen besitzergreifend, wie abhängig war. Die Beziehung hatte keine klar gesetzten Grenzen - emotionale Verstrickungen wechselten mit Unsicherheit und Misstrauen. In ihrer Firma war Lucia kompetent und erfolgreich und ihre Freunde und Kollegen sahen sie als stark an. Zuhause fühlte sich Lucia dagegen von ihren Eltern, freundlichen, wohlmeinenden Leuten, bedrängt, fand aber kein Verständnis für ihre Probleme. Ihre Gefühlsschwierigkeiten hatten sich, laut Aussage ihres Arztes, bereits zu einer Hautentzündung entwickelt. Von der ersten Sitzung an erlebte ich in Lucia eine überwältigende Sehnsucht, Liebe zu geben, die jedoch hinter einem Schleier von Verzweiflung verborgen lag.

Wir begannen unsere Arbeit damit, die lange Reihe von Enttäuschungen und Ablehnungen zu untersuchen, die sie erlebt und die

Der Wunsch nach Selbstverwirklichung …

… gehört zu unseren wichtigen Lebenszielen, ist aber oft auch am schwierigsten zu erfüllen. Weil die Verhältnisse es nicht zulassen, weil die Ziele falsch oder zu hoch gesteckt sind …

Ein guter Rat, ein paar konstruktive Anregungen weisen manchmal schon den richtigen Weg.

zu ihrer Verzweiflung geführt hatten. Da sie allmählich erkannte, wie einige ihrer Teilpersönlichkeiten sie bedingten und beherrschten, begann Lucia das Selbstbild, das sie von sich hatte - ein nutzloses Wesen in dieser Welt unfähiger, feindlicher Leute zu sein - zu verändern. Sie fing auch an, ihre Abwehrmechanismen zu entdecken. In einem gelenkten Tagtraum, in dem sie in die Tiefe des Meeres tauchte, begegnete Lucia einem Seeigel, den sie offensichtlich als gegenwärtiges Selbstbild erkannte - innen zart und weich, aber aussen von einer Menge Stacheln umgeben, um möglichst alle von ihr fernzuhalten.

Während einer der folgenden Sitzungen bat ich Lucia, sie solle ein Symbol entstehen lassen für das grösste Hindernis in ihrem augenblicklichen Leben; sie sah eine enge, stinkende Hütte auftauchen, die einen geradezu lähmenden Einfluss auf sie hatte und sie davon abhielt, sich in die Welt hinauszuwagen. Die Hütte beschützte sie andererseits aber auch vor der Welt da draussen, die feindlich und kalt war und sie wieder und wieder gnadenlos verletzen könnte. An diesem Punkt forderte ich sie auf, ein Bild entstehen zu lassen, das ihr helfen könnte, aus der Sackgasse, in der sie offensichtlich steckte, herauszufinden. Es erschien ihr eine Weide. «Ich sehe, wie sie leicht zittert und sich im Wind bewegt; der Wind ist der Lebensatem. In den biegsamen Zweigen ist viel Liebe enthalten, und sie beugen sich zu mir, um mich zu umarmen. Wir bleiben dabei ganz still: Worte wären nutzlos, da wir so miteinander vereint sind, dass wir uns als ein einziges Wesen fühlen. Stille herrscht rings um uns, während wir den Zustand mühelosen Wohlseins geniessen. Mein Körper ist entspannt und gleichzeitig voller Kraft. Ich bin sicher: wenn dieser beseligende Zustand anhält, könnte ich grosse Dinge vollbringen.»

Obwohl immer noch sehr ängstlich und unsicher, beginnt Lucia während dieser Zeit neue Impulse in sich zu spüren. Sie richtet ihre Aufmerksamkeit mehr auf die Zukunft als auf die Vergangenheit. Es war Zeit, mit ihr die Technik des Idealmodelles zu üben. Ich fragte Lucia, mit welcher Qualität sie arbeiten wolle und sie wählte Liebe. Ich bat sie, sich selbst als ein Wesen voller Liebe vorzustellen und, was noch viel wichtiger war, als ein Wesen, das fähig war, diese Liebe in den verschiedenen Situationen und Augenblicken ihres täglichen Lebens zum Ausdruck zu bringen. Von da an machte sie die Übung regelmässig alleine weiter.

Im Verlaufe weniger Wochen erlebte Lucia, wie sie einen wahren Sprung vorwärts in ihrem Bewusstsein machte. Die Wirklichkeit stimmte, zumindest vorübergehend, mit dem vorgestellten Ideal überein. Sie schrieb: «Das Bild von der lächelnden Lucia, die voll Liebe ist, wurde Wirklichkeit. Ich erlebe ein strahlendes Licht innerhalb und ausserhalb von mir; die Liebe, mein grosser verborgener Schatz, lebt und atmet jetzt im hellen Sonnenlicht. Es ist wunderbar, das Leben auf diese Weise zu kosten, in der Gewissheit, mich zu kennen und zu wissen, dass ich die Kraft der Liebe wirklich besitze und sie in jedem Moment meines Lebens zum Ausdruck bringen kann.»

Letzteres ist der wichtigste Teil. Lucias Liebe wird in den tatsächlichen Situationen ihres jetzigen Lebens verkörpert. «Mein Leben hat sich geändert. Ich sehe die Leute mit ganz anderen Augen an, mit mehr Nachsicht. Anstatt mich zu irritieren, weckt ihre Begrenztheit Zärtlichkeit in mir. Es ist wunderbar, morgens zu erwachen und mich voll vitaler Energie zu fühlen, wissend, dass ich sie verwenden kann, wie ich will. Ich lächle jetzt viel, und zwar nicht nur mit dem Mund, sondern auch mit den Augen. Die Leute merken es und sagen es mir.»

Ihre Liebe war stark, aber nicht unrealistisch. Sie hat genug «anderer Leute Koffer getragen», wie sie es ausdrückt und meint damit die Verantwortung, die sie immer für die Schmerzen der anderen übernommen hat. Von jedem Schuldgefühl frei, entscheidet sie sich, die Beziehung zu ihrem Freund abzubrechen. «Ich bringe ihm langsam und schonend bei, dass die Beziehung für uns nicht gut ist.» Sie hat sich zwar noch nicht dazu entschieden, ihr Elternhaus zu verlassen (es sind sehr viele praktische Gründe involviert), aber sie fühlt sich viel unabhängiger. «Ich frage mich nicht ständig wie früher, ob die Leute, die mir nahestehen, mich lieben oder nicht.»

Manchmal erlebt Lucia Momente wahrer Entzückung - zu ganz unerwarteten Zeiten, wenn sie zum Beispiel mit Freunden zusammen ist, wenn sie nach einem Konzert die Halle verlässt, im Büro, usw. «Es gibt Momente völliger Hingerissenheit - Momente, in denen ich die Schönheit und Vollkommenheit des Universums erlebe. Mein Körper scheint zu verschwinden und ich fühle mich wie eine ätherische Substanz, die mit einem vollkommenen Ganzen verschmolzen ist. Ich fühle mich nicht mehr ausgeschlossen.»

Bei dieser Aussage geht es nicht um Selbstüberheblichkeit oder Grössenwahn. Lucia leidet immer noch wie alle anderen Menschen, aber sie ist viel eher in der Lage, aus den Schmerzen zu lernen anstatt blindlings zu versuchen, ihnen auszuweichen. Gelegentlich tauchen alte Gefühle, «das Opfer zu sein» wieder auf, aber sie kann ihnen sogar mit Humor begegnen. «Ich weiss genau, dass ich auch in der Zukunft tausende von Fehlern machen werde, aber wenn man sich so sicher von der Liebe getragen fühlt wie ich, dann mag es zwar immer noch schwer sein, dem Leben entgegenzutreten, aber es ist kein hoffnungsloses Unterfangen mehr.» Über alle Wellen der Begeisterung hinaus ist etwas Neues entstanden und das wird bleiben.

Was für Lucia in so kurzer Zeit geschah (in etwa zehn Wochen), braucht manchmal sehr viel länger und geschieht auch nicht immer so eindringlich. Aber es ist keine Ausnahme: es ist einfach die Auswirkung dessen, was man die Erfüllung des Lebenszwecks nennt.

Lucia hatte in sich eingeschlossen ein starkes Bedürfnis nach Liebe getragen. Es war genau der Druck, der entstand, weil zwar das Bedürfnis nach Ausdruck vorhanden war, aber gleichzeitig unterdrückt wurde, der die Qualen schuf. Die Liebe wurde durch ihre Ängste und Bedenken verhindert. Deshalb mussten wir zunächst mit diesen Hindernissen umgehen. Aber sie einfach aus dem Weg zu räumen, hätte nicht genügt. Sie mussten durch eine andere *Form* ersetzt werden und ermöglichten Lucia so, zu erfassen und zu begreifen, wie sie sein würde, wenn sie ihre Liebe zum Ausdruck bringen könnte. Diese Form war das Idealmodell und sobald Lucia in der Lage war, sich das vorzustellen, fühlte sie sich zu realem Handeln angeregt und mobilisiert. Deshalb gelang es Lucia, den Sinn und Zweck ihres augenblicklichen Lebens zu erfüllen.

Und nichts anderes als die Liebe hätte das bewirken können.

16

Wovon wir leben

Ein Engel war ungehorsam gegen Gott - so erzählt eine Geschichte von Tolstoi - und Gott strafte ihn, indem er ihn nackt und flügellos auf einen Kirchhof in einem kleinen russischen Dorf stürzen liess. Ein armer Schuster rettet ihn, ohne von seiner göttlichen Herkunft zu wissen, vor dem Erfrieren, gibt ihm Kleidung, Nahrung und Obdach; dann behält er ihn als Schusterlehrling.

Die Jahre vergehen. Eines Tages lächelt der Engel und auf seinem Gesicht leuchtet ein so strahlendes Lächeln, dass der Schuster sich über die Herkunft seines Gastes zu wundern beginnt und ihn fragt, warum von ihm so ein Leuchten und Strahlen ausgehe. Da gibt sich der Engel zu erkennen und erklärt, dass die einzige Möglichkeit für ihn, in den Himmel zurückzukehren, darin bestehe, hier auf Erden zu lernen und zu verstehen, wovon die Menschen leben. Einiges hatte er bereits gelernt, als er - in der Verkleidung eines Menschen - auf dem Kirchhof vor dem Erfrieren gerettet worden war. Jetzt, so fuhr der Engel fort, hatte er klar erkannt, dass die Menschen nicht allein, jeder für sich, leben können, sondern dass sie einander brauchen und dass es die *Liebe* sei, wovon die Menschen leben.

Diese grundlegende Tatsache, die unzählige Schriftsteller und Dichter (und erstaunlich wenige Psychologen) schon so oft und auf so verschiedene Art erklärt und betont haben, drückt sich auf ganz unterschiedlichen Stufen aus. Ein einzelliger Organismus, der im Wasser lebt und uns unter dem Namen «Paramecium» bekannt ist, erzeugt sich selber durch Teilung: eine Zelle teilt sich in zwei, diese zwei teilen sich wieder und werden vier, und so weiter. Auf diese einfache Art werden mehrere organische Formen hervorgebracht. An einem ganz bestimmten Punkt wird dieser Prozess angehalten und einige der Paramecia, als hätten sie ihre Meinung geändert, verbinden sich wieder miteinander. Dieser Vorfall ist nicht Teil des reproduktiven Prozesses. Im Gegenteil, es verlangsamt den Prozess erheblich. Statt sich weiter zu teilen und zu reproduzieren, vereinigen sich die winzigen Organismen wieder, kehren zu ihrem Ursprung zurück, regenerieren und heilen einander. Die vielleicht passendste Beschreibung dieser Tätigkeit heisst «Liebe machen».

Eher spekulativ könnten wir sagen, dass das Verlangen nach Einheit sogar in den elementarsten Formen unseres Lebens vorhanden ist. Vielleicht ist es etwas, das dem tief verwurzelten Bedürfnis, dem verschwommenen Heimweh nach nicht trennbarem Einssein entspricht, dem Gefühl von Zugehörigkeit, das sich in unzähligen Formen zeigt und wir manchmal mit dem Wort «Liebe» bezeichnen. Angyal nannte es «die Neigung zur Homonymie» und beschrieb es als Vorgang, «in der man Vereinigung mit grösseren Einheiten sucht und sich wünscht, an etwas teilzunehmen, das man als grösser erachtet als das eigene, individuelle Selbst».[1]

Vielleicht handelt es sich um ein Prinzip, das so wesentlich für organisches Leben und in unseren uranfänglichen Wurzeln eingebettet ist, dass die harmonische Entfaltung dieser Neigung eine immense Wohltat für die geistige Gesundheit des Menschen bedeutet. Andererseits verursacht eine Störung in diesem Gebiet – wenn das Bedürfnis nach Vereinigung entstellt, verdrängt oder frustriert wird – wesentliche Schwierigkeiten in der psychischen Existenz des Einzelnen. In der Tat: es ist die Liebe, von der wir leben. Und es ist auch die Liebe, durch die wir blind werden, durch die wir leiden und mit der wir einander peinigen. Vielleicht hatte Dante recht, als er sagte, dass die Liebe – ihre Gegenwart, ihr Fehlen, ihre Entstellungen – der einzige Grund für all die Freuden und Leiden der Menschheit ist.

Was sagt uns diese seltsame Angelegenheit? Eines müssen wir ganz sicherlich tun - wir müssen das grosse Mysterium der Liebe als gegeben anerkennen. Wir müssen erkennen, dass die Liebe vielleicht so umfassend und komplex wie das Leben selber ist und keine Erklärung je erschöpfend sein wird. Gleichzeitig müssen wir überzeugt sein, dass wir das Mysterium der Liebe bis zu einem gewissen Grad durchdringen können. Ohne die Erhabenheit der Liebe schmälern zu wollen, glaube ich doch, dass wir Möglichkeiten haben, einige ihrer Grundzüge in uns selbst mit Behutsamkeit zu betrachten.

Wir werden - wie wir das häufig in der Psychosynthese machen - wieder mit einer Übung beginnen, die uns die Gelegenheit gibt, die Dinge so zu betrachten, wie sie sind und ihre darin enthaltene Bedeutung aufzudecken:

Die Dimensionen der Liebe

1. Stellen Sie sich eine verschlossene Tür vor. Auf dieser Tür steht das Wort *Liebe* geschrieben. Die Tür führt in das Universum der Liebe und dort finden Sie alle möglichen Leute, Wesen, Dinge, Erinnerungen, Situationen und Bewusstseinsebenen. Lassen Sie sich etwas Zeit, sich diese Tür vorzustellen - den Türgriff, die Inschrift.

2. Jetzt öffnen Sie die Tür. Lassen sie ganz spontan die ersten Eindrücke entstehen, ohne im voraus zu entscheiden, was hinter der Tür sichtbar werden sollte. Alles mögliche kann dabei entstehen - ein Symbol, ein Gefühl, eine körperliche Empfindung, ein Ton, ein Duft, usw.

3. Gewöhnen Sie sich allmählich an das Universum hinter dieser Tür. Erforschen Sie es. Was Sie auch finden werden - sei es angenehm oder unangenehm - Sie haben jetzt eine zweifache Aufgabe:

   a. Sehen Sie sich ohne Beurteilung und Kritik das an, was Sie erblicken. Hasten Sie nicht von einem Bild zum nächsten, sondern lassen Sie sich bei allem, was auf Sie zukommt, Zeit mit der Betrachtung. Geben Sie den Symbolen und Bildern Gelegenheit, sich Ihnen ganz zu offenbaren.

b. Erkennen Sie an, dass jedes dieser Bilder nur eines von unzähligen ist, die mit der Liebe in Zusammenhang gebracht werden können. Sagen Sie sich. «Auch das ist im Universum der Liebe enthalten.» Dann gehen Sie weiter.

4. Jetzt schliessen Sie die Tür wieder. Nachdem Sie die Übung beendet haben, denken Sie nochmals über die Bilder und Symbole nach, die Sie gefunden haben. Vielleicht möchten Sie mehr herausfinden über ihre Bedeutung in Beziehung auf Liebe in Ihrem Leben. Um Ihre Erkenntnisse und Einsichten zu erleichtern, kann es ratsam sein, Ihre Erfahrungen niederzuschreiben oder zu malen.

Eine solche Übung, zumal wenn sie öfters wiederholt wird, kann sehr hilfreich sein im Verständnis um die Unermesslichkeit des Phänomens Liebe, den ihr zugrundeliegenden Vermutungen, die wir darüber anstellen, wie unsere eigene Vergangenheit uns für unsere Erfahrungen damit konditioniert hat und das zukünftige Potential, das sie für uns bereit hält.

Ich möchte auch vorschlagen, dass Sie gelegentlich die Übung mit der Tür dahingehend ändern, dass Sie das Wort *Liebe* durch das Wort *Sexualität* ersetzen. Auch die Sexualität kann - selbst in ihrer primitivsten und unreifsten Äusserung - als eine Form der Liebe gesehen werden - als Neigung, sich mit einer grösseren Einheit zu vereinigen.

Sehr häufig, wenn man die innere Auffassung eines Menschen über die Sexualität untersucht, erkennt man die unterschiedlichsten Verwicklungen und tiefgreifendsten Vorbehalte am Werk. Nur sehr wenige Menschen erleben Sexualität auf einfache, klare Weise. Für die meisten von uns ist sie mit Ersatzaufgaben belastet: mit der Aufgabe, beispielsweise, Spannung zu erzeugen, der Einsamkeit zu entfliehen, der eigenen Realität auszuweichen, Liebe zu erzeugen oder Kontrolle auszuüben, usw. Häufig auch dient die Sexualität der Erfüllung mehr oder weniger neurotischer Bedürfnisse. Darüber hinaus kann man den Eigenwert und das eigene Bild sehr viel klarer wahrnehmen, wenn man die Sexualität bewusst erforscht. Wir erkennen auch, dass die Haltung der Sexualität gegenüber die Haltung dem Leben gegenüber wiederspiegelt.

Eine weitere Möglichkeit, die Dimensionen der Liebe zu erforschen besteht darin, unsere Beziehungen zu betrachten. Wie gehen wir mit anderen Menschen um? Was sind unsere Stärken und was unsere Grenzen in Beziehungen zu anderen? Was für Gefühle tragen unsere Beziehungen? Jede Arbeit, die wir mit uns selber in bezug auf die Liebe machen wollen, darf diese Fragen und ihre Beantwortung nicht ausser Acht lassen. Wir müssen zuerst herausfinden, in welchem Zustand unsere Beziehungen zu unseren Mitmenschen sind, bevor wir wissen können, ob die Liebe leicht oder träge zwischen uns dahinfliesst.

Auf dieser Ebene geschieht so viel - wenn wir beispielsweise Beziehungsmuster bildlich erkennen könnten wie wir Lichtquellen sehen können, würden wir die Menschen in erstaunlich anderer Weise wahrnehmen als wir das bis jetzt tun. Vielleicht würden einige wie Seeigel aussehen, eingehüllt in Stacheln; einige würden ein warmes, leuchtendes Band, andere eisige Schatten zeigen; einige würden wie enge Metallgehäuse, andere wie Geschosse sein, die sich auf jedes Ding stürzen, das sich ihnen nähert. Wieder andere würden vielleicht vorsichtig ihre empfindsamen, leicht wieder einziehbaren Antennen ausstrecken, während andere pausenlos vielfarbige künstlich aussehende Signale aussenden würden. Einige wären von einer Atmosphäre strahlender, leuchtender Wärme umgeben, während wieder andere wie Kraken ihre Fangarme nach allem ausstrecken würden, was ihnen in den Weg gerät, und so weiter.

Und all diese Science Fiction-Formen wären *wir:* wir sind fähig, die ganz verschiedenen Aspekte menschlicher Beziehungen in allen möglichen Arten und Verhältnissen zu manifestieren. Auch wenn unser eigener und ganz persönlicher Stil, Beziehungen zu haben, bildlich nicht sichtbar zu machen ist, so lässt er uns doch so individuell und einzigartig sein wie unser Fingerabdruck.

Beziehungen

Die nachfolgende Übung kann Ihnen neue Perspektiven in Ihren wichtigsten Beziehungen ermöglichen.

1. Schreiben Sie eine Liste Ihrer wichtigsten Beziehungen und wählen Sie dann fünf aus.

2. Nehmen Sie einen grossen Bogen Papier und zeichnen Sie darauf das einfache Diagramm (Bild 4):

Der Punkt in der Mitte stellt Sie dar. Die Punkte aussen im Kreis stellen die fünf Leute dar, mit denen Sie Ihre wichtigsten Beziehungen haben.

3. In den freien Raum zwischen Mittelpunkt und jedem Aussenpunkt machen Sie eine freie Zeichnung von der Qualität, von der die jeweilige Beziehung getragen ist. Kümmern Sie sich nicht um irgendwelche Maltechniken, sondern drücken Sie es so frei aus, wie es kommt. Machen Sie die Zeichnung mit allen fünf Beziehungen.

4. Wenn Sie mit dem Malen fertig sind, schreiben Sie alle Gedanken und Betrachtungen auf, die Ihnen im Zusammenhang mit der Art der Beziehung in den Sinn gekommen sind, so dass Sie sowohl im Bild wie im Wort vor sich haben, wie Sie sich in Ihren Beziehungen sehen. Aus solchen Wahrnehmungen können Lösung und - schlussendlich - konkrete Pläne für positive Veränderung entstehen.

Jetzt sind wir bereit, die Liebe vom Standpunkt unserer wahren menschlichen Essenz - was wir in Psychosynthese als das *Selbst* bezeichnen - aus zu betrachten. Wir haben in vorausgegangenen Kapiteln gesehen, wie es möglich wird, in der eigenen Mitte, im eigenen Selbst, zu leben. Dort ist die eigene Existenz durch Klarheit, Meisterschaft und Verantwortung gekennzeichnet. Wir haben andererseits auch gesehen, wie wir nur in den Aussenbezirken unseres Seins existieren können. Diese psychologische Lage ist gekennzeichnet durch mangelnde Bewusstheit und Klarsicht. Wir werden zu Opfern unserer Illusionen und zu Sklaven unserer eigenen Ideen, Gefühlen und körperlichen Zustände.

Wir können jede Dimension des menschlichen Lebens im Lichte dieser beiden extremen Haltungen betrachten: es gibt zum Beispiel Beziehungen von der Mitte ausgehend oder von der Peripherie unserer Existenz aus und beide haben ihre eigenen, deutlichen Merkmale. Man kann das gleiche über Lernen, Entscheidungen, usw. sagen.

Liebe aus der Mitte kommend ist von Objektivität getragen, in dem Sinn, dass sie frei ist von persönlichen Vorurteilen und Neigun-

Bild 4

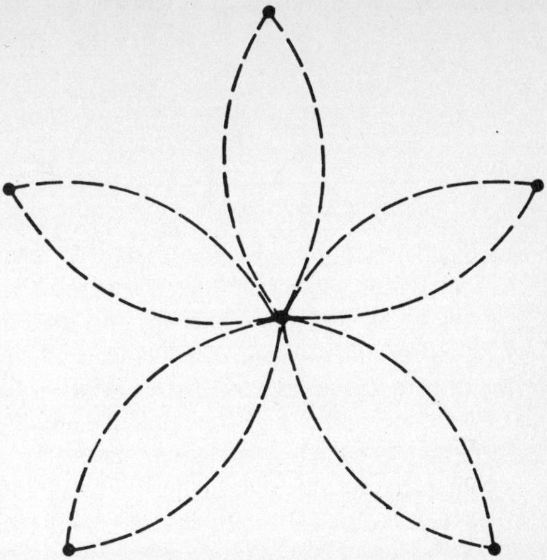

gen und uns somit gestattet, uns mit einem anderen Menschen zu identifizieren, ohne überwältigt oder manipuliert zu werden. Weil sie nicht von den Reaktionen aus der Umwelt abhängig ist oder an der Anerkennung und Dankbarkeit anderer festhakt, nehmen wir sie selbst-belebend und angstfrei wahr. Diese Liebe ist von intelligentem Verständnis getragen und führt zu entsprechendem und angemessenem Handeln. Menschen, die von ihr berührt werden, werden befreit und sind nicht durch Schuldgefühle und Erwartungen belastet. Diese Art Liebe ist gütig und freigebig, statt sich in nur einer Person, einem Tier, einem Gegenstand zu erschöpfen. Sie dehnt sich in das Unbekannte aus, statt sich auf das Bekannte zu beschränken.

Liebe, die der Stille des Selbst entspringt, durchdringt die äussere Schale und enthüllt das geliebte Objekt. Deshalb wird sie durch die mögliche Hässlichkeit der Oberfläche oder die Abnutzung des Körpers nicht aufgehalten. Sie wird nicht durch Langeweile, Routine, Schwierigkeiten oder andere Ereignisse, die das Objekt der Liebe weniger anziehungswürdig oder uninteressant erscheinen lassen könnten, verhindert.

Von der Ebene des höheren Bewusstseins aus blickt zentrierte Liebe sowohl auf das Ganze als auch auf das Einzelne. Das heisst, sie anerkennt die Existenz, die Bedürfnisse, die verschiedenen Ansichten und die kreative Entfaltung aller Wesen als gegeben und versucht nicht blindlings, Bedürfnisse zu befriedigen, die aus der begrenzten persönlichen Perspektive entstehen. Und das heisst auch, dass sie in der Lage ist, in die Vergangenheit und weit in die Zukunft zu sehen, jeden Prozess als Ganzes erkennend, die Probleme der Gegenwart im Lichte zukünftigen Verstehens und Erfüllens betrachtend.

Aus dieser Sicht betrachtet wird Liebe zu einer Synthese aus Liebe, Wissen und Wille. Manchmal erlangt sie grosse Höhen, von wo aus sie alle Wesen als aus dem gleichen, universalen Ursprung kommend sieht und erfüllt ist mit tiefgreifender Einheit mit allen. Auf dieser Ebene wird Liebe als kosmisches Prinzip erfahren – in Dantes Worten, «die Liebe, die die Sonne und alle Sterne bewegt».[2]

Das andere Extrem heisst *Liebe von aussen her,* was grundsätzlich die Liebe des Geliebtwerdens besagt. Liebe, die von aussen kommt, wird nicht notwendigerweise als negativ erlebt. Im Gegenteil, sie ist oft sehr angenehm und das macht es auch zeitweilig so schwierig, sie von der Liebe, die aus der Mitte kommt, zu unterscheiden. Wenn wir jedoch genau hinsehen, werden die Unterschiede sehr klar sichtbar. Äussere Liebe erwartet Anerkennung und Zuspruch und lebt deshalb in der ständigen Angst, beides nicht zu bekommen. Da sie unmittelbare Befriedigung braucht, kann sie sich launisch, herrschsüchtig und unbeständig zeigen. Sie bleibt an der Oberfläche und steigt selten in die Tiefe des Seins. Es kann sein, dass sie die betroffene Person in Schuldgefühlen, Erwartungen und Täuschungen gefangenhält. Sie fixiert sich auf einen schmalen Ausschnitt und schliesst alles andere aus.

Da die Wahrnehmung der äusseren Liebe auf Bedürfnisse ausgerichtet ist, schafft sie sich Idealisierungen und Tagträume, um Befriedigung zu finden. Es ist das Phänomen, von dem Stendhal in seinem Buch *De l'Amour* als Kristallisation spricht. Er führt folgendes Beispiel dafür an: Wenn man in die Salzmine in Salzburg einen nackten Zweig wirft und nach zwei oder drei Monaten zurückkommt, um ihn wieder herauszuholen, wird er bis zu allen Spitzen bedeckt sein mit glitzernden, diamantähnlichen Kristalle, so dass es unmöglich scheint, ihn noch als Zweig wiederzuerkennen. Der menschliche Geist, so sagt Stendahl, funktioniert sehr ähnlich. Angeregt durch den sinnlichen Wunsch nach Genuss, schreibt er dem Objekt seiner Liebe alle möglichen glänzenden Qualitäten zu und gibt sich der Vorstellung hin, dass nur er oder sie - und niemand sonst - die Fähigkeit besitzt, Freude zu bereiten und kleidet das erdichtete Gebilde in den Mantel nicht vorhandener Vollkommenheit. Sehr bald jedoch wird die Illusion durch die Ereignisse des Lebens eingeholt und zerstört und die sinnlose Verehrung macht Enttäuschung, Frustration und Entrüstung Platz.

Es wäre jedoch ein schwerer Fehler, zwischen der einen und anderen Liebe eine zu heftige Dualität zu schaffen. Erstens haben wir bereits angedeutet, dass es nicht zwei, sondern unendlich viele Formen der Liebe gibt, und zweitens ist auch äussere Liebe nicht notwendigerweise als Gegensatz zu Liebe, die aus unserer Mitte kommt, zu sehen, sondern kann - von einem innigeren Standpunkt aus betrachtet - als ihre unvollkommene Form gelten.

Wie wir bereits im Kapitel über die Teilpersönlichkeiten festgestellt haben, tragen alle unsere psychologischen Aspekte die Möglichkeit zur Entfaltung und Entwicklung in sich. Deshalb sollte jeder innere Zustand nicht nur unbeweglich aus dem Moment heraus, sondern auch als vorübergehenden, dem Wechsel und der Entwicklung unterliegender Abschnitt gesehen werden. Wenn wir diesen Standpunkt einnehmen können, werden wir bald erkennen, dass alle Erscheinungsformen in ihren frühen Stadien recht primitiv wirken. Wir erkennen das sehr leicht an einem Beispiel aus der gegenständlichen Welt: wie gross sind die Unterschiede zwischen den Flugzeugen und Grammophonen zu Beginn unseres Jahrhunderts und der Gegenwart. Das gilt auch für die psychologische Ebene. Es ist deshalb viel realistischer, bei der äusseren Liebe davon auszugehen, dass sie sich in einem Prozess der Entfaltung und Verfeinerung befindet und dabei auch zu sehen, welche Schönheit sie zumindest zeitweise beinhaltet. Da sie voller Leidenschaft und Zärtlichkeit ist, mag sie einen zeitweise mit dem Verzücken vollkommener Erfüllung belohnen, das eigene innere Universum beleben und wahre Feuerwerke von Gefühlen erwecken.

Es ist auch sehr wertvoll, zu berücksichtigen, dass äussere Liebe in vielen Menschen neben der mehr zentrierten Liebe gleichzeitig bestehen kann, so dass manchmal die eine, manchmal die andere Form der Liebe stärker in Erscheinung tritt. Es kann sogar für viele Menschen eine sehr kostbare Erfüllung sein, die äussere Liebe ausüben zu lernen. Der Fehler liegt lediglich darin, anzunehmen, dass die rudimentäre Ausdrucksform bereits die Vollendung der Liebe darstellt. Wir tun gut daran, zu erkennen, dass im embryonalen Ausdruck die pulsierende Schwingung einer tieferen Liebe ruht, die zur Entfaltung kommen will.

Viele Autoren haben den Versuch unternommen, die verschiedenen Ebenen der Liebe zu beschreiben. Maslow spricht zum Beispiel von «Mangel-Liebe» und «Seins-Liebe».*[3] Ähnlich nennt Orage drei Arten von Liebe: instinktive Liebe, die den biologischen Gesetzen gehorcht; emotionale Liebe, die nicht nur kurzlebig ist, sondern oft «in ihrem Objekt eine Gegenreaktion der Gleichgültigkeit und sogar des Hasses erzeugt»; und bewusste Liebe, welche den Wunsch beinhaltet, «dass das Objekt zur eigenen natürlichen Vollkommenheit gelangen solle ohne Rücksicht auf die Folgen für den Liebenden». Bewusste Liebe zeigt sich in vereinfachter Form in unserer Beziehung zur Pflanzenwelt, wenn wir Blumen oder Früchte anbauen. Das geschieht nicht notwendigerweise aus spontanem innerem Antrieb heraus, sondern verlangt häufig, wie Orage feststellt, «Entschlossenheit, Anstrengung und bewusste Wahl».[4]

In bezug auf das bis jetzt Gesagte ist festzuhalten, dass das wahre Merkmal bewusster Liebe die Fähigkeit ist, eine Synthese herbeizuführen. Wenn ein Mensch in die Atmosphäre echter Liebe eintaucht, werden die Teile seines oder ihres Wesens spontan ihren Zusammenhalt erhöhen. In der Wärme, Freiheit und Unterstützung, die die mehr essentiellen Formen der Liebe naturgemäss bieten, neigt unser Wesen dazu, sich in einem stärker übereinstimmenden, alles einschliessenden Muster neu zu gliedern.

Liebe kann das fruchtbare Umfeld schaffen, in dem unsere besten psychologischen Samen keimen und spriessen können. Sie kann den Mut wecken, einen Schritt vorwärts zu tun, das Vertrauen schaffen, das notwendig ist, in das Neue und Unbekannte zu tauchen. Liebe kann den Raum geben, der notwendig ist, damit Einsichten entstehen können. Sie kann die empfindsamsten Teile unseres Wesens schützen und stärken. Sie kann unsere Intelligenz und unsere Kreativität nähren. Sie kann uns helfen, unsere Blockaden zu schmelzen,

* «deficiency-love»« und «being-love» im Original

unsere Knoten zu entwirren, unsere Riegel zu öffnen. Die Liebe erlaubt uns, unser Selbst wiederzufinden und uns zur Erfüllung unseres Schicksals zu erwecken. All diese Phänomene zeigen, wie die grössere Synthese in unserem Sein stattfindet; wie uns durch die Liebe geholfen wird, zur Ganzheit zu gelangen und dass die Liebe das Medium ist, das im wahrsten Sinne die menschliche Synthese fördert.

Darüber hinaus sind die Wohltaten der bewussteren Liebe ebenmässig. Sie hat nicht nur auf die Person, die geliebt wird, eine aufrüttelnde und Einheit schaffende Wirkung, sondern bewirkt das gleiche in der Person, die liebt. Gefühle und Gedanken werden zu einer Einheit, als würden sie einen Magneten umgeben und die ganze Persönlichkeit wird stetig harmonischer und zentrierter. Teilhard de Chardin sprach in diesem Zusammenhang von Liebe als «dem zusammenfassenden Prinzip menschlicher Energie». Wenn sich wahre Liebe verwirklicht, so sagt er, wärmt und belebt sie unsere Handlungen und verbindet sie in einer gemeinsamen Perspektive: sie «verwandelt den wolkigen Staub unserer Erfahrungen in eine verständliche Klarheit.»[5]

Dann stellt sich unwillkürlich die Frage: kann man bewusstere Liebe lernen? Die Antwort heisst klar und deutlich «Ja». Sowohl die Menschen, die die Liebe in ihrer weniger reifen Form zum Ausdruck bringen wie jene, denen sie zum grössten Teil abgeht, können lernen, zu lieben, wenn die Aufgabe ihnen wichtig genug ist.

Wie macht man das? Wie jede andere Fähigkeit, wird auch die Liebe erlernbar, wenn wir ihr Aufmerksamkeit schenken, sie erforschen, alle Facetten in Betracht ziehen und mit ihr experimentieren. Für jene, die spüren, dass ihre Liebe teilweise oder gar hauptsächlich unzentrierter Art ist, wird dies eine relativ einfache Aufgabe sein, obwohl gegen Krisen nicht gefeit. Aber der Grundstock ist bereits gelegt; jetzt muss die Entfaltung gefördert werden.

Diese Menschen werden oft durch die Umstände des Lebens dazu angeregt, vorwärts zu gehen; durch Umstände wie wiederholte und heftige Frustration durch unzentrierte Liebe, Schwierigkeiten, einen Partner zu finden, Verlust eines geliebten Menschen oder ähnliche Arten aufgezwungener Einsamkeit. Solche Menschen erleben die Liebe aus der Mitte kommend oft als wünschenswert, betrachten sie jedoch als unpersönlich, kalt und abstrakt, während ihnen die äussere Liebe klar und stark zu sein scheint. Es mag sein, dass sie es als äusserst unangenehm empfinden, zwischen den beiden Arten Liebe hin- und hergerissen zu werden. Manchmal wogt die äussere Liebe und schützt sie, indem sie ihre Sicht auf die grösseren Dimensionen in die Vergessenheit geraten lässt. Zu anderen Zeiten wieder werden die Wellen der grösseren Liebe mit grosser Kraft über sie hereinstürzen.

Für jene, deren Erfahrung Mangel an Liebe ist, entwickelt sich der Prozess anders. Für sie ist die Liebe unbekanntes Territorium und sehr oft erkennen sie nicht einmal ihre Wichtigkeit. Sie mögen sie mit grossem Misstrauen betrachten und sich durch die Offenheit und Empfindsamkeit, die damit einhergehen, bedroht fühlen. Oder sie mögen sie einfach als Zeitvergeudung oder gar als nicht existent ansehen. Aber trotz ihrer Vorstellungen ist die Liebe in *allen* Menschen vorhanden. Wir haben sie alle zu irgendeiner Zeit, auf irgendeiner Ebene erfahren, und sie kann aufs neue belebt werden. Betrachten Sie die nachstehende Übung:

Die Verwirklichung der Liebe

1. Erinnern Sie sich an eine Zeit, da Sie durch die Liebe berührt wurden. Denken Sie nicht einfach nur daran, sondern erleben Sie es in Ihrer Vorstellung wieder, als würde es *jetzt* geschehen. Erleben Sie noch einmal alle Einzelheiten - Blicke, Geräusche, Gefühle, Erkenntnisse, usw.

2. Dieses eine Erlebnis ist Vergangenheit. Erkennen Sie jedoch, dass die *Qualität* Liebe, die jenen Augenblick belebte, zeitlos ist.

3. Nun, gestützt auf Ihre Kenntnisse jener Liebe wie auch auf andere Erfahrungen mit Liebe, die Ihr Wesen durchdringen, nehmen Sie Verbindung auf - wenn auch nur für einen Moment und vielleicht zunächst nur sehr vage - mit der Qualität Liebe in ihrer reinsten Form. Oder stellen Sie sich zumindest so intensiv wie möglich vor, wie diese Liebe sein würde.

4. Jetzt lassen Sie ein Bild erstehen, das diese Art Liebe für Sie

symbolisiert. Das kann irgendein Symbol sein - eine Landschaft, ein anderer Mensch, eine abstrakte Form, etc. Halten Sie das Bild vor Ihrem inneren Auge und stellen Sie sich vor, es enthalte eine sinnreiche Botschaft für Sie, in verbaler oder nonverbaler Form, die Sie oder die Liebe im allgemeinen betrifft. Öffnen Sie sich dieser Botschaft.

5. Zum Schluss halten Sie schriftlich fest, was Sie in dieser Übung erfahren haben.

Diese Übung kann uns lehren, wie wir einen grösseren Einklang mit der Qualität bewusster Liebe erlangen können, während unser höheres Bewusstsein sie uns mehr und mehr enthüllt. Gehen Sie behutsam an die Arbeit; vermeiden Sie negative Reaktionen. Versuchen Sie nicht zu schnell die Tore höherer Ebenen stürmen zu wollen. Das ist töricht und wenig liebevoll gegenüber unserem Organismus, wie er beschaffen ist. Liebe, wie jede andere Qualität, wird sich in uns entfalten und wir sollten versuchen, die Entwicklung durch entsprechendes Handeln zu unterstützen. Zu versuchen, uns dorthin zu treiben, und zwar in verurteilender Haltung, wo wir in unserer Entwicklung bereits tatsächlich stehen, wird früher oder später dazu führen, dass das Gegenteil von dem geweckt wird, was wir beabsichtigen. Harmonie in einem natürlichen Prozess der Synthese zu finden - in unserer eigenen Zeit und Art - ist die fruchtbarste Form der Annäherung an unser Ziel.

Andererseits mag die Liebe schon sehr deutlich in uns vorhanden sein, ohne jedoch Ausdruck zu finden. Sie mag einfach unbenutzt in uns ruhen. Eine solche Situation ist überreich beladen mit Möglichkeiten, aber wenn man nicht richtig damit umgeht, kann es zur Stagnation kommen. Assagioli sagt darüber sehr klar:

> Eine nur wenige Millimeter dicke Wand kann das stärkste solare Licht abhalten, das Millionen von Meilen gereist ist; so wie ein Stück Porzellan einen elektrischen Strom isolieren kann, der stark genug wäre, hunderte von Motoren anzutreiben; so wie das Fehlen weniger Wärmegrade ein Pulver stumpf machen, das einen ganzen Berg sprengen könnte; auf die gleiche Art kann eine kleine «psychische Isolierung», das Fehlen von Wärme, Sympathie und

Liebe den Ausdruck unendlicher Schätze an Gefühlen und Wissen blockieren.[6]

Jede Diskussion über die Liebe ist unvollständig ohne die Aufmerksamkeit auch auf das Dienen zu richten. *Dienen ist handelnde Liebe,* absichtsvoll und kreativ angewandt. Wir lieben oder dienen anderen Menschen, indem wir ihre Fähigkeiten ans Licht bringen, und zwar durch Verständnis, durch die Vermittlung von Einsichten, durch das Heilen einer emotionalen Wunde, durch Vermittlung von Wissen und durch unzählige andere Arten, auf allen Ebenen, bis hin zu der spirituellen.

Aber wie allen anderen guten Dingen, gibt es auch vom Dienen viele Verzerrungen und Karikaturen. Viele gutmeinende Enthusiasten bewirken giftige und manchmal katastrophale Ergebnisse. Sie versuchen zu dienen, indem sie ihren überschwenglichen guten Willen zeigen, ohne die wirklichen Bedürfnisse der anderen in Betracht zu ziehen und ohne jegliche Wahrnehmung für die Verwirrung, die sie anrichten. Damit Sie eine Vorstellung von dem bekommen, was ich ausdrücken will, denken Sie einfach an die Gelegenheiten zurück, als Leute versuchten, Ihnen zu helfen, zu verbessern, zu bekehren, zu beleben, zu beraten, oder Sie «zu retten» - und nichts anderes als eine Plage waren. Andererseits können Sie sich sicherlich an Zeiten erinnern, da Sie jemand wahrhaftig genährt hat. Wo liegt der Unterschied zwischen echtem und pseudo-dienen?

Das Bedürfnis nach Selbstdarstellung, der Wunsch, zu gefallen und beliebt zu sein, die Sehnsucht, Wohltaten auch zurückerstattet zu erhalten, Selbstgefälligkeit und Ehrgeiz - das macht den Unterschied aus. Und das Heilmittel heisst Unterscheidungsfähigkeit - indem wir einfach unsere eigenen Motive betrachten und erkennen, dass die wichtigste antreibende Kraft für unser Dienen die Liebe ist.

Paradoxerweise ist wahres Dienen ein machtvolles Instrument für unser eigenes Wachstum. Die Leute berichten von unzähligen Vorteilen, die sie dadurch erfahren haben: unter anderen verstärkte Leistungsfähigkeit, den Blick fürs Ganze erweitern, Auslösung vieler positiver Gefühle, bessere geistige Aktivität, Anregung der Kreativität, verstärktes Selbstvertrauen und Interesse am Leben, Zugang zu höheren Energien, vermehrt freudige Wahrnehmung der Zusammengehörigkeit mit anderen. Das ganze Gebiet ist eine wahre Goldmine der Entdeckungen für jeden, der an der menschlichen Entwicklung interessiert ist.

Man mag einwenden, dass Dienen mit der Erwartung des Nutzens kein wahres Dienen sei, sondern eine der Ich-Befriedigung dienliche Tätigkeit wie jede andere auch, beispielsweise an der Börse spekulieren oder ein Eis zu essen. Sehr wahr. Dennoch ist es auch wahr, dass Leute, die sich dem Dienen widmen, erleben, dass die an sie gestellten Anforderungen und die unausweichliche Beteiligung an tatkräftigem Handeln alle egoistischen Motive ablöst und zur eigenen Erweiterung beiträgt. Ich will nur ein Beispiel zitieren, über das eine Frau schrieb:

> Nachdem mein Mann gestorben war, fühlte ich mich sehr einsam und nutzlos. Ich arbeitete, verdiente Geld - aber das war alles. Ich fühlte mich wie eine Null.
>
> Also dachte ich: Was kann ich mir selber geben? Ich rief beim Blindenheim an und fragte, ob ich mit meinem Augenlicht irgendwie nützlich sein könne. Zwei Tage später riefen sie zurück und schlugen mir vor, Schulbücher mit Diktat in Blindenschrift zu übertragen. Sie wollten, dass die blinden Kinder in das gleiche Schulprogramm integriert werden konnten wie die übrigren Kinder; darum brauchten sie jemanden, der sehen und diktieren konnte.
>
> Der erste Eindruck kam wie ein Schock, als zwei Kinder kamen, um die Schriften abzuholen; es waren Zwillinge und beide waren blind. Sie waren nicht blind geboren worden, sondern erblindeten, als sie im Brutkasten lagen. Man hatte eine falsche Temperatur eingestellt, die ihr Augenlicht zerstörte. Ein Junge war dunkelhaarig, der andere blond; sie waren sehr schön. Gleichzeitig hoffte ich, dass sie nicht mehr wiederkommen würden. Es war einfach zuviel für mich. Was mich am meisten traf, war die Fröhlichkeit der Kinder. Alle blinden Leute in dem Heim waren fröhlich.
>
> Ich fühlte mich wie eine Königin, weil ich doch Augen hatte. Ich spürte, dass ich Glück hatte trotz allem, was mir passiert war. Es tat mir sehr gut, mit den Leuten zusammenzukommen. Es gab sogar eine Modellierklasse, die mit Ton arbeitete. Einmal sah ich zu, wie sie Vasen formten mit Gesichtern darauf. Der Lehrer

sagte zum Beispiel, jetzt berühr Dein eigenes Kinn, nun berühr Deine eigene Nase, usw. Am nächsten Tag sah ich die schönsten Vasen, eine wunderbarer als die andere, jede mit einem anderen Gesicht. Ich dachte, was müssten dann wir fertigbringen können mit unseren Augen, wenn diese Leute all dies ohne Augen schaffen?

Während der allerersten Tage blieb mir jedoch der Schock sehr bewusst. Ich schloss manchmal eine Zeit lang die Augen und stellte mir vor, wie es sei, blind zu sein. Dann spürte ich jedes Mal ein Gefühl des Reichtums in mir. Wenn man etwas tut und von Beginn an weiss, dass man nichts dafür bekommt, fühlt man sich ausserordentlich reich. Ich glaube nicht, dass ich sehr viel für sie tue, trotzdem fühle ich mich gut in dem, was ich tun kann.

Menschen, die dienen, hören auf, zu streben und lernen, zu empfangen. Sie hören auf, nur an sich selbst interessiert zu sein und können deshalb teilhaben am natürlichen Nehmen und Geben, das uns dauernd umgibt. Eine Geschichte aus uralter Zeit umschreibt dies sehr gut:

Einem Mann wurde die Erlaubnis gegeben, noch zu Lebzeiten Himmel und Hölle zu besuchen. Zuerst ging er in die Hölle und er sah eine Menge Leute an langen Tischen sitzen, reich überladen mit Speisen und Getränken. Dennoch hungerten und weinten diese Leute. Der Besucher sah bald den Grund dafür: ihre Löffel und Gabeln waren viel länger als ihre Arme, so dass sie die nicht zum Mund führen konnten.

Dann kam der Mann in den Himmel, wo er genau die gleiche Szene antraf: lange Tafeln reich beladen mit köstlichen Speisen. Auch hier hatten die Leute Löffel und Gabeln, die länger waren als ihre Arme, so dass sie sich ebenfalls nicht selber nähren konnten. Dennoch waren sie alle vergnügt und wohlauf. Sie versuchten nicht, sich selbst zu essen zu geben.

Sie gaben einander zu essen.

17

Schönheit

Es gibt nichts, das für unser Innenleben so wichtig und so schwer fassbar ist wie die Schönheit. Da ist zunächst einmal das ästhetische Empfinden, das spontan entsteht und das keine noch so grosse Anstrengung auslösen kann. Und sogar bei Menschen, die sehr empfindsam für die Schönheit sind, ist der Eindruck, den sie hervorrufen kann, unvorhersehbar; eine aussergewöhnliche Unbeständigkeit in der Wahrnehmung von Neigung und Abneigung verhindert, dass wir ein allgemein gültiges Kriterium finden, um uns in dieser Dimension zu orientieren. Und wenn man etwas Schönes erlebt, weiss man eigentlich nicht genau, was geschieht und es fehlen die Worte, um es zu beschreiben. Und wenn man auch noch herausfinden will, wie die Schönheit unsere Persönlichkeit beeinflusst, kann es passieren, dass man dem Nützlichkeitsprinzip zu huldigen beginnt, was unweigerlich dazu führen würde, die unfassbarste aller Erfahrungen zu verbannen.

Trotz all dieser Schwierigkeiten ist es eine der wesentlichsten Aufgaben für uns, die Schönheit und ihren Einfluss auf uns zu erforschen, denn die Gefahren, die Blindheit gegenüber Schönheit birgt, sind sehr gross: die Entwürdigung der städtischen Landschaft, die rücksichtslose Zerstörung der Natur, die Ausbreitung von Rohheit, der Verlust der Ehrfurcht, der Triumph der Taktlosigkeit, die Aufblähung der Langeweile, der wuchernde schlechte Geschmack, die Verherrlichung von Lärm und Oberflächlichkeit. Dies sind nur die schreiendsten Erscheinungsformen eines Mangels an ästhetischer Empfindsamkeit. Die tiefer liegende Konsequenz ist sehr viel schwerer feststellbar. Man kann sie vielleicht als schädliche Dunkelheit bezeichnen, die unsere ganze Persönlichkeit wie ein unheilvolles Leiden beeinträchtigt.

Dementsprechend heisst über Schönheit so sprechen, wie wir es in diesem Kapitel tun werden, nicht, uns in Schöngeistelei zu ergehen oder über das Unbeschreibliche zu plappern. Es ist eine unwiderstehliche Aufgabe, in direktem Zusammenhang mit unserer Möglichkeit, zu überleben - zumindest anständig und menschlich zu überleben. Deshalb können wir auch mit Plato übereinstimmen, der in der *Republik* sagt, «dass das Ziel jeglicher Erziehung ist, uns zu lehren, die Schönheit zu lieben».

Zunächst möchte ich über den *heilenden und erneuernden* Einfluss sprechen, den die Schönheit bewirkt. Dass eine Landschaft beruhigend auf das Auge wirkt, dass ganz bestimmte Musik erhebend sein kann, dass ein Theaterstück, ein Gedicht oder ein Gemälde Heiterkeit in uns auslösen kann, wissen wir alle aus eigener Erfahrung, obwohl wir diese Wirkung leicht vergessen mögen. Aber manchmal ist der heilende Einfluss der Schönheit auch ganz bewusst angewandt worden. Ein Beispiel war Iamblichus zufolge Pythagoras, der Musik so benutzte: «Es gibt bestimmte Melodien, die als Heilmittel gegen die Leidenschaften der Seele und gegen Verzweiflung, Mutlosigkeit und Wehklagen geschrieben wurden, und die Pythagoras als ein Mittel erfand, das die grösste Hilfe für diese Krankheiten erlaubte. Und er benutzte andere Melodien gegen Zorn und Groll und andere Verwirrungen der Seele.»[1]

Heutige Forschungen haben bestätigt, dass Pythagoras recht hatte. Musik übt einen starken Einfluss auf Bewegungen und Funktionen des Körpers und der Psyche aus. Mehr noch, wie Anthony Trowbridge aus Südafrika vorschlägt, ist es möglich, dass das Nervennetz im Gehirn ganz allgemein auf harmonische Prinzipien anspricht. Und es scheint «ein innerer Drang nach der Aufrechterhaltung einer intellektuellen, ästhetischen Ordnung und eines harmonischen Gleichgewichts in uns zu bestehen, der von fundamentaler Wichtigkeit für unsere geistige Gesundheit ist».[2]

Aber wir brauchen die Forschung nicht, um die Herrlichkeit eines Rosettenfensters an einer Kathedrale zu erkennen; der Entwurf eines keltischen Manuskriptes, eine Blume in voller Blüte oder die vollkommene Geometrie eines griechischen Tempels lassen uns nicht unbeeindruckt. Und in dem Augenblick, da wir uns durch die Schönheit berühren lassen, wird der Teil in uns, der durch die Lebensereignisse böse gebeutelt oder gar zerrüttet wurde, aufs neue belebt werden. In einem solchen Augenblick ereignet sich ein wirklicher Sieg - ein Sieg über die Enttäuschung, eine zuversichtliche Behauptung über die Ergebung in den Prozess der Kristallisierung und den Tod. Dieser Sieg ist auch ein Schritt vorwärts in unserem eigenen Wachstum, und zwar in einem sehr bestimmten und wörtlichen Sinn, weil wir im Augenblick, da wir Schönheit wirklich wahrzunehmen und zu würdigen wissen, mehr werden als wir sind. Dann *leben wir in einem Augenblick reiner psychischer Gesundheit,* und wir errichten mühelos ein Bollwerk gegen die negativen Zwänge und den Druck, den das Leben unausweichlich ausübt.

Aber das ist nicht alles, weil alle Stimuli - ob schön oder hässlich - in das Unbewusste absinken, wo ihr Einfluss zwar an Unmittelbarkeit verliert, aber an Macht und Durchdringlichkeit gewinnt. In einen Teil unseres Unbewussten sind bereits die unzähligen Stimuli, mit denen wir seit Jahren bombardiert wurden, wie auf einer photographischen Platte eingeätzt. Aber ein anderer Teil ist noch keusch und Eindrücken zugänglich; und sobald dieser Teil angeregt wird, nimmt er den Stimulus sehr viel ernsthafter auf als unser gequälter und zerrütteter Geist dies an der Oberfläche normalerweise tut. Er überdenkt und verfeinert ihn sorgfältig, um ihn mit anderen, vorausgegangenen Stimuli zu verbinden und das psychologische Universum, das der Stimulus in sich birgt, zu assimilieren, damit gleichzeitig sich alle Begrenzungen und Verzerrungen aneignend.

Nehmen Sie als Beispiel ein Bild - irgendein Bild, sei es ein Inserat, eine Pornographie, ein Gemälde von Monet oder ein Zeitungsschnappschuss über einen Tumult -, es wird einen bestimmten Zustand des Bewusstseins, eine Lebensanschauung äussern, einen ästhetischen Massstab anlegen und eine allgemein gültige Haltung gegenüber dem Universum zum Ausdruck bringen.

Wenn gleichartige Anreize häufig wiederholt werden - wie im Falle der 15000 Morde, die der durchschnittliche amerikanische Jugendliche im Fernsehen miterlebt - multipliziert sich ihre Wirkung um das Vielfache und erzeugt ein reales psychologisches Klima in der inneren Welt eines Menschen. Glücklicherweise trifft es in besonderem Masse zu, dass Anreize mit hohem ästhetischem Wert einen gewaltigen, allumfassenden Einfluss haben, dessen Heilkraft bis in die Tiefen unseres Seins reicht.

Wir haben also die Wahl. Die Schönheit zu suchen wird somit zu unserer Verantwortlichkeit. Wir können uns dem aussetzen, was Assagioli «seelischen Rauchnebel (Smog)» nannte - den erfolgreichen Mengen freifliessender psychischer Giftstoffe - oder uns stattdessen dem heilenden Einfluss schöner Schauspiele, Anblicke und Klänge zuwenden.

Dem wiederbelebenden Einfluss sehr ähnlich ist die transzendente Wirkung der Schönheit auf uns. Eine Übung, die ich in meinen Gruppen häufig verwende, hat mir diese Tatsache im besonderen bestätigt. Im ersten Teil der Übung lege ich mehrere Dutzend Kunstkarten auf den Boden und fordere die Teilnehmer auf, eine auszuwählen, deren Anblick in ihnen anklingt. Ich beobachte sie, während sie das tun und bin immer wieder erstaunt, mit welchem Eifer sie sich auf die Kunstreproduktionen stürzen. Ja, sie werden geradezu taub für die weiteren Anweisungen, die ich ihnen gebe, so sehr vertiefen sie sich in die Betrachtung. In jenem flüchtigen Augenblick setzen sie ihre Schmerzen und Probleme sozusagen in Klammern und es gelingt ihnen, sich selbst zu vergessen.

Ich bin der Überzeugung, dass wir diesem Bedürfnis mehr Aufmerksamkeit schenken sollten. Es ist ein durstiges Verlangen nach etwas Undefinierbarem, einer Art Versprechen für die Zukunft, nach vollkommener Erfüllung oder vielleicht die Erinnerung an eine verlorengegangene Seligkeit. Schönheit scheint dieses Versprechen zu halten - oder die Erinnerung zu erwecken, und selbst in dem Wissen, dass kein noch so schöner Gegenstand anhaltende Genugtuung und Freude bringen kann, hat die Schönheit häufig die Kraft, uns aus der muffigen Welt gewöhnlicher Belange in die höheren Sphären der Lebenskraft und Harmonie zu entführen.

Den grössten Dienst, den wir vielleicht erweisen können, ist den Menschen zu helfen, sich selbst zu vergessen - natürlich nicht ihr wahres Selbst, aber den Durchschnittsgeist, mit dem sie sich identifizieren; den Teil des menschlichen Geistes zu vergessen, der beunruhigt und gestört wird durch alle möglichen Vorurteile, kleinliche Nörgeleien, müssige Tagträume, und so fort. Probleme, pflegte Assagioli zu sagen, werden normalerweise nicht gelöst, sondern vergessen. Und sie werden vergessen, weil etwas anderes, von grösserem Ausmass und lebensnotwendiger Wichtigkeit ihren Platz eingenommen hat.

Die Schönheit hat genau diese Fähigkeit, einen Menschen aus seiner eigenen Sphäre herauszuholen und den Kontakt mit etwas Universalem herzustellen, das berührt. Ohne die uns selbst überwindende Qualität - die auch anderen Haltungen und Qualitäten wie Liebe, Besinnung, Spielen (um nur einige wenige zu nennen) eigen ist - würden wir erstickt durch die bedrückende Atmosphäre eines beschränkten Lebens. Unsere eigene Welt muss von jenseits unserer Begrenzungen genährt werden, weil sie in sich selbst, wenn isoliert, nicht die Fähigkeiten und Möglichkeiten zum Überleben erschliessen und sich die Werkzeuge zur Lösung der Schwierigkeiten nicht schaffen kann. Hieronymus Bosch, so mögen wir uns erinnern, bezeichnet die Verdammten der Hölle als eingeschlossen in einen dunklen, undurchsichtigen Kristall, der jegliche Kommunikation mit der Aussenwelt verunmöglicht.

Die transzendierende Wirkung der Schönheit ist eng verbunden mit ihrer *offenbaren Kraft.* Schönheit enthüllt und offenbart unbekannte Welten, namenlose Möglichkeiten, die einer rein rationalen, nur Tatsachen sehenden Intelligenz entgehen würden. Viele Menschen auf ihren verschiedenen Wegen haben erkannt, dass Schönheit die befreiende, lebendig machende Stosskraft der Wahrheit besitzt. Auf der einen Seite haben wir Künstler wie Beethoven, der sagte, dass «Musik eine grössere Offenbarung bringt als alle Weisheit und Philosophie»[3] und dass «Musik den einzigen geistigen Zugang zu der höheren Welt des Wissens bietet».[4] Oder wie Suger, der Abt von Saint Denis und einer der Väter der farbigen Glaskunst im Frankreich des zwölften Jahrhunderts, der behauptete, dass er mit den wunderbaren Darstellungen von Licht und Farbe, die er durch die Verwendung von Emaille, Edelsteinen, Gold und gefärbtem Glas erzeugen konnte, «den Geist der Menschen erleuchte»[5], ihren versunkenen Geist zur Wiederauferstehung führen und ihnen die Gabe höheren Wissens geben könne. Und Keats, der schrieb, «er könne sich keiner Wahrheit sicher sein ausser durch die klare Wahrnehmung ihrer Schönheit».[6]

Auf der anderen Seite gibt es Wissenschaftler, die nach dem Studium der physikalischen Realität erkannten, dass die ästhetische Qualität ihrer Modelle Wegweiser in sich selber sei für deren Echtheit. Heisenberg schreibt in einem Brief an Einstein: «Sie mögen einwenden, dass, wenn ich von Einfachheit und Schönheit spreche, ich das ästhetische Kriterium der Wahrheit vorstelle, und ich muss freimütig bekennen, dass ich von der Einfachheit und Schönheit mathematischer Anordnungen, die uns die Natur anbietet, sehr angezogen bin. Sie müssen das auch empfunden haben: die fast beängstigende Einfachheit und Ganzheit der Verbindung, die die Natur plötzlich vor uns ausbreitet . . .»[7]

Auf ähnliche Weise misst der französische Mathematiker Poincaré der «mathematischen Schönheit», der «Harmonie von Zahlen und Formen» und der «geometrischen Eleganz» grösste Bedeutung zu. «Diese Harmonie», so schrieb er, «stellt zugleich eine Befriedigung unserer ästhetischen Bedürfnisse und eine Hilfe für unseren Geist dar, ihn unterstützend und leitend». Gemäss Poincaré formt des Mathematikers «unterbewusstes Selbst» blind eine enorme Menge von Kombinationen, von denen die meisten falsch und nutzlos sind. Die einzigen Kombinationen, die in das Bewusstsein dringen, sind jene, die durch das «delikate Sieb» ästhetischer Empfindsamkeit ausgewählt werden und die, wie Poincaré sagt, «zugleich nützlich und schön sind».[8]

Verbunden mit der offenbarenden Kraft der Schönheit ist ihre *Fähigkeit, aus den Angeln zu heben,* mehr noch die Ordnung, durch die wir den Sinn des Universums gemeinhin verstehen, zur Explosion zu bringen. Es wird berichtet, dass bei einem Anlass die Jünger Buddhas ihm alle möglichen komplexen und metaphysischen Fragen vorlegten. Darauf nahm Buddha eine Blume und legte sie wortlos vor sie hin. Nur einer der Jünger, Ananda, verstand die unaussprechliche Wahrheit, die in jener Botschaft enthalten war und lächelte. So wie für Ananda enthüllt Schönheit auch uns, was jenseits der Gedanken liegt. Es mag sogar Zeiten geben, wo uns eindrücklich bewusst wird, welch unwirksame Vorrichtung unser begriffliches geistiges Rüstzeug ist, wie begrenzt unser Verständnis. Ich habe Leute gekannt, deren enges, geistiges Gerüst durch den Anblick eines sternklaren Himmels völlig einstürzte. In anderen Fällen war es ein Musikstück oder die blosse Anwesenheit eines Berggipfels, der einen Menschen bewegte und ihn gar zur Preisgabe seiner Ideen zwang, so wie man einen alten abgetragenen Anzug aufgibt.

Dann gibt es noch eine andere, ganz besondere Art, wie Schönheit uns beeinflusst: *sie erhellt unsere Begierde.* Viele spirituelle Traditionen bestimmen, dass wir Befreiung oder Erlösung nur erreichen können, wenn wir uns aller Neigungen, Verhaftungen und Begierden entledigen. Diese Lehre wurde oft als Befehl missverstanden, systematisch und gewaltsam alle Wünsche in uns zu vernichten. Während dieser Vorgang für einige wenige Menschen mit asketischer Berufung Gültigkeit haben mag, werden dadurch zumeist völlig gegensätzliche und nicht erwartete Wirkungen hervorgerufen. Die Leute versuchen, ihre Wünsche zu verdrängen und erreichen damit doch nur, dass diese mit der Energie der eigenen Verleugnung erfüllt werden. Wenn ein Wunsch eine Zeit lang unterdrückt oder gar erstickt wird, gibt es einen dramatischen Rückschlag, er taucht in anderer Verkleidung wieder auf, oder, obwohl er verschwunden scheint, kontrolliert er unsichtbar den Menschen, der so mühsam versuchte, ihn auszuschalten.

Assagioli behauptete, dass wir auf viel schmerzlosere und praktischere Weise lernen können, uns der Freiheit des Loslassens zu erfreuen, und zwar durch die vollkommene Wahrnehmung der Schönheit. Normalerweise begehren wir, was wir als schön erachten. Statt diese Anziehungskraft zu verleugnen, sagt Assagioli, sollten wir noch weitere daneben entstehen lassen. Wenn wir lernen, unsere Wahrnehmungskräfte zu erweitern, werden wir unsere Verhaftung so zerfliessen lassen können, dass sie immer schwächer wird bis zur gänzlichen Auflösung.

Der Fehler des Moralisten liegt gemäss Assagioli in der Verwirrung von Genuss und Verhaftung. Genuss jeder Art ist in sich selbst ein wahres positives psychologisches Erlebnis. Was die Situation erschwert, ist, dass wir schon sehr schnell nach dem Genuss – oder in einigen Fällen schon im voraus – die gleiche Befriedigung wiederholen wollen und dadurch die Verhaftung heraufbeschwören. Aber die Verhaftung an etwas ist ein völlig anderes Phänomen als der Genuss, und selbst wenn sie nahe miteinander verknüpft oder gar miteinander vermischt sind, sollten wir uns der Unterschiede bewusst sein. Genuss ist freiwillig und rein. Verhaftung ist begehrlich und erwartungsvoll. Genuss lebt im Jetzt. Verhaftung lebt in der Vergangenheit oder projiziert sich in die Zukunft. Genuss ist für Erfahrungen offen; Verhaftung wünscht diese zu programmieren.

Mehr noch, unsere Verhaftungen liegen im umgekehrten Verhältnis zu unserer Genussfähigkeit. Wie Assagioli einmal zu mir sagte:

> Die wesentliche Annäherung besteht darin, *mehr zu geniessen.* Wenn Du eine Frucht geniesst, dann geniesse *alle* Arten von Früchten. Wenn Du alles geniesst, wirst Du nichts verhaften, weil Du von einem Genuss zum nächsten gehst. Du gehst vom Genuss einer Frucht zum Genuss eines Buches, zum Genuss eines sternklaren Himmels . . .
>
> Wenn Du alles wahrnimmst, bleibst Du frei. Wenn Du den Wunsch nach etwas verspürst, das aus mehreren Gründen nicht passend ist oder weil Du es nicht erlangen kannst, wende Dich etwas anderem zu, dass Du geniessen kannst.
>
> Es gibt immer etwas anderes, das du geniessen kannst.[9]

Auch das Gegenteil ist wahr. Wenn wir die Schönheit nur in einem Menschen oder einem Objekt sehen können unter Ausschliessung alles anderen, werden wir davon besessen und unsere Sicht verkalkt. Wir verfallen dem stillschweigenden und irreführenden Glauben, dass wir die Schönheit besitzen werden, wenn wir das Wesen oder Objekt ergreifen oder in Besitz nehmen.

Es ist paradox aber wahr, dass die Schönheit eine finstere Seite verbergen mag. Dies wird in der Geschichte von Spinello, einem anerkannten und berühmten Maler der Renaissance, verdeutlicht. In der damaligen Zeit war es üblich, den Teufel als ein verächtliches, unter dem Menschen stehendes Wesen abzubilden, und Spinello hatte an einem Bild gearbeitet, in dem er den Teufel so dargestellt hatte. Als er schwerkrank und fiebrig wurde, erschien ihm der Teufel, aber nicht als die verächtliche Kreatur, als die ihn Spinello gemalt hatte. Stattdessen erschien ihm der Teufel als unglaublich schöner Mann, ganz in schwarz gekleidet, der ihn betrachtete und zu ihm sagte: «Spinello, Spinello, fürwahr, wie klein muss der Glaube in Deinen Gott sein, dass Du annimmst, Er würde zu seinem grössten

Feind solch eine niedrige dumme Kreatur haben, wie Du sie gemalt hast. Wisse, dass ich so schön bin, dass ich Ihm ein Nebenbuhler in seiner Herrlichkeit sein kann.»

Genuss ist oft mit dem Sinn für Geschmack in Verbindung gebracht worden, wie die Ausdrücke «guter Geschmack», «schlechter Geschmack» und «Wohlgeschmack» belegen. Umgekehrt kann die Unterdrückung von Genuss auch in Verbindung mit Essen verstanden werden: wir schlucken oft sehr hastig, was wir essen, manchmal sogar während wir lesen oder fernsehen, ohne uns die Zeit zu nehmen, die Speise zu geniessen. Es wird uns eine Gabe angeboten und wir übersehen sie, indem wir sie gedankenlos runterschlucken. Diese Art zu essen ist häufig der ähnlich, wie wir mit der äusseren Welt in Beziehung stehen: wir eignen uns schnell etwas an, ohne uns jedoch lange beim Genuss zu verweilen und es wirklich in uns aufzunehmen. Nur wenige Menschen verstehen es, ein Musikstück, ein Gedicht, ein gutes Buch oder eine Landschaft zu geniessen und sich davon wirklich erfüllen zu lassen, alle Einzelheiten und Feinheiten geniessend, die eine hastige, ungeduldige Wahrnehmung unausweichlich übersieht.

Die Schwierigkeiten, Schönheit zu geniessen, liegen jedoch nicht nur in der Ungeduld und Unfähigkeit, aufzunehmen. In manchen Menschen entsteht die Schwierigkeit, weil sie Angst vor der Schönheit haben. Weil diese Menschen sich innerlich hässlich fühlen, scheuen sie die Erfahrung, wie schmerzlich der Unterschied zwischen ihnen und der Schönheit ist. Andere mögen befähigt sein, Schönheit mit einem geliebten Menschen zu geniessen, aber sobald sie allein sind, erweckt das Erleben von Schönheit in ihnen ein brennendes Gefühl der Einsamkeit. Ich habe viele Menschen erlebt, die es vorziehen, sich der Schönheit zu verschliessen, um sie nicht allein geniessen zu müssen. Meistens findet man in einer solchen Haltung ein Gefühl der Minderwertigkeit, den Glauben, man sei unwürdig für alles Wertvolle, es sei denn in Gegenwart und mit Zustimmung einer anderen Person, die quasi als Vermittler zu handeln hat.

Es gibt auch Leute, die die ästhetische Dimension als bedrohlich und fremd empfinden, da sie den normalen Gang der Dinge sprengt. Sie übertragen stillschweigend den Genuss der Schönheit auf andere, als sei es das Monopol einer besonderen Klasse Mensch. Wer immer jedoch dieser Kategorie angehört, wird häufig als eigenartig und untauglich erachtet. «Heh, Du Künstler», rief ein Feldwebel, den ich in der Armee kannte, stets aus, wenn er einen Soldaten aufrütteln wollte, den er als zu träumerisch oder fremd ansah - oder als gefährlich offen für etwas anderes als die sichere, organisierte Routine.

Jeder von uns hat einige Erfahrungen mit dem, was schön ist, und jeder von uns hat die eigene Fähigkeit, mit der ästhetischen Dimension Kontakt aufzunehmen. Wir werden dadurch zwei Ziele erreichen: vor allem werden wir zunächst einmal einen soliden Grundstein zur eigenen Wertschätzung legen und keine Persönlichkeit ist wirklich gut integriert, wenn sie sich nicht auf eine solche solide Grundlage einer tiefen, echten, fast naiven Wertschätzung abstützen kann - wobei dies eine Einstellung ist, die das Gegenteil von Narzissmus und Überheblichkeit ist. Zweitens eröffnet die Fähigkeit, unsere eigene innere Schönheit wahrzunehmen, fast automatisch die Tore zur Wahrnehmung der äusseren Schönheit. Wie Plotinus sagt, «Er, der erblickt, muss dem ähnlich sein, was er erblickt und muss, bevor er diese Sicht erlangen kann, in die Ähnlichkeit versetzt werden. Niemals hätte das Auge die Sonne erblicken können, wäre es nicht sonnengleich geworden, und niemals kann die Seele Schönheit sehen, wenn sie nicht schön geworden ist».[10]

Unsere wahre «Seele», so könnte man sagen, ist *bereits* schön. Wir müssen uns dieser fundamentalen Tatsache nur bewusst werden. Die folgende Übung kann bei dieser Aufgabe behilflich sein:

Innere Schönheit

1. Denken Sie an eine Eigenschaft, eine Fähigkeit oder eine Haltung in Ihnen selber, die Sie als schön bezeichnen. Sie muss sich nicht vollkommen äussern oder aktiv sein. Es mag ein Teil sein, der noch teilweise verborgen in Ihnen liegt, etwas vielleicht, von dem nur Sie wissen. Es mag sogar der Same zu einem Verhalten sein - also reine Möglichkeit.

2. Nehmen Sie sich etwas Zeit, diesen Teil von Ihnen anzuerkennen und zu geniessen. Dann lassen Sie langsam ein Bild vor Ihrem inneren Auge entstehen, das diesen Teil symbolisiert - einen Kunstgegenstand, eine Landschaft, ein Tier, irgendetwas.

3. Denken Sie über dieses Symbol nach, lassen Sie sich seine eigene Schönheit zeigen; vielleicht enthält es eine Botschaft für Sie, die sowohl verbal wie auch nonverbal und sehr subtil sein kann. Jedes Symbol kann zu Ihnen sprechen, wenn Sie das zulassen.

4. Wählen Sie jetzt eine andere Qualität, Fähigkeit oder Seite in Ihnen und wiederholen Sie die Schritte 1 und 2. Machen Sie dasselbe mit allen Teilen von Ihnen, die Sie wählen möchten. Wiederholen Sie diese Übung so oft, bis Sie eine ganze Reihe von Seiten und Teilen in Ihnen wohlwollend schätzen gelernt haben. Sie werden erstaunt sein, wieviele Sie finden werden - vor allem, wenn Sie tief genug in sich eindringen und die Stimmen der Entmutigung, Minderwertigkeit oder Skepsis ignorieren.

Wie können wir unsere Begabung in der Kunst der Wertschätzung von Schönheit noch weiter entwickeln? Die Antwort ist immer wieder die gleiche: indem wir uns ihr zuwenden. In einer offenen Haltung nehmen wir uns gelassen Zeit, sie zu geniessen; wir gestatten uns, sie in uns aufzusaugen und lassen alle Nützlichkeitsprinzipien und Ungeduld auf der Seite. Wir können natürlich auch eine aktivere und absichtsvollere Haltung einnehmen und fast überall systematisch nach ihr Ausschau halten - in einem Gesicht, einem Musikstück oder in einem Baum. Stanislawski, der grosse russische Lehrer der Theaterkunst, verlangte von seinen Schülern, nach der Schönheit «durchdringend» zu suchen. «Eine solche Gewohnheit», meinte er, «erhebt ihren (der Schüler) Geist und weckt Gefühle, die tiefe Spuren in ihren emotionalen Erinnerungen hinterlassen werden.»[11] Er erinnerte seine Schüler jedoch auch daran, nach der Schönheit in scheinbar hässlichen, entstellten oder verzerrten Dingen zu suchen, denn der Sinn für Schönheit, der die Hässlichkeit nicht mit einbezieht, geht das Wagnis der Sentimentalität ein. Wir können das Beispiel eines Rembrandts anführen, der in einem Bild einen so unansehnlichen Anblick wie den eines Stückes Rindfleisch in einem Metzgerladen hängend in ein erstaunliches Spiel von Licht und Farbe verwandelt. Oder aus unserer modernen Zeit haben wir die Aussage eines René Clair, dass er in einer Pariser Métro-Station ein verzaubertes Schloss sehen konnte. In ähnlichem Sinn gab Leonardo da Vinci aufstrebenden jungen Malern den folgenden Ratschlag:

Ihr solltet Wände, die vor Feuchtigkeit Flecken haben, betrachten oder Steine mit ungleichmässigen Farben. Wenn Ihr dann für ein Bild eine Umgebung und Hintergrund erfinden müsst, dann werdet Ihr in den Wänden oder Steinen die Ähnlichkeit mit köstlichen Landschaften, geschmückt mit Bergen, Felsen, Ruinen, Wäldern, endlosen Weiten, Hügeln und Tälern in grosser Auswahl sehen; Ihr werdet darin Schlachten und seltsame Figuren in kämpferischer Pose sehen, Ihr werdet ihre Gesichter sehen, ihre Kleidung und unendlich viele Dinge, die Ihr in ihren vollkommenen und richtigen Formen wiedergeben könnt.[12]

Bald werden wir sehen, dass Schönheit nicht nur auf der körperlichen Ebene zu finden ist als Form, die man erkennen kann, sondern auch auf subjektiven Ebenen: wir können die Schönheit einer Haltung in einem Menschen wahrnehmen, oder die Reinheit seines Beweggrundes, die Feinheit seines Wesens, usw. Wir können die Harmonie und Bedeutung einer Beziehung geniessen. Und was noch wichtiger ist, wir können blitzartig die innere Schönheit im tiefsten Kern eines Menschen erblicken. Sanskrit verwendet das Wort *Namaskara,* das bedeutet: «Ich grüsse das Göttliche in Dir.» Es ist die rituelle Verneigung vor der göttlichen Essenz in jedem Menschen, dem man begegnet. Namaskara könnte auch übersetzt werden mit «Ich grüsse die Schönheit in Dir», oder - in einer ausführlicheren und freieren Wiedergabe, die ich respektlos vorschlagen möchte - als: «Unabhängig von der Tatsache, dass Du mich ärgerst, dass ich Deine Anwesenheit nicht ausstehen kann, dass ich mich unbehaglich fühle, wenn wir zusammentreffen, dass ich nicht Deiner Meinung bin, dass ich glaube, Du seiest eine hoffnungslose Schlampe, und so weiter und so weiter, grüsse ich die Schönheit in Dir - eine Schönheit, die ich vielleicht manchmal wahrgenommen habe oder, sollte ich sie nie erkannt haben, jetzt willentlich und absichtsvoll wahrnehme - geheimnisvoll, unsterblich und unbeeinflusst von Spielen, die wir jetzt vielleicht gerade miteinander spielen, unendlich.»

Das Verständnis innerer Schönheit in einem Menschen ist nicht nur die Sache eines Einzelnen; wenn wir ihr in einem Menschen begegnen, können wir die Wahrnehmung gleichzeitig auf die ganze Menschheit ausdehnen und wir erfahren, was Kant «das Gefühl der Schönheit und Erhabenheit menschlicher Natur» nannte.[13]

Betrachten wir die Schönheit unserer eigenen Psychosynthese. Harmonie und Lebensrhythmus, meisterhafte Beherrschung des psycho-physischen Organismus (vergleichbar der meisterlichen Beherrschung eines Pianisten oder Tänzers), das aussergewöhnliche Vorwärtsdrängen der persönlichen Entwicklung in das Unbekannte, die Umwandlung und Synthese der einzelnen Teile unserer Persönlichkeit, die Lehrjahre in der Kunst des Lebens, die strahlende Manifestation des höheren Selbst - all diese Ereignisse und Erfahrungen können von bewegender, grosser Schönheit getragen sein, ob wir sie in uns oder anderen wahrnehmen.

Aber wie immer dies geschehen mag - leider wird zu oft ein grosser Teil der Erfahrung von Schönheit verschwendet. Kaum sind wir durch die Entzückung bereichert worden, begraben wir unsere Erfahrung wieder unter den Lawinen täglicher Sorgen und zahllosen Ablenkungen. Nur selten findet eine wirkliche Aufnahme, im wahrsten Sinne Einverleibung, statt und wird als Markstein in unserem Leben geschätzt, als etwas, das wir aus unserer Vergangenheit mitnehmen und noch immer die Fähigkeit hat, uns in aller Stille zu beleben, als ein Ereignis, das uns in unserer Entwicklung weitergebracht hat und unsere Fähigkeit der Freude angeregt hat.

Die vergangenen Wonnen wie Schätze zu hüten ist äusserst wichtig, weil uns dies befähigt, zukünftige Schönheit zu geniessen. Die folgende Übung zielt darauf hin, die Schätze, mit denen wir einst gesegnet wurden, wieder zum Leben zu erwecken. Sie beginnt mit der Erinnerung an die Hässlichkeit, weil der Kontrast nicht nur der körperlichen, sondern auch der Hässlichkeit, der Zerstörung, Dummheit, Lieblosigkeit und Konflikte - uns hilft, die Schönheit zu verstehen, was manchmal in sehr dramatischer Hinsicht unsere Sehnsucht danach erhöht.

Die Schönheit schätzen

Die Übung wird nur Wirkung haben, wenn Sie bereit sind, die Ereignisse, mit denen ich Sie bitten werde, Kontakt aufzunehmen, wirklich wieder ganz lebendig werden lassen, und zwar mit all Ihren Sinnen, als würden Sie sie in diesem Augenblick erleben.

1. Beginnen Sie damit, Momente der Hässlichkeit wieder zu erleben. Spüren Sie wieder in sich den beleidigenden, zerstörerischen Einfluss der Hässlichkeit auf Ihren psycho-physischen Organismus. Und denken Sie daran: es kann jegliche Art von Hässlichkeit sein, nicht nur körperliche.

2. Jetzt erinnern Sie sich an Augenblicke der Schönheit. Dieses mögen Augenblicke der Schönheit in der Natur, in einer Beziehung, in einem Wachstumsprozess, in einer Erkenntnis oder andere sein. Es ist Ihre Wahl. Spüren Sie ganz deutlich und vollkommen ihre aussergewöhnlichen Wirkungen.

Nehmen Sie sich Zeit, diese Momente zu geniessen; lassen Sie sie in sich einsinken, so dass Sie sie wirklich in sich aufnehmen können und ihren Wert zu schätzen wissen, vergewissern Sie sich ihrer Gegenwart.

3. Lassen Sie sich Zeit, in sich die Offenheit Ihres ganzen Seins wahrzunehmen, Ihre Empfindsamkeit und das lebendige Verständnis für die unendliche Schönheit in ihrem vollen Ausmass zu erkennen.

Während wir die Schönheit in allen ihren Erscheinungsformen erforschen, werden wir vielleicht die Erfahrung machen, dass wir mit ihr in Berührung sein können, ohne Formen wahrzunehmen. Plato beschreibt diese Erfahrung als Schönheit, «die weder zu- noch abnimmt»; es ist St. Augustine's «Schönheit - so alt und so neu», Shelleys «Geist der Schönheit». Es sind nicht einfach nur Worte, poetische Metaphern, philosophische Betrachtungen. Es sind echte psychische Erfahrungen, die einen tiefen Eindruck bei denen hinterlassen, die sie erleben und geniessen durften. Ich erhielt eine Beschreibung von jemandem, der genau diese Erfahrung machte:

> Ich betrachtete einen Pfirsichbaum; dann spürte ich plötzlich, dass nicht nur der Baum schön war, sondern dass *lebendige Schönheit* von ihm auszugehen schien und mich berührte. Es war eine tiefe, persönliche Berührung; mir war, als würde ein *Wesen* ohne Worte zu mir sprechen. Es kam mir vor, als würde ich einer sehr, sehr aussergewöhnlichen Person begegnen, die eine ganz besondere Wirkung auf mich ausübte.

Ich spürte, dass diese Wesenheit sich end- und zeitlos durch unzählige Formen des Lebens zum Ausdruck brachte – durch die Natur in einer Blume oder einem Spinnennetz, durch einen Menschen, der ein Kunstwerk vollbringt und durch das gleiche Leben auch durch mich. Es war ein wunderbarer Moment: Ich spürte grosse Kraft in meinem Körper und fühlte mich durch eine überwältigende Harmonie förmlich überschwemmt. Im Aufflammen eines Augenblickes offenbarten sich mir unzählige Erscheinungsformen der Schönheit, die ich nie zuvor wahrgenommen hatte.

18

Synthese

Ein junger Mann, der in den Fjorden Norwegens lebt, legt die verblüffendsten Fähigkeiten an den Tag: ohne je irgendeine Erziehung oder Ausbildung genossen zu haben, beweist er eine Gelehrsamkeit, die die Klugheit der Weisen bei weitem übertrifft. Er kennt unzählige Geheimnisse über die innere Ordnung der Natur; er weiss um die Kommunikation zwischen Pflanzen und Tieren, und er kann in den Kern aller Dinge blicken und sie in die Entwicklung des Universums einordnen. Er hat die Fähigkeit, in Fremde hineinzusehen und in ihren Augen die geheimsten Beweggründe zu lesen. Seine blosse Gegenwart erfüllt die Leute mit Feuer und allein der Gedanke an ihn ist ausreichend, einen anderen Menschen zu läutern. Darüber hinaus hat vor allem er die geheimnisvolle Kraft, verschiedenen Menschen in zwei unterschiedlichen Formen zu erscheinen - der männlichen und weiblichen - und besitzt das Wesen und die Züge, die man traditionell der femininen und der maskulinen Erscheinung zuschreibt.

Seraphitus-Seraphita, die Hauptfigur in Balzacs Roman *Seraphita* ist ein Androgyn. Und der Androgyn ist ein kraftvolles Symbol unseres höheren Selbst, wo Gegensätze miteinander versöhnt werden und alle Möglichkeiten ohne Widerspruch nebeneinander existieren. Wie Mircea Eliade, Autor eines wunderschönen Essays über dieses Thema, es nennt, ist «das Zusammentreffen von Gegensätzen» ein aussergewöhnlicher Zustand, in dem unsere normale Verfassung - das Gefühl, als Fragment aus der Quelle des Lebens herausgerissen zu sein und das drückende Heimweh nach der uranfänglichen Einheit zu erleben - ausgetauscht wird gegen einen Reichtum, in dem alle Gegensätze ohne Konflikt verschmelzen.[1]

Die vollkommene Einheit von Gegensätzen ist ein höchst begehrenswerter Zustand, dem sich jeder von uns mehr oder weniger nähern kann. Aber um solche Annäherung zu vollziehen, müssen wir uns unserer inneren Polaritäten zunächst bewusst werden und die verschiedenen Möglichkeiten erkennen, wie wir damit umgehen können. Durch eine solche Analyse werden wir dann befähigt sein, eine innere Synthese anzustreben.

Liebe und Wille sind zwei der bekannten Polaritäten im Leben vieler Menschen. Liebe heisst oft Zärtlichkeit, Weichheit und Einbeziehung. Wille impliziert Zähigkeit, Macht und Zielbewusstheit. Liebe macht nachgiebig. Wille verleiht Entschlossenheit und verhilft dem einzelnen dazu, Ziele zu setzen und über alle Hindernisse hinweg das Ziel zu erreichen, manchmal sogar auf Kosten anderer. Liebe hingegen lässt die Leute weniger an Zielen interessiert sein, als vielmehr offen zu sein für Gefühle, Beziehungen und Einfühlungsvermögen. Die Polarität von Liebe und Wille zeigt sich häufig in dem Dilemma, dem sich Eltern und Erzieher gegenübersehen - wählen zu müssen zwischen Strenge einerseits und der Nachgiebigkeit gegenüber den Wünschen (und manchmal auch Launen) der Kinder andererseits. Man kann ein ähnliches Dilemma an einem Gerichtshof finden - die Alternative zwischen strikter, unpersönlicher Anwendung des Gesetzes und mitleidvoller Identifikation mit dem jeweiligen Fall. Auch in der Psychotherapie begegnen wir der gleichen Polarität - Menschen zu akzeptieren, wie sie sind und ihnen positive Zuwendung und Aufmerksamkeit zu erteilen, oder durch die Abwehrmechanismen zu brechen und sie aus ihren neurotischen eingefahrenen Geleisen herauszuschütteln.

Jede Seite für sich eindeutig unvollständig. Liebe, der jeglicher Wille abgeht, wird überzeugens- und kraftlos bleiben. Viele «liebende» Leute neigen dazu, schüchtern, faul oder zu nachsichtig zu sein, wie nett sie auch sein mögen. Umgekehrt kann Wille ohne Liebe sehr rücksichtslos sein. Das kann zu Härte und Zerstörungswut, zu Machtstreben um der Macht willen und zur Isolation führen. Ich glaube, wir können Assagiolis einfacher Aussage zustimmen, wenn er sagt, dass eine unserer wichtigsten Aufgaben darin besteht, dass nicht nur die Liebenden stärker, sondern die Starken auch liebevoller werden müssen.

Eine Möglichkeit, das zu verwirklichen, bedeutet für beide, die Pole in ihrer unverzerrten Essenz wahrzunehmen. Auf der Ebene des höheren Bewusstseins werden Liebe und Wille als einander sehr ähnlich erscheinen. Der vollkommene Wille ist akzeptierend und funktioniert zum Wohle des Ganzen, während die Liebe eine willensfähige und beharrliche Qualität enthält.

Praktische, sachliche Einstellung und Idealismus sind zwei andere, weitverbreitete Polaritäten. Auf der einen Seite besteht die Neigung, mit den prosaischen Realitäten des Alltags umzugehen und dem Handeln und sichtbaren Ausführung Wichtigkeit und Vorrang zu verleihen. Auf der anderen Seite haben wir den Hang, die inneren unsichtbaren Realitäten und Ideale zu betonen. Das Erste kann zu übergrossem Materialismus führen, der alles ignoriert, was nicht sichtbar, hörbar oder fassbar ist. Das Zweite mag dazu veranlassen, jegliche Handlung zu verabscheuen, als sei sie unrein; mit dem Kopf in den Wolken zu leben und jeden Kontakt zur Wirklichkeit - einer Wirklichkeit die Geldverdienen, Rechnungen bezahlen und den Abfalleimer leeren heisst - zu verlieren.

Menschen, die gemäss solchen Neigungen leben, werden einander missverstehen oder gar verabscheuen. Sehr oft jedoch bestehen die beiden Neigungen in der gleichen Person und verursachen ständigen Widerspruch. Ich werde nie einen Klienten vergessen, dessen erste Aussage beim Betreten meiner Praxis war: «Mich interessiert nur Licht, nur die Erleuchtung.» Alles andere, so sagte er, ist völlig belanglos. Er schien ein Mystiker zu sein. Aber eines Tages, nach einigen wenigen Sitzungen, in denen er mit seinem Bedürfnis nach Erleuchtung gearbeitet und einige schöne Erfahrungen gemacht hatte, spürte ich, dass er in anderer Stimmung war. Nach ein paar Minuten wurde deutlich, dass sein Hauptinteresse im Leben jetzt das Geldverdienen war. Als ich ihn daran erinnerte, dass ihn noch vor kurzem seine Suche nach Erleuchtung vollkommen gefangen gehalten hatte, bemerkte er gelassen, dass dieses Ziel nicht praktisch genug sei, dass man nicht von der Erleuchtung leben könne und dass er etwas Konkretes wolle, auf das er seinen Finger legen könne! Er sprach voll Verachtung über das, was er vorher aufs äusserste geschätzt hatte. Selbstverständlich kehrte die Sehnsucht nach der Erleuchtung nach wenigen Sitzungen in noch verstärktem Masse zurück.

Im Grunde war in dem Verhalten dieses Mannes nichts Aussergewöhnliches zu sehen. Beide Neigungen - die praktische und die mystische - waren in ihm vorhanden, wie in vielen von uns. Es waren zwei seiner Teilpersönlichkeiten. Wenn der Konflikt zwischen Teilpersönlichkeiten so heftig ist, wird klar ersichtlich, wie ein solcher ungelöster und sogar unbewusster Konflikt dazu führen kann, zerrissen und unsicher zu sein. Diese schmerzhafte Verwirrung entsteht, wenn zwei gleich starke Motivationen einander zu zerstören suchen.

Selbstverständlich werden zahlreiche Polaritäten - Liebe/Wille und Idealismus/praktische Einstellung sind nur zwei Beispiele - teilweise ineinander übergreifen. Auch dieses sollte uns davon warnen, zu glauben, dass wir die verschiedenen Bezirke unserer Psyche gänzlich begreifen können. Sachliche Analyse ist wohl notwendig wie praktisch, aber wir müssen nicht vorgeben wollen, dass wir ein engmaschiges System entdeckt haben, das unsere inneren Realitäten erschöpfend erfasst. Unsere inneren polaren Kräfte sind mannigfaltig und wechselvoll, in immer wieder anderen Färbungen und Qualitäten zu verschiedenen Zeiten auftretend.

Eine so allgemein auftretende psychologische Polarität wie die zwischen Gefühlen und Geist/Verstand, zum Beispiel, kann als Variante der universalen Polarität von Eros und Logos betrachtet werden. Assagioli hat Eros wundervoll beschrieben: «Eros bedeutet Liebe im weitesten Sinne; es ist der lebendige, uranfängliche Impuls; es ist die Neigung aus dem Urinstinkt nach Selbsterhaltung, Selbstbehauptung und Fortpflanzung, der sich in den Formen unzähliger Impulse und Wünsche manifestiert, sich in den zartesten Gefühlen verfeinert und in die höchsten Bestrebungen vergeistigt wird. Eros ist pulsierendes Leben, treibende Kraft, Wärme, Feuer.[2]»

Logos hingegen «ist das lenkende Prinzip, welches das Leben ordnet und in Einklang bringt. Logos neigt dazu, das stürmische Wesen, den verworrenen, unruhigen Strom des Eros zu sammeln und in ruhigen Kanälen mit festen, geraden Ufern dem gesetzten Ziel entgegenzuführen. Logos neigt immer dazu, die fliessende, dehnbare und vitale psychische Substanz in wohl geordnete Formen zu bringen. Logos ist Gesetz und Disziplin. Es ist Ordnung, Harmonie und Schönheit. Es ist Rhythmus und Mass. Es ist Intelligenz und Vernunft, Verständnis und Licht.[3]»

Eros ohne Logos ist blind und irrational. Logos ohne Eros ist dürr und kalt. Und, obwohl sie nie völlig getrennt von einander zu finden sind, kann es durchaus sein, dass es uns teilweise an dem einen mangelt oder wir einen Konflikt zwischen den beiden in uns tragen. Viele Polaritäten - zum Beispiel Disziplin und Spontaneität, Vernunft und Eingebung, gesunder Menschenverstand und Verrücktheit - sind weitere Varianten des Themas Eros und Logos.

Die Polarität zwischen Sinnlichkeit und Geistigkeit (Spiritualität), obwohl sie einigen zu ähneln scheint, die wir bereits betrachtet haben, hat auch ihre eigene Geschichte. Einerseits nehmen viele Leute die Schönheit der «Spiritualität» in dem Sinne wahr, den die religiösen und mystischen Traditionen ihr zu den verschiedenen Zeiten zugeordnet hat: zielbewusste Loslösung, Reinheit, Freiheit von Besitz und unerbittliche persönliche Nacktheit, die dem höheren Selbst gestattet, hindurch zu leuchten, ohne Hindernisse.* Andererseits entscheiden sich viele Leute für die Sinnlichkeit in der weitesten Bedeutung des Wortes - Identifikation mit allen Aspekten des Universums, die Verfeinerung jeder Art von Genuss, leidenschaftliche Ergebenheit und Verknüpfung mit der äusseren Welt in all ihren Erscheinungsformen.

Ersteres verursacht als alleinige Neigung einen Mangel an Sympathie mit dem Leben, dem Getrenntsein, eine Unfähigkeit, am Tanz der Schöpfung beteiligt zu sein –. Die zweite Neigung kann hingegen zu exzessiver Verhaftung mit Formen ohne jegliche Substanz, zu dekadenter Ästhetik, zu der Unfähigkeit Frustration zu ertragen, zu Passivität und Schwäche führen. Hermann Hesse hat diese Dualität in seinem Roman *Narziss und Goldmund* auf wunderschöne Art dramatisch belegt. (Dennoch hat Hesse innegehalten vor der Beschreibung der voll erblühten Synthese der beiden Aspekte.)

* Ich verwende hier das Wort «Spiritualität» in seiner beschränkten Bedeutung, die oft vorkommt. Spiritualität in seiner wahren und vollen Bedeutung kann selbstverständlich als die Synthese aller Aspekte und Möglichkeiten betrachtet werden.

Die übliche Teilung zwischen Spiel und Arbeit ist eine Polarität, die so in unsere Kultur eingebettet ist, dass sie oft nicht mehr wahrgenommen wird. Spielen wird als angenehm, aber leichtfertig und unproduktiv angesehen. Arbeit macht uns zu ernsthaften und bedeutsamen Mitgliedern unserer Gesellschaft - scheint jedoch den Stempel langweiliger Routine zu tragen. Nur wenigen Menschen gelingt es, kreativ mit so viel Freude und Interesse zu arbeiten, dass sie die Trennung zwischen den beiden Gegensätzen nicht länger erleben. Sie erfahren alle Aktivitäten vom Standpunkt des Spielens aus, geniessen ihre Unvorhersehbarkeit, ihre kreative Vitalität, die immer neue Formen schafft, ihre abenteuerliche Stimmung, die nicht vor Risiken und Zweifeln zurückschreckt, ihren Schwung, ihre endlose, freudige Erfindungsgabe. Das sind die Qualitäten, die aus dem Spiel, wie Assagioli sagte, ein Merkmal des Geistes machen; das erklärt, warum die indische Tradition es als Metapher adoptierte, um - zusammen mit dem Tanz - das kosmische Drama damit zu beschreiben. Auf dieser Ebene des Verständnisses sind Arbeit und Spiel eins.

Alle möglichen anderen Polaritäten spielen auf der Bühne unseres psychologischen Lebens und färben es auf verschiedene Art: Intuition und Logik, Vorsicht und Wagemut, Pessimismus und Optimismus, Männlichkeit und Weiblichkeit, Konservatismus und Erneuerung, Introvertiertheit und Extravertiertheit. Das Spiel dieser Gegensätze bietet uns reichhaltige Erfahrungen, Bewegungen, Taten und schliesslich die Synthese. Bei manchen Leuten fällt es schwer, überhaupt Polaritäten zu unterscheiden. Sie scheinen vollkommen von einem Aspekt beherrscht: er ist beispielsweise nur ein Arbeiter und weiss nicht, wie spielen; sie funktioniert nur vom Kopf her und ihre Gefühle sind kaum wahrnehmbar. Das Resultat solcher Zustände heisst *Stagnation*. Kontrast ist notwendig für Wachstum und mangelnde Wechselwirkung verursacht Langeweile und Engstirnigkeit. Um das zu vermeiden, können wir die Qualitäten entwickeln, die unsere schon vorhandenen ergänzen. Ein Bild ist interessanter, wenn es nicht einfarbig ist. Ein Theaterstück ist unterhaltsamer, wenn die Handlung reich an Kontrasten und Überraschungen ist. Eine Persönlichkeit ist lebendiger und vollständiger wenn gegensätzliche Neigungen und Seiten vorhanden sind.

Das Leben ruht jedoch selten und Stagnation hält selten lange an. Beschränktheit, Engstirnigkeit sind oft nur scheinbar vorhanden:

Menschen, die mit nur einem ihrer Pole identifiziert sind, mögen eine reiche Qualität als Opposition besitzen, sie aber sehr erfolgreich unterdrücken. Wenn sie zum Beispiel einen stark ausgebildeten Willen haben, mögen sie unbewusst Angst haben vor ihrer Fähigkeit, zu lieben und zärtlich zu sein; bewusst mögen sie sie vielleicht sogar abwerten. Umgekehrt können andere mit einem Überschuss an Sanftheit ihre Fähigkeit, sich willensstark zu behaupten, ablehnen.

Schwankungen kommen noch viel häufiger vor, wie wir bereits bei dem Mann gesehen haben, der hin- und herschwankte zwischen Erleuchtung und finanziellem Erfolg. Diese Schwankungen können sehr kurzfristig sein - manchmal dauern sie nur Minuten - oder sehr lange fortdauern, wie beispielsweise bei jenen, die in der einen Hälfte ihres Lebens bürgerliche Werte anhäuften, dann jedoch alles liegen und stehen lassen und sich für ein diametral entgegengesetztes Leben entscheiden.

Wie Engstirnigkeit und Beschränktheit sind Schwankungen oft das Ergebnis von Verdrängung. Sobald wir uns auf eine Seite schlagen, errichten wir eine Wand zwischen den beiden Polen und versuchen, auf der einen Seite zu bleiben. Diese Trennung funktioniert jedoch nicht und die verdrängte andere Seite wird früher oder später wieder auftauchen und mit genau so viel Energie zurückschlagen, wie wir brauchten, um sie zu verdrängen. Robert Louis Stevenson hat diesen Prozess in seinem Roman *Dr. Jeckyll und Mr. Hyde* dramatisch verdeutlicht; Dr. Jeckyll ist der ehrliche, wohlbekannte und beliebte Mann, während Mr. Hyde das teuflisch aussehende böse Wesen ist.

Aber so eindeutig ist die Sache nun doch nicht. Wenn Dr. Jeckyll zu Mr. Hyde wurde, «schienen meine Fähigkeiten», so schrieb er, «viel zielgerichteter und mein Verstand bedeutend gestraffter und elastischer». Und als Dr. Jeckyll die Entscheidung traf, seinen bösen Teil völlig abzulehnen, müsste er «der Freiheit, der Jugendlichkeit, dem leichtfüssigen Schritt, dem fliegenden Puls und den heimlichen Freuden lebwohl sagen», die er in der Verkleidung des Mr. Hyde so genossen hatte.

Die «niedere» Seite hat viel Anziehungskraft und Vitalität. Wenn diese Vitalität verdrängt wird, rebelliert sie. Nach einiger Zeit, so schreibt Dr. Jeckyll, «begann die niedere Seite in mir, die ich erst kürzlich so fest angebunden hatte, nach Berechtigung zu knurren».

Kurz darauf fühlte er sich gezwungen, wieder zu Mr. Hyde zu werden, und die Geschichte endet in verzweifeltem Ton, als sie immer unkontrollierbarer wird und schliesslich zu seinem Tod führt.

Eine engstirnige, verurteilende und sogar sektiererische Haltung ist typisch für Menschen mit dualistischen Anschauungen. Sie glorifizieren den einen Pol, um den anderen total zu verwerfen. Sie preisen «Spiritualität» und verdammen Sinnlichkeit, oder umgekehrt. Sie loben die Struktur und tadeln die Spontaneität. Oder vielleicht hegen sie Bewunderung für jene, die stark sind und verachten die Empfindsamen oder machen sich lustig über die, die arbeiten und vereinen sich mit denen, die spielen. Da natürlich jede der Qualitäten an beiden Polen grosse Verdienste aufweisen, haben die, die die Loblieder singen, immer recht: Arbeit ist produktiv, Stärke ist notwendig, und «Spiritualität» ist edel.

Das Problem beginnt, wenn wir uns auf Kosten des anderen Pols ausschliesslich mit dem einen identifizieren. Dann werden wir langsam zu Gefangenen dessen, was wir gewählt haben und unterliegen all seinen Beschränkungen. Unser Verhalten wird reaktiv, weil wir blind werden gegen den Reichtum der gegensätzlichen Perspektive.

Als Folge können interpersonale Konflikte entstehen: zwischen dem praktischen Vater und dem idealistischen Sohn, oder zwischen dem Moralisten und dem Hedonisten, dem Realisten und Utopisten, dem intellektuellen und dem emotionellen Typ, usw.

Es kann auch sein, dass ein offener Zusammenstoss von zwei Polaritäten innerhalb eines Menschen passiert. Dies geschieht, wenn der Mensch sich beider Seiten klar bewusst ist, aber der Illusion anheim fällt, dass er oder sie nur eine der beiden leben kann. Das führt dann häufig zu einem Gefühl der Qual und des Verlustes, da etwas sehr wertvolles verlorenging. Der Einzelne mag sich dafür entscheiden, sich mit einem der beiden Pole bewusst zu identifizieren, aber er wird das Gefühl des inneren Verzichtes und schmerzhaften Dualität dadurch nicht verlieren.

Das bedeutet, sich beider Pole bewusst zu bleiben, sich jedoch mit keinem der beiden zu identifizieren: wir müssen eine kreative Spannung erzeugen können und ein Gleichgewicht zwischen beiden errichten. Die Methode, die wir dafür benutzen können, ist die Identifikation mit dem Selbst auf der personalen Ebene, das unabhängig von beiden Seiten ist. Die Freiheit dieses Selbst erlaubt uns die

Entfaltung und wirkliche Wahrnehmung der Gaben und des Reichtums jeden Aspektes, die regulierende Kraft ihrer Wechselwirkungen und die Entscheidung, diese oder jene Seite unseres Wesens der Situation entsprechend zum Ausdruck zu bringen.

Wir können jedoch leicht zu dem Punkt kommen, an dem wir das Selbst vergessen und in die Identifikation mit einem der beiden Pole zurückfallen. Wenn wir uns in dieser Falle der Ausschliesslichkeit verfangen, werden wir wieder zu einem Fragment und die Konflikte flammen wieder auf. Konflikt entsteht immer, wenn wir nur einem Aspekt anhängen und uns selbst gegenüber Intoleranz zeigen. Dann erleben wir Beunruhigung, Angst, Unbeständigkeit und Verlust von Energie. In diesem Fall heisst die Aufgabe, zu dem Zustand kreativer Spannung, basierend auf einer klaren Wahrnehmung beider Seiten, zurückzukehren. Um das fertig zu bringen, müssen wir erkennen, dass uns der Teil, den wir vielleicht zurückgewiesen und unterdrückt haben, einen machtvollen Beitrag zugunsten der übrigen Persönlichkeit anzubieten hat.

Kreative Spannung zwischen Gegensätzen ist einem Tennismatch vergleichbar, in dem zwei gute Spieler schnelle, präzise und kraftvolle Schläge abtauschen. Ihr Gegensatz steigert beider Talent und Energie, vorausgesetzt beide Spieler sind ungefähr gleich stark, weil ohne dieser Voraussetzung ein Spiel nicht möglich ist. Ähnlich bewirkt in unserem inneren Leben eine ausgewogene Spannung zwischen zwei gegensätzlichen Polen eine logische Wechselwirkung und gegenseitige Steigerung, deren Folge unser Wachstum ist.

Teilweise geschieht das, weil Spannung zwischen zwei Gegensätzen ihre rhythmische Bewegung zum Ausdruck bringt – den Rhythmus von Introversion und Extraversion beispielsweise, oder von Arbeit und Spiel, Kontemplation und Aktivität, usw. Wir können beobachten, dass wirklich integrierte Persönlichkeiten eine gewisse Art musikalischer Qualität in ihrem Wesen zeigen: die Fähigkeit, elegant und rhythmisch von einem Gegensatz zum anderen zu tanzen.

Obwohl man sagen kann, dass jedes Paar von Gegensätzen in sich einzigartig ist, können wir doch eine allgemein gültige Regel in allen Fällen anwenden: die «Sowohl-als-auch-Haltung» – die aktiv beide Seiten im richtigen Moment einschliesst. Dennoch heisst all dies nicht, dass wir in der Lage sind, alle Haltungen und Entscheidungen jederzeit mit einzubeziehen. Wählen - und als Begleiterscheinung dazu die Erfahrung des Auschliessenmüssens und des Verlustes - ist notwendigerweise ein Teil unserer existentiellen Situation. Aber die Erkenntnis, dass vieles von dem, was uns als absolute Zweiteiligkeit erscheint, nichts anderes als künstliche Gebilde unserer Vorstellung sind, dass wir nicht einen Teil von uns selbst abzuschneiden haben, dass beide Seiten wertvoll sind, kann ausserordentlich befreiend sein.

In der Tat können wir, während wir die beiden Pole einer Zweiteiligkeit sorgfältig betrachten und untersuchen, zu der Erkenntnis kommen, dass der Kontrast zwischen ihnen schwächer wird. Wie die beiden Seiten des gotischen Bogens, kommen sie einander näher, während sie höher hinaufsteigen, bis sie zusammenlaufen und in einer *Synthese* verschmelzen.

Tatsache ist, dass eine Synthese der Gegensätze durchführbar und wünschenswert ist. Man kann liebevoll und stark sein; Ordnung und Freiheit haben; Praktiker und Utopist, verrückt und vernünftig, Träumer und gut organisiert sein. Dennoch verfehlen diese Worte zum Teil, was ich meine, weil die Verschmelzung von Gegensätzen eine neue psychologische Realität schafft, die mehr ist als die Summe ihrer Teile. Gerade weil sie neu ist oder selten wahrgenommen wird, fehlen die Worte - es gibt keine Worte für die Synthese von Spiritualität und Sinnlichkeit, von Arbeit und Spiel, Geist und Gefühle. Diese Tatsache betont das Ausmass, das unsere Zweiteiligkeit in den Worten, die wir benutzen, reflektiert und wie umgekehrt diese Worte die gleiche Teilung verewigen.

Eine Synthese entsteht, wenn eine neue Wesenheit erzeugt wird, die mehr als nur die Mischung der zwei ursprünglichen Elemente darstellt. Bringen Sie einen Funken an und Sie werden eine Explosion veranlassen, die die zwei Elemente in Wasser synthetisiert, das zwar komplexer ist als jedes einzelne, aber beide enthält. Die Synthese von gegensätzlichen Qualitäten ruft analoge Resultate hervor: eine Freigabe psychologischer Energie und das Auftauchen einer neuen Qualität, die beide Gegensätze enthält, und die Erkenntnis, dass keiner der beiden ursprünglichen Pole wirklich verloren ging, dass wir jederzeit zu ihnen zurückkehren können, wenn wir das wollen; obwohl wir normalerweise kein Bedürfnis danach verspüren.

Die folgende symbolische Übung ist dazu angelegt, im besonderen mit den Polaritäten von Arbeit und Spiel umzugehen; aber das gleiche Format kann auch für die Handhabung anderer Polaritäten angewandt werden. Das Ziel besteht darin, sich eine Synthese oder zumindest eine kreative Spannung zwischen zwei Gegensätzen vorzustellen, von denen Sie annehmen, dass sie im Moment in Ihnen aktuell sind. Im Verlauf der Übung kann es passieren, dass Sie merken, wie Sie Partei für die eine Seite ergreifen und die andere verwerfen. Wenn das vorkommt, stellen Sie das Vorurteil behutsam, aber entschlossen auf die Seite und versuchen Sie, eine neutralere Haltung einzunehmen, wie zum Beispiel ein Journalist oder ein Wissenschaftler, der an allen Seiten einer Frage interessiert ist. Es ist auch wichtig, einzusehen, dass eine bestimmte Art von Polarität nicht zur Synthese gebracht werden kann, nämlich die der Höhen und Tiefen, die aus wechselndem Glück und Depression, Freude und Schmerz entsteht und in sich selbst Ausdruck des zyklischen Lebens unseres psychophysischen Organismus ist.

Die Synthese von Gegensätzen I

1. Stellen Sie sich vor, dass Sie das Land der Arbeit besuchen. Jeder ist hier fleissig, erfolgreich und geschäftstüchtig und das spiegelt sich in allem wieder. Sehen Sie sich die Leute an: Gesichtsausdruck, Körperhaltung, wie sie gekleidet sind, wie sie gehen und reden. Sehen Sie sich die Autos an, die Häuser, die Geschäfte. Gehen Sie in ein oder zwei Geschäfte, schauen Sie sich um.

2. Vielleicht treffen Sie unter den Leuten, die in diesem Land wohnen, jemanden, den Sie kennen - vielleicht begegnen Sie sogar sich selber. Achten Sie darauf, dass es keine Karikaturen sind; es sind Menschen. Ihre wichtigsten Qualitäten sind alle auf irgendeine Art mit Arbeit verknüpft. Zum Beispiel finden Sie hier lauter tüchtige Leute: sehen Sie sich so einen Dienstleistungsbetrieb wie zum Beispiel die Post oder die Feuerwehr an: die Leute sind leistungsorientiert. Darüberhinaus sind sie auch noch ausgesprochen schnell und leisten in kurzer Zeit sehr viel. Sehen Sie, ob Sie beides in den Leuten sehen können - die positiven Qualitäten und gleichzeitig die Begrenztheiten.

3. Jetzt besuchen Sie das Land des Spielens. Hier ist alles genau umgekehrt - Sie sehen die klaren Gegensätze von dem, was Sie vorher gesehen haben. Die Leute schlendern gelassen die Strassen entlang; sie lächeln; sie amüsieren sich. Das geht sogar so weit, dass Tüchtigkeit und Produktivität völlig ignoriert werden. Die Leute lassen sich gerne und leicht ablenken; sie sind humorvoll, kindlich und verspielt. Jede ernsthafte Arbeit lehnen sie ab. Spazieren Sie umher und schauen Sie sich so ausführlich um, wie im Land der Arbeit. Können Sie die wünschenswerten und angenehmen Seiten genau so sehen wie die unerwünschten, negativen?

4. Jetzt stellen Sie sich ein drittes Land vor. Es liegt in einer aussergewöhnlich schönen Gegend; die Landschaft ist von auserwählter Schönheit und Harmonie; das Klima ist milde, und man hat alle Bauwerke sorgfältig in die Natur integriert. Die Wurzeln dieses Landes reichen in eine längst vergessene, antike Zivilisation zurück. Über die Jahrhunderte hinweg haben die Leute allmählich eine Kultur entwickelt, die völlig unbekannt, uns aber weit voraus ist in den psychologischen Erkenntnissen und ihrer Anwendung. Sie haben die Menschen und ihr Verhalten sorgfältig studiert und gelernt, wie man die Lebensqualitäten verbessern kann. Eine der Fragen, die sie gelöst haben, lautet: Wie kann man die Entwicklung der Leute fördern, damit alle Teile des inneren Reichtums so miteinander verbunden werden, dass eine Synthese entsteht, wo vorher nur Fragmente und Konflikte bestanden.

Die besondere Leistung dieses Landes bestand darin, eine Synthese der positivsten Qualitäten von Arbeit und Spiel gefunden zu haben. Seither handeln die Bewohner gleichzeitig spielerisch und pflichtbewusst; sie lieben das Leben, und sie geniessen die Arbeit, die sie verrichten. Sie sind tüchtig, produktiv *und* sie sind empfindsam und empfänglich für Schönheit.

5. Sehen Sie sich auch hier ausgiebig um; lernen Sie einige dieser Leute kennen, reden Sie mit ihnen. Sehen Sie sich an, wie die Leute gekleidet sind, wie sie sich bewegen, wie sie arbeiten, wie sie denken. Wandern Sie durch die Stadt, betrachten Sie die Häuser, das Theater, besuchen Sie die Kirchen und Museen, die Fabriken und Büros, die Restaurants und Sportplätze.

Sehen Sie sich alles genau an und lassen sie sich Zeit; dann schreiben Sie Ihre Erfahrungen auf.

Rita, eine fünfzigjährige Frau, spürt eine Teilung in sich: «Ich kann ganz klar zwei verschiedene Welten in mir wahrnehmen, die eine heisst Spiritualität, die andere Sinnlichkeit. Vielleicht liegt es an meiner kulturellen Herkunft, vielleicht an meiner psychologischen Struktur, aber schon nur der Gedanke, eine der beiden Dimensionen zu erfahren, lässt die andere schier ersticken.» Einerseits spürt Rita, dass sie nicht gut oder rein genug ist für die «spirituelle» Welt; andererseits spürt sie aber auch, dass sie keinerlei sinnliche und sexuelle Erfüllung findet.

Um zwischen den beiden Gegensätzen eine Kommunikation und möglicherweise sogar eine Vereinigung herbeizuführen, leite ich Rita durch die «Drei-Städte-Übung». Wir beginnen mit der Stadt der Sinnlichkeit, über die Rita sagt: «Es taucht sofort Rot auf; ein sinnlicher Glanz liegt auf allen Häusern und Strassen, Fusswegen und den Haustüren. Alles scheint zu pulsieren wie lebendiges Fleisch. Langsam spazieren die Leute nackt umher; die Luft scheint dick und schwer. Ich sehe eine Stadt ohne Landschaft, ohne Himmel und Horizont, ohne Natur. Türen öffnen und schliessen sich sehr gedämpft. Die Leute in dieser Welt bewegen sich die ganze Zeit, aber sie haben keinerlei Gefühle. Und ich höre keinerlei Geräusche.» Dann gehen wir zur Stadt der Spiritualität über: «Es ist eine Stadt mit Farben, wie die Luft selber - rein, transparent, hell und klar. Ich spüre immense Freude in mir brodeln, während ich einen Bach den Berg herunterfliessen sehe.»

An diesem Punkt könnten wir die Sitzung beenden; das Bild ist recht angenehm und beruhigend. Aber ich bin nicht zufrieden; ich spüre, dass die fleischliche, sinnliche Welt immer noch in die Vorhölle von Schuld und Reue verbannt ist. Ich fordere Rita auf, sich die dritte Stadt vorzustellen, wo die besten Aspekte beider Seiten zu einem Ganzen verschmolzen sind. Aber es gelingt ihr nicht: «Ich spüre Druck vom Therapeuten, der respektvoll und höflich ist, mich aber mit seiner Beharrlichkeit stört. Leere und Dunkelheit herrschen vor; meine Glieder sind schwer; ich bin müde und fühle mich schlecht. Ich erlebe zwei Leben in einem, und zur gleichen Zeit spüre ich die Verzweiflung eines Lebens, das geteilt ist.»

Ich erkläre Rita, dass eine Synthese nicht immer sofort auftaucht, sondern Zeit braucht, damit die unbewusste Entwicklung stattfinden kann. Währenddessen werden die Gegensätze vielleicht vorübergehend noch stärker spürbar. Ich rate Rita, alleine weiterzuarbeiten mit freiem Malen, das die Wechselspiele zwischen den Gegensätzen verdeutlicht, was sie einige Zeit lang macht, ohne dass die Synthese zu passieren scheint - bis eines Tages etwa zwei Wochen später ein wichtiges Ereignis stattfindet:

> Ich spüre meinen Herzschlag schneller und tiefer werden, und ich meine, es sei vielleicht am besten, mit dem Arbeiten aufzuhören. Das Herzklopfen wird noch stärker; ich spüre in meinem ganzen Körper grosse Wärme und auf meiner Stirn steht der Schweiss. Dann, urplötzlich, fällt mir das Symbol ein: es ist eine ganz klare und reine Kristallkugel, die die Freude der spirituellen Reinheit darstellt. Sie war aus einem Material, das ich noch nie gesehen hatte; sie war riesengross und schloss das ganze Universum in sich ein. Gleich darauf sah ich noch ein Symbol - eine Flamme, die die Sinnlichkeit darstellte. Es war eine wunderschöne Flamme - warm und sinnlich, mit ganz anderen Seiten als die, die ich bis anhin gekannt hatte.
>
> Dann zog die Flamme in den Kristall ein.
>
> Mein Herzschlag wurde langsamer und ich hörte auf, zu schwitzen, als ich über dieses Wunder nachdachte. Ich spürte eine unendliche Freude, *eine Freude, die ich noch nie erlebt hatte.* Es war das Glück in seiner reinsten Form. Ich merkte, dass ich keine Angst mehr vor meinem Herzklopfen und Zittern hatte; ich musste auch nicht befürchten, mich zu übergeben. Im Innern des Kristalles konnte ich tausende anderer Kristalle sehen, die von überall her aus dem Universum gekommen waren. Es war der Kristall als Synthese aller Kristalle, so wie die Flamme die Wärme aller Flammen in sich barg.

Nach diesem bemerkenswerten Erlebnis beginnen die Aufregung und das Gefühl des gänzlich Neuen langsam wieder zu verblassen und schliesslich ganz zu verschwinden; Zweifel entsteht und damit beginnt eine Gegenreaktion zu der positiven Erfahrung einzusetzen. Obwohl die Dinge allgemein besser geworden sind und sich auch eine gewisse heitere Gelassenheit ausbreitet, bleibt in Rita hartnäckig ein vages Gefühl von «es macht einfach nicht Klick» zurück. Sie sehnt sich nach der Sinnlichkeit, die sie glaubt, in dem Synthese-Bild verloren zu haben - was deutlich beweist, dass die Erfahrung nicht vollendet ist. Jedes Mal, wenn Rita versucht, sich die Kristallkugel vorzustellen, kann sie nicht verhindern, dass eine schöne, nackte Frau sich an den Kristall klammert, als sei sie aufgegeben und verstossen worden.

Einmal sieht Rita sogar ganz lebhaft ein Bild, wie die Kristallkugel von ihr wegfliegt, in unendliche Ferne rückt und unwiederbringlich verloren ist.

Einige Tage vergehen und der Zustand vergeht langsam wieder, wie das früher oder später mit allen Rückschlägen passiert. Jetzt setzen positive Reaktionen ein: «Ich kann mich viel besser einlassen auf das, was ich gerade tue.» Auch Ritas sexuelles Leben ändert sich: «Während der letzten Nächte wachte ich mehrmals auf und war sehr erstaunt, als ich spürte, dass ich am Ende meiner Träume immer ganz spontan einen Orgasmus erlebte - etwas, das ich seit endlos langer Zeit nicht mehr erlebt hatte.» Und sie sagt auch: «Ich kann viel leichter und freier atmen.»

Endlich kommt die Periode der unbewussten Entwicklung zu einem Ende und Rita ist wieder fähig, die Synthese wahrzunehmen, aber dieses Mal auf länger dauernde Art. Eines Abends, nachdem sie ins Bett gegangen und das Licht gelöscht hatte, erschien vor ihrem inneren Auge ein sehr intensives lebhaftes Bild - die Kristallkugel war zurückgekehrt. « Der Kristall pulsierte ganz stark und zerbarst dann in Millionen von Lichtkristallen, die in die Unendlichkeit hinausstürzten, und das Feuer im Herzen der Kugel breitete sich aus, bis sie zu reiner Wärme geworden war.»

Am nächsten Morgen öffnete Rita das Fenster und fühlt sich «mit dem Atem der Natur vereinigt». Sie spürte ein intensives Gefühl der *Zugehörigkeit*, das sie seither nicht mehr verlassen hat. «Jetzt», so schreibt sie, «bedaure ich nicht länger den Verlust von Intimität, Wärme menschlicher Nähe und die liebenden Arme in der Dunkelheit der Nacht. Ich gehöre zu all dem, und ich spüre Intimität mit allem.» Dieses Gefühl der Zugehörigkeit und Einheit lässt nichts ausgeschlossen. Alle Teile, die früher so viel Sorge bereitet haben, sind jetzt vereint, transformiert und verschmolzen worden in eine Einheit. Wir können auch erkennen, dass die Synthese bei Rita einen stabilen Zustand erreicht hat: ihre Erfahrung, vielleicht weil sie soviel Zeit gebraucht hatte - ungefähr drei Monate - um auszureifen, ist tief verwurzelt und nicht nur ein flüchtiges, schnell vergängliches Gefühl. Ihre Sicht auf die Welt und ihre Beziehungen zu den anderen haben sich geändert. Die Teilung ist verschwunden und mit ihr die sie begleitenden Gefühle von Schuld, Einsamkeit und Frustration. Das Gefühl der Zugehörigkeit ist zu einer bleibenden Errungenschaft geworden. Das heisst noch lange nicht, dass Rita ihre sämtlichen Probleme gelöst hat. Aber es ist eine ganz neue Dimension dazu gekommen mit dem Gefühl des Neuen und der Überraschung, die das unverkennbare Kennzeichen wahrer Synthese sind.

Noch eine Episode in Ritas neuem Lebensabschnitt enthüllt weitere Aspekte unseres Themas. Einige Monate nach dem Erlebnis, das ich beschrieben habe, machte Rita in den Bergen Ferien. Eines Tages ging sie alleine spazieren und legte sich irgendwann in die Sonne. Während sie dort lag und die Wärme der Sonne auf sich spürte, wurde Rita sich bewusst, dass das Licht, durch die geschlossenen Augenlider wahrgenommen, sie an die fleischigen Farben der Stadt der Sinnlichkeit erinnerte. Dann formte sich das diffuse Licht vor ihrem inneren Auge zu dem Bild eines prachtvollen goldenen Phallus. Dieses Symbol trieb blitzartig alle anderen Gedanken und Gefühle weg, und erhob sich machtvoll im Zentrum von Ritas Innerem. «Der goldene Phallus war gut und schön und sehr belebend; er war eine Quelle liebenden Lebens. Er vibrierte mit unendlicher Energie, und diese Energie strömte frei in alle Richtungen: von meiner Seele in meinen Körper, und vom Körper in die Seele; vom Zentrum nach aussen, und von aussen zurück ins Zentrum.»

Dann sah Rita, wie der goldene Phallus sich entblätterte in zahllosen wunderschönen Mustern und Entwürfen. Als sie nach Hause ging, wurde sie von einem nicht bezwingbaren Bedürfnis gepackt, kreativ zu sein und die Muster und Zeichnungen zu entwerfen, die sie gesehen hatte. In den darauffolgenden Tagen entwarf Rita eine grosse Anzahl Muster für Taschen, Schals, Handtücher, Schirme und andere nützliche Gegenstände.

Was hat uns dieses merkwürdige Ereignis zu sagen? Zunächst ist sichtbar, dass die ursprüngliche Synthese zwischen Spiritualität und Sinnlichkeit für Rita eine feste innere Tatsache geworden ist. «Diese Energie konnte sich frei in alle Richtungen bewegen.» Zweitens sehen wir, dass die Sexualkraft sublimiert wurde und damit Freuds ursprüngliche Beobachtung bestätigte, dass sexuelle Energie vom ursprünglichen Ziel abgelenkt und die «psychologische Produktivität» dadurch erhöht werden kann. Darüber hinaus können wir an diesem Beispiel auch erkennen, was wahre Sublimierung von Pseudo-Sublimierung unterscheidet:

Weil sie mit dem Entfaltungsprozess übereinstimmt, wird echte Sublimierung nicht als Bürde und Auferlegung von aussen erlebt.

Auch wenn ihr manchmal Unzufriedenheit und Anstrengungen vorausgehen, wird sie schliesslich von einem Gefühl absoluter Richtigkeit begleitet.

Sie wird nie als Amputation oder Verlust erfahren, weil sie das Ergebnis einer Synthese ist.

Behalten wir Ritas ermutigenden Bericht im Auge und machen eine weitere Übung, um die Synthese zu fördern. Sie kann allein oder als Ergänzung zur ersten Übung verwendet werden:

Die Synthese von Gegensätzen II

1. Wählen Sie eine Polarität aus, mit der Sie arbeiten wollen.

2. Jetzt nehmen Sie einen Bogen Papier und malen Sie auf die eine Seite eine freie Zeichnung von dem einen der beiden Pole, die Sie gewählt haben. Und dann malen Sie auf die andere Hälfte des Papierbogens die gegensätzliche Seite, die den anderen Pol darstellt. Wie in allen freien Zeichnungen geht es nicht darum, ästhetische Grundsätze zu erfüllen.

3. Die zwei Pole liegen einander gegenüber. Während Sie sie betrachten, erkennen Sie, dass zwischen den beiden einiges in Bewegung ist, wechselseitige Kommunikation, Interaktionen. Jetzt nehmen Sie einen neuen Bogen und malen Sie auf diesen die beiden Pole *und* die Interaktion zwischen den beiden, die sich wie ein Dia-

log festsetzt: das kann in Form eines Zusammenstosses sein, eines probeweisen Kontaktes, kühle Kommunikation oder Abscheu, usw. Malen Sie einfach immer weiter und lassen Sie die Interaktionen ganz spontan Formen und Farben annehmen, machen Sie eine Zeichnung nach der anderen. Die Teile mögen sich radikal schnell ändern.

Synthese kann eine ganz spontane Entwicklung sein: plötzlich kommen die beiden Teile in einer einzigen Einheit zusammen.

4. Falls eine solche neue Einheit auftaucht, belassen Sie es nicht einfach dabei, sondern versuchen Sie, sich bewusst zu werden, was sie präsentiert und aus welchem inneren Zustand heraus Sie das Bild produzierten. Dann schreiben Sie am besten auf die Rückseite des Bildes über die Erfahrung, die Sie gemacht haben, und wie sich die neue Synthese in Ihrem Leben manifestieren kann.

19

Keine Angst zu sterben

Der Stuhl, auf dem Sie im Moment sitzen, reist mit Ihnen in einer Geschwindigkeit von ungefähr 25 km pro Sekunde durch den interstellaren Raum - zusammen mit dem Planeten Erde und dem ganzen solaren System einschliesslich Sonne. Die Sonne selbst ist ein mittel-alter gelber Stern an der Peripherie unserer Galaxie - der Milchstrasse - ein Stern unter hundert Milliarden anderen, aus denen sich unser System zusammensetzt. Astronomen haben uns erzählt, dass es zahllose andere Galaxien wie unsere Milchstrasse gibt, jede von ihnen aus Myriaden von Sternen bestehend, von denen die meisten ihre eigenen Planeten haben, die sie umkreisen. «Wenn auch nur 1/10000 eines Prozentes dieser Planeten eine technische Zivilisation beherbergt - und das scheint eine vorsichtige Schätzung zu sein - dann ist das Universum von mehr als 100 Trillionen Zivilisationen erfüllt.»[1]

Alle Probleme verändern sich, wenn sie im Zusammenhang solcher Grösse und Herrlichkeit betrachtet werden. Wenn wir unsere Schwierigkeiten in die geistige Dimension eines grösseren Bildes

* eine Trillion hat 16 Nullen

übertragen, dann neigen sie dazu, ihre dramatische Wichtigkeit zu verlieren. Aber meistens werden wir durch die Ereignisse und Gefühle des täglichen Lebens so hypnotisiert, dass alles sehr gross erscheint, auch wenn es klein ist; die Einzelheit wird fälschlicherweise für das Ganze angesehen, und was sonst unwichtig wäre, wird entsetzlich ernst.

Die Wahrnehmung kosmischer Unermesslichkeit und die Unendlichkeit der Formen helfen uns, weniger Ich-Bezogenheit und mehr Universums-Bezogenheit zu spüren. Wenn wir uns an die Ewigkeit erinnern, gelangen wir zu einer ähnlichen Befreiung. «Quod hoc ad aeternitatem?» lautet ein lateinischer Ausdruck - «Was ist das im Vergleich zur Ewigkeit?» In der Tat - wie schwer wiegen unsere Vorurteile, Erbitterung und Ungeduld gemessen an der Ewigkeit? Östliche Traditionen sind reich an Symbolen, die uns von unserer üblichen Wahrnehmung der Zeit lösen wollen. Eine dieser Geschichten erzählt von einem unermesslichen grossen Berg, der grösser ist als jeder Berg auf der Erde und allein mitten in einer Wüste steht. Alle zehntausend Jahre steige eine Prinzessin aus dem Himmel herab, geht an dem Berg vorbei und wischt mit ihrem Kleid leicht darüber hinweg, wodurch der Felsen unmerklich abgetragen wird. Wenn der ganze Berg abgetragen sein wird, so geht die Legende weiter, ist erst ein Tag der Ewigkeit vergangen.

Die Technik der richtigen Proportionen, wie wir sie in der Psychosynthese nennen, schlägt vor, dass wir uns selbst, unsere Vorhaben, unsere Probleme, unsere Beziehungen, unsere Erfolge und Niederlagen im Zusammenhang mit der Unermesslichkeit betrachten. Wenn wir das tun, gewinnt alles eine andere Bedeutung: alle Ansichten über die eigene Bedeutung und Wichtigkeit verschwinden und lassen Raum für das Gefühl von Befreiung und Freude, das wir unweigerlich erleben, wenn wir statt nur eines Teiles das Ganze wahrnehmen.

Eine Freundin und Kollegin von mir, die mit Psychosynthese arbeitet, lässt die Sitzungen mit ihren Klienten in einem Raum stattfinden, wo sie wunderschönen Abbildungen von Sternen und Galaxien gegenübersitzen. Fast immer jammern die Leute zu Beginn einer Sitzung über ihre persönlichen Sorgen und das Unglück, das sie getroffen hat. Aber im Verlaufe der Sitzung und der gemeinsamen Arbeit - so erzählt die Freundin - verändert sich sehr oft der Blick der Leute. Es ist die Art Blick, den die Leute bekommen, wenn sie etwas bemerken, was bis anhin verborgen blieb, wenn sie erkennen, dass sie sich umsonst gesorgt haben, oder wenn sie plötzlich einen Witz verstehen. Das heisst zwar nicht unbedingt, dass ihre Probleme gelöst sind - aber irgendwie haben die Bilder der Sterne eine leichte Veränderung in der Perspektive der Schwierigkeiten ausgelöst. Sehr oft hören die Sitzungen damit auf, dass die Klienten sagen, dass ihre Probleme doch nicht so schwer seien. Emerson hat den Wert dieser Perspektive wunderschön beschrieben:

Teach me your mood, o patient stars;
Who climb each night the ancient sky,
Leaving on space no shade, no scars,
No trace of age, no fear to die.

Und dann wird, wenn wir Glück haben, die am schwersten fassbare Qualität auftauchen: der Humor. Wahrer Humor - im Gegensatz zu Witzen oder Ironie - entspringt einer tiefer, aber heiteren Wahrnehmung der Kontraste zwischen dem unermesslichen grossen und geheimnisvollen Universum und dem täglichen, wichtigtuerischen, lauten Gedränge und Gehaste der Menschen - uns selbst eingeschlossen. Die Gabe des Humors ist die köstlichste, auf die wir hoffen dürfen. Durch sie werden unsere dummen Abwehrmechanismen zerbröckelt; Humor befreit uns aus dem engen Gefängnis unseres Egos, wirkt wie Balsam auf unsere Beziehungen und bringt Helligkeit und Freude in unsere Gedanken und Taten. Es ist die Vergeistigung, die wir im Lächeln von Abbildungen Buddhas sehen. Nach Robesto Assagioli ist Humor die Synthese von Freude, Weisheit und Mitgefühl.

Assagioli pflegte auch zu sagen, dass wir alle mit einem rechten «Kapital an Ernsthaftigkeit» ausgestattet sind, das wir für die wirklich wichtigen Angelegenheiten verwenden sollten, das wir jedoch stattdessen auf viel unwichtigere Dinge verwenden, die eigentlich eine leichtere Handhabung verdienten. Damit wir uns von der schwerfälligen Ernsthaftigkeit, die wir oft den alltäglichen Angelegenheiten beimessen, kurieren können, empfahl Assagioli, über den Humor und den Gegensatz der kosmischen und täglichen Dimension zu meditieren. Er riet auch, sich daran zu erinnern, dass der Humor mehr das Gewürz und nicht die Hauptmahlzeit sein solle. In dem Augenblick, da wir ihm zentrale Wichtigkeit zukommen lassen und versuchen, ihn festzuhalten, werden wir traurig mit leeren Händen dastehen.

Richtige Proportionen

Stellen Sie sich in allen Einzelheiten den Raum vor, in dem Sie sitzen, wie auch Ihre übrige Umgebung. Und nun stellen Sie sich vor, dass Sie sich erheben und aus dem Raum und dann aus dem Haus entschweben, und aus einiger Entfernung und Höhe ein ganz klares Bild von dem Gebäude und seiner Umgebung bekommen.

Jetzt stellen Sie sich vor, dass das Gebäude unter Ihnen kleiner wird, während Sie höher und höher hinaufkommen. Von dort aus können Sie das ganze Gebiet überblicken, in dem Sie leben: die Häuser, Strassen, Bäume, Gärten, grosse und kleine Bauwerke. Die Menschen und Autos sind kaum noch zu erkennen. Denken Sie daran, wie jeder dort unten das Zentrum seiner eigenen Welt ist, mit seinen eigenen Gedanken und Hoffnungen, Problemen und Anliegen. Sehen Sie einfach zu, wie sie sich dort unten bewegen und ihr eigenes Leben führen. Stellen Sie sich die Menschen da unten auch in ihren eigenen Heimen vor.

Steigen Sie weiter nach oben. Ihr Blickfeld erweitert sich, so dass Sie auch andere Städte sehen, grüne Felder, Berge und Seen.

Und während Sie immer höher hinaufsteigen, können Sie die Meere sehen, andere Länder und Kontinente und grosse Wolkenbänke unter Ihnen am Himmel.

Jetzt sind Sie bereits so hoch oben, dass Sie den ganzen Planeten Erde unter sich sehen können, blau und weiss, sich langsam im leeren Weltraum um die eigene Achse drehend. Aus dieser gewaltigen Höhe können Sie die Menschen nicht länger sehen, Sie können Ihre Existenz nicht einmal erraten, aber Sie können an sie denken – viereinhalb Milliarden Menschen. Jeder lebt auf diesem gleichen Planeten und atmet die gleiche Luft. Viereinhalb Milliarden Herzen in den Menschen so vieler verschiedener Rassen schlagen dort unten. Denken Sie darüber eine Weile nach, während Sie sich den Planeten Erde vorstellen.

Während Sie sich jetzt noch weiter von der Erde entfernen, wird sie kleiner und kleiner. Andere Planeten kommen in Ihr Blickfeld:

die strahlende Venus, der rote Mars, der grosse Jupiter - das ganze Sonnensystem wird sichtbar.

Die Erde ist nun verschwunden, die Sonne ist nur noch ein winziger Lichtpunkt unter unzähligen anderen Sternen, und Sie haben sie aus den Augen verloren. Milliarden anderer Sterne umgeben Sie nun auf allen Seiten. Es gibt kein «unten» und «oben» mehr.

Und diese Milliarden Sterne bilden nur eine Galaxie im Universum, eine unter unzählig vielen Galaxien, die sich in alle Richtungen in die Unendlichkeit dehnen.

Denken Sie jetzt über die Unendlichkeit der Zeit nach. Hier gibt es kein «morgen», kein «gestern»; keine Hast, keine Eile. Hier herrscht Frieden - hier gibt es nur funkelndes Staunen.

Nehmen Sie sich Zeit und wenn Ihnen danach ist, öffnen Sie wieder die Augen und bringen Sie den Geist der Weite und Unendlichkeit mit zurück.

Ein Mann schrieb darüber: «Wenn ich diese Übung mache, erfahre ich manchmal ein wirkliches Gipfelerlebnis (peak experience). In dieser Jahreszeit stehen dort, wo ich wohne, riesige Felder in gelber Blütenpracht. Das Dorf ist nichts besonderes - nur ein paar verstreut liegende Häuser, ein Turm, und das Tal. An einem Punkt in der Übung bin ich in der Lage, alles als ein Ganzes zu sehen - wie vergoldet durch die Blüten. Es ist nicht länger ein Dorf, das aus Nichtigkeiten zusammengesetzt ist, wo kleinliche Gefühle, Neid und Groll herrschen. Ich sehe dieses wundervolle Ding durch den Nebel und umgeben von den goldenen Blumen. Obwohl der ganze Anblick nur einen flüchtigen Moment anhält, hinterlässt er in meiner Brust ein Gefühl fast schmerzhafter Freude.»

Ein Volksschullehrer schreibt über seine Erfahrung: «Ich sass im Garten, wo die Kinder spielten. Ich sah ihnen zu, wie sie umherrannten, mit dem Fussball spielten, oder auch wie sie manchmal ganz in meiner Nähe sassen. Dann begann ich plötzlich, einen grösseren Zusammenhang wahrzunehmen. Ich sah jetzt all diese Wesen sich bewegen, als seien wir alle Zellen eines grösseren Organismus. Und ich spürte auch eine Ahnung, die wir Schicksal nennen, (die aber nichts mit menschlicher Freiheit zu tun hat), als wenn man unter einem Mikroskop die Bewegungen eines Mikroorganismus beobachtet und gleichzeitig spürt, dass das alles Teil eines grösseren Entwurfes und Musters ist. Ich spürte plötzlich grosse Freude, ein Gefühl der Befreiung von allen Emotionen. Wenn ich mich jeweils an diese Erfahrung erinnere, schmilzt ein Teil meiner Steifheit und Angst, und ich spüre mehr direkten Kontakt mit anderen.»

Nebst der Tatsache, dass in uns eine Ahnung für das Wunder entsteht und uns etwas weniger hochtrabend werden lässt, ist diese grössere Perspektive ein Mahner an die Unermesslichkeit des Universums: wir sind aufgefordert, uns bewusst zu sein, dass wir, unser Planet, das Solarsystem, jene fernen Sterne mit ihren eigenen sie umkreisenden Planeten, vielleicht mit gewissen eigenen Lebensformen, und selbst jene entferntesten Galaxien, die in die Unsichtbarkeit entschwinden, von den gleichen Gesetzen beherrscht und geleitet werden, dass wir alle aus dem gleichen Urmaterial stammen und Teil des gleichen Ganzen sind. Wenn uns das bewusst wird, können wir in grösseren Dimensionen sehen, denken und fühlen lernen als Bürger des Universums.

20

Stille

Seit Jahrhunderten wird Stille als eine Möglichkeit, den Reichtum der inneren Welt zu entdecken, verwendet. Eine Stimmung friedvoller Ruhe - aus der die Sorgen, Probleme und Erwartungen verbannt wurden - schafft ein geborgenes, nährendes Umfeld für die inspirierende Kreativität unseres Geistes.

Ein solche Stimmung ist schon oft mit der ruhigen, stetigen Flamme einer Kerze in bewegungsloser Luft oder mit dem Meer, wenn es so klar und windstill ist, dass man bis auf den Grund sehen kann, verglichen worden. Wir lesen in den Büchern darüber, dann setzen wir uns hin, schliessen unsere Augen in dem Versuch, die gleiche Stille in uns zu schaffen. Aber wir erkennen sehr schnell, dass sich unsere normalen geistigen Aktivitäten weigern, kurzfristig in die Ferien zu gehen; der Gedankenfluss bleibt, und die Anstrengung, die Aufmerksamkeit nach innen zu richten, lässt unsere Gedanken noch aktiver werden. Wir versuchen zwar, sie zu unterdrücken, zu beruhigen oder zu verbannen, aber sie werden dadurch nur noch unlenkbarer. Schliesslich geben wir auf, stehen wieder auf und wenden uns anderen Dingen zu. Oder wir setzen uns hin, schliessen unsere Augen, verfallen in eine leichte Trance und verlieren jeglichen Kontakt mit der Welt und uns. Das ist ein recht angenehmer und fast leerer Zustand. Nach einer Weile kehren wir in unseren normalen Bewusstseinszustand und einer neuen Tätigkeit zurück; was bleibt, ist oft ein merkwürdiges Gefühl der Schläfrigkeit.

Keine dieser beiden Erfahrungen hat mit wirklicher innerer Stille zu tun; ganz im Gegenteil: bei wirklicher Stille befinden wir uns in einem Zustand sehr intensiver und gleichzeitig sehr entspannter Wachsamkeit; wir fühlen uns hell und leicht und sind voll anwesend. Wir haben uns einen inneren Raum geschaffen, der offen ist für neue Einsichten. In einer Sekunde können wir in absoluter Klarheit Wahrheiten erkennen, die uns zuvor unbekannt waren. Wir entdecken neue Bewusstseinsebenen. Wenn wir dann unsere Augen öffnen, fühlen wir uns erfrischt, genährt und erfüllt von anhaltender Freude.

Die Pflege der Stille hat grossen therapeutischen Wert. Wenn es uns gelingt, Geist und Verstand, die ständig bemüht sind, alles in begreifbare Formen zu bringen, in die Stille zu führen, dann werden alle subjektiven Konflikte verschwinden, Einheit wird an die Stelle von Zersplitterung treten; wir sparen unsere Energien, die wir sonst in zahllose Richtungen verstreuten, und wir fühlen uns geheilt und gereinigt. Ein Teil dieser Wirkung ist darauf zurückzuführen, dass Stille unserem Organismus die Gelegenheit gibt, seine eigene Harmonie spontan herzustellen, ohne die dauernde Belästigung durch Probleme und Gedanken. Unser Verstand ist in konstanter Bewegung, hyperstimuliert durch eine förmliche Informationsexpolosion, so dass beruhigende, lindernde Stille unsere wahre Zuflucht ist. Eine Frau berichtet darüber:

> Ich habe meine innere Stille gefunden, die Stille, die von der Mitte des Selbst ausgeht. Ich nahm sie zum ersten Mal als etwas wahr, das tatsächlich vorhanden ist.
>
> Ich fuhr eines Tages durch die Hügel heimwärts und spürte eine sanfte, ruhige Wärme in mir. Meine körperliche Müdigkeit war verschwunden und mein Geist fühlte sich hell und klar. Mir war, als sei ich ein klar scheinender Spiegel. Ich entdeckte ein Gefühl von Ewigkeit in Zeit und Raum.
>
> Es war, als sei ich «gewaschen» und rein, gleichzeitig jedoch auch grenzenlos, als ob das Leben des Universums in mich eingezogen wäre und mit meinem Herzschlag rhythmisch überein-

stimmte. Vor allem wusste ich, dass dies mehr als ein vorübergehender innerer Zustand war. Es hatte sich in mir eine neue Lebensart entwickelt, in der ich wirklich sein und mit anderen Verbindung herstellen konnte.

Wirkliche innere Stille entsteht erst, wenn wir uns darin geübt haben, unsere Aufmerksamkeit auf einen ausgewählten Gegenstand zu richten. Wenn uns das gelingt, kann sich unsere Gedankenwelt auf ein inneres Bild vereinigen, und nach und nach können wir auch diesen einen Gedanken loslassen; was bleibt, sind Ruhe und Stille.

Die englische Mystikerin Augustine Baker hat heftige Aktivität des Geistes und die darauffolgende innere Stille mit dem Emporschwingen eines Adlers verglichen: «Der Flug findet grossräumig in hoher Geschwindigkeit, aber in völliger Stille statt, mit Ruhe und Leichtigkeit, ohne dass die Flügel geschwungen werden müssen, ohne jegliche Anstrengung, so als würde sich der Adler in Gelassenheit auf seinem Horst ausruhen.»[1]

Natürlich heisst das nicht, dass unsere innere Stille, wörtlich genommen, vollständig sein muss. Die Gedanken werden nach wie vor ein- und ausströmen, aber wir sehen ihnen zu wie einem Fluss in einiger Entfernung; wir versuchen nicht, sie aufzuhalten oder uns besonders für sie zu interessieren. In unserer Stille horchen wir auf etwas, das unser Geist noch nicht wahrgenommen hat. Wir lauschen, als versuchten wir ein unerhörbares Flüstern im Lärm unserer täglichen Wünsche und Bedürfnisse unserer Persönlichkeit zu hören. Es mag sehr wohl sein, dass dann die übliche geistige Tätigkeit allmählich ganz ausgeblendet wird, wie Dante sie beschreibt: «Und so stand mein Geist geblendet in höchster Verwunderung bewegungslos, still und gespannt, und meine Verwunderung flammte weiter während ich in Erstaunen starrte.»[2]

Obwohl es viele verschiedene Möglichkeiten gibt, um Stille zu veranlassen, gibt es zwei Techniken, die die Psychosynthese vorwiegend benutzt:

1. Rezeptive Meditation

Wir haben in vorangegangenen Kapiteln gesehen, wie reflektive Meditation zu einem Zustand der Einheit führt. Nach, zum Beispiel, zehn Minuten reflektiver Meditation sind wir in der

Lage, das Thema für zwei oder drei Minuten (zunächst nicht länger) loszulassen und zu erleben, wie unser Geist ohne jegliche Unterstützung völlig frei und still sein kann. Das ist *rezeptive Meditation.*

2. Visualisierung des Tempels der Stille

Diese Übung ruft ebenfalls Stille hervor, von der Assagioli sagte, «sie singe in uns und belebe uns»:

Der Tempel der Stille

Stellen Sie sich einen bewachsenen, grünen Hügel vor. Ein Weg führt nach oben, wo Sie den Tempel der Stille sehen können. Der Tempel hat die gleichen Formen und Eigenschaften wie Ihr höheres Bewusstsein: edel, harmonisch und strahlend.

Es ist ein sonniger und angenehm warmer Frühlingsmorgen. Nehmen Sie wahr, wie Sie gekleidet sind, werden Sie sich Ihres Körpers bewusst, während Sie den Weg hinaufgehen; spüren Sie den Boden unter Ihren Füssen und die sanfte Frühlingsbrise auf Ihrem Gesicht. Sehen Sie die Bäume, Büsche, das Gras und die wilden Blumen um sich herum, während Sie weiter aufwärts gehen.

Jetzt nähern Sie sich der Hügelspitze. Zeitlose Stille durchzieht die Atmosphäre im Tempel der Stille. Hier ist noch nie ein Wort gesprochen worden. Sie stehen jetzt ganz nah vor dem grossen hölzernen Portal: spüren Sie mit Ihren Händen das Holz. Bevor Sie die Tür aufmachen, seien Sie sich bewusst, dass Sie dann von vollkommener Stille umgeben sein werden.

Jetzt treten Sie in den Tempel. Sie fühlen sich von Stille und Frieden umgeben. Gehen Sie weiter in den Tempel und in die Stille hinein und schauen Sie sich dabei um. Sie sehen über sich eine grosse leuchtende Kuppel. Aber das Leuchten kommt nicht nur von den Sonnenstrahlen, sondern scheint auch von innen heraus zu kommen, aus einer Lichtquelle, die weiter vorne vor Ihnen liegt.

Sie treten nun in diese leuchtende Stille ein, als würden Sie ganz davon absorbiert. Strahlen warmen, segnenden und Kraft spendenden Lichtes umhüllen Sie, strömen durch Ihren Körper, fliessen durch jede Ader, jede Zelle Ihres Wesens.

Verharren Sie ein paar Minuten in dieser leuchtenden Stille, gesammelt und ganz wach. *Hören* Sie der Stille zu. Stille ist eine lebendige Qualität, nicht einfach nur die Abwesenheit von Geräuschen.

Dann verlassen Sie langsam das leuchtende, stille Feld, gehen Sie durch den Tempel zurück und durch das Portal hinaus. Draussen öffnen Sie sich weit dem Eindruck des Frühlings, spüren Sie wieder die sanfte Brise auf Ihrem Gesicht und lauschen Sie dem Gesang der Vögel.

August ist etwa fünfzig und leidet unter ständigen Kopfschmerzen, begleitet von Depressionen und Ängsten. Der folgende Bericht beschreibt einen besonderen Augenblick in seiner Arbeit mit mir, in der die Übung der Stille ihn teilweise von seinen körperlichen Spannungen und Schmerzen befreite und ihm auch die Möglichkeit verschaffte, seine psychologischen Blockaden, die ihn in Verzweiflung und Angst gefangen hielten, zu lösen:

> Der Tempel der Stille hat vier spitze Türme und in der Mitte eine grosse Kuppel. Ich öffne das Portal und trete ein. Innen ist alles still. Meine Konflikte lösen sich auf und ich fühle einen tiefen inneren Frieden.
>
> Die Mitte des Tempels wird durch zwei glänzende Sonnenstrahlen erleuchtet, die durch zwei hohe Fenster hereinfallen. Dann wird die Wand an der Stirnseite des Tempels zu einem grossen Spiegel. Ich stehe in Ehrfurcht davor und warte darauf, dass ein Bild erscheint. Nach einiger Zeit formt sich eine Kugel aus goldenem Licht - unglaublich schön und lebendig. Unzählige Lichtstrahlen gehen von der Kugel aus und bedecken den ganzen Spiegel. Es ist ein erstaunlicher Anblick. Dann wird mein Gesicht im Zentrum der Kugel sichtbar; es lächelt und sieht verklärt aus. Dann kommt der Moment, wo ich nicht länger vor der Kugel stehe, sondern in ihr bin. Ich höre eine Stimme aus meinem inneren Wesen zu mir sagen: «Du kannst, wenn Du bereit bist zu wollen», und ich frage, «was kann ich?» Die Stimme antwortet: «Du kannst geben - Deiner Familie, Deiner Arbeit, der Gesellschaft. Du kannst Wärme, Zuneigung, Liebe geben.» Ich spüre in mir eine tiefe Sehnsucht, zu geben, und der Aufforderung der Stimme zu folgen.

Wir können bei diesem Erlebnis erkennen, wie die Stille uns sozusagen in einer Linie ausrichtet mit den Energieströmen unseres höheren Selbst, so dass äussere Ablenkungen (Kopfschmerzen, Depressionen, usw.) zumindest vorübergehend verschwinden.

Die Stille und der Strom von Energien aus dem höheren Bewusstsein, den es herstellen kann, ermöglichen auch das Entstehen von wichtigen symbolischen Bildern, von denen einige ganz klar verständlich sind in ihrer Bedeutung. Zeitweise können aber auch Symbole entstehen, die nicht so leicht und schnell zu interpretieren sind; manchmal haben sie sogar einen befremdenden oder humorigen Unterton. Ein junger Mann schreibt darüber:

> Während der Stille tauchte plötzlich das Bild eines Stethoskopes in meinem inneren Blickfeld auf. Zuerst dachte ich, es sei eines dieser sinn- und bedeutungslosen Symbole, die manchmal an die Oberfläche kommen. Aber das Bild blieb hartnäckig vor mir stehen und trug eine starke Herausforderung in sich. Ich spürte, dass es mir etwas zu sagen hatte. Und schliesslich verstand ich: das Stethoskop stellte eine Einladung dar, mehr auf mein Herz zu hören denn auf mein unstetes Denken, in dem ich mich normalerweise sicher und zuhause fühle. Dieser Ratschlag klang mir sehr sinnvoll und ich habe ihn seither mit guten Ergebnissen befolgt. Neue Dimensionen haben sich eröffnet, die mir vorher unzugänglich waren.

Dieser Bericht führt uns zu dem wichtigsten Aspekt des Themas Stille: das Erwecken der Intuition. Das Durchdringen und Überwinden von Worten und inhaltlichen Strukturen schafft ein empfindsames, magnetisches Feld und zieht Intuitionen an, die sich darin entfalten können. Vielleicht stellen Intuitionen die bedeutsamste Wirkung der Stille dar und es scheint deshalb sinnvoll, ein paar Worte über ihre Entstehung und Bedeutung zu verlieren.

Während sich der Verstand Wissen in mittelbarer und analytischer Form aneignet (durch Worte, Konzepte, geistige Modelle, Erinnerung, usw.), begreift die Intuition Wahrheit in unmittelbarer und umfassenderer Art. Damit dies jedoch geschehen kann, muss der Geist wenigstens vorübergehend still sein. Während die Intuition sich stärker entwickelt, wird der Geist allmählich transformiert, von einem Instrument des Verstandes stärker zu einem Instrument des Verständnisses werdend, das Wissen erkennen, interpretieren, formulieren, anordnen und vermitteln kann.

An diesem Punkt sollten wir zwei Ebenen der Intuition unterscheiden, die übliche und die des höheren Bewusstseins. Auf der normal üblichen erleben wir beispielsweise eine Intuition über einen anderen Menschen. Es handelt sich dabei um mehr als ein Gefühl der Sympathie oder des plötzlichen intellektuellen Verstehens: die Intuition kann die gegenwärtige Lebenssituation des Betreffenden aufdecken. Wir können auch Intuitionen haben, die wie Problemlöser funktionieren, wenn beispielsweise ein Student die Lösung eines mathematischen Problems erfasst, wenn man plötzlich begreift und versteht, ohne lange die Vernunft eingeschaltet zu haben.

Auf der Ebene des höheren Bewusstseins ermöglicht die Intuition den Zutritt zu einer Sicht, die für uns üblicherweise nicht vorstellbar ist. Wir können intuitive Erkenntnisse psychologischer Qualitäten, universaler Gesetze erfassen und begreifen, dass alles in einem grössern Zusammenhang miteinander verbunden ist, dass es nur eine Einheit, nur eine Ewigkeit gibt. Auf dieser Ebene ist die Intuition meistens unpersönlich, und wir spüren oft ein unerklärliches Staunen. Einstein sagte über die intuitiven Visionen des Wissenschaftlers: «Sein religiöses Gefühl nimmt die Form verzückten Staunens an, wenn er die Harmonie der Naturgesetze betrachtet, die eine solch überlegene Intelligenz enthüllen, dass alles damit vergleichbare systematischen Denken und Handeln der Menschen zu einer völlig unbedeutenden Reflektion wird.»[3]

Wir können unterdessen auch im höheren Bewusstsein Intuitionen in bezug auf andere Menschen haben. Aber dann beziehen sie sich nicht auf eine ganz bestimmte Stimmung oder gegenwärtige Situation des Betreffenden, sondern enthüllen den gesamten Lebenssinn desjenigen, seine oder ihre grösseren Möglichkeiten, was aus der normalen Struktur und Lebenshaltung nicht offensichtlich hervorgeht.

Intuition nimmt *Ganzheiten* wahr, während unser üblicher analytischer Geist daran gewöhnt ist, mit *Einzelteilen* umzugehen und deshalb die synthetisierende Erfassung der Intuition als neu und unbekannt erfährt. Wenn wir jedoch eine Intuition erleben, mag es uns so vorkommen, als sei die Erkenntnis immer schon offensichtlich gewesen und wir fragen uns, «warum habe ich das denn nicht schon vorher gesehen?» (Wie wir bereits häufig gesehen haben, tritt das Gefühl der Offensichtlichkeit an die Stelle der vorangegangenen Ehrfurcht.) Einer meiner Studenten hat dafür eine vieles erklärende Analogie gefunden:

> Es ist dem Vorgang ähnlich, wenn ich eine Landkarte forschend betrachte, um den Namen eines ganz bestimmten Ortes zu finden. Es ist ein wichtiger Ort, und ich weiss genau, dass er auf dieser Landkarte zu finden sein muss. So suche und forsche ich und finde ihn doch nicht. Ich sehe jeden kleinsten Namen an, einen nach dem anderen, und dann fange ich noch einmal von vorne an, um sicher zu sein, dass ich ihn nicht übersehen habe. Und dann endlich, wenn ich bereits aufgeben will, erkenne ich, dass der Name, nachdem ich gesucht habe, aus so grossen Buchstaben besteht, dass er fast die ganze Karte bedeckt. Da ich erwartet habe, dass der Name viel kleiner geschrieben sei, war ich der grösseren Dimension gegenüber gar nicht offen, obwohl er sich die ganze Zeit vor meinen Augen befand.
>
> Intuitionen passieren für mich auf die gleiche Art. Sie sind überraschend weiter und grösser als die geisten Kategorien, in denen ich normalerweise denken und begreifen würde. Und dabei sind sie meist so offensichtlich in ihrer Klarheit und Realität.

Betrachten wir nun noch ein Beispiel einer vollkommen entfalteten Intuition aus dem höheren Bewusstsein. Eine junge Frau berichtet:

> An jenem Morgen verliess ich meine Mutter in dem Wissen, dass sie ins Krankenhaus musste, um sich einem, wie wir meinten, kleineren Eingriff zu unterziehen. Wir hatten verabredet, dass ich sie am Abend wieder abholen würde. Als ich sie verliess, schien sie glücklich und in guter Verfassung. Aber als ich ins Krankenhaus kam, war sie bewusstlos; ihr Gesicht war von einer Sauerstoffmaske bedeckt und sie war an verschiedene Schläuche angeschlossen; es war eine sehr komplizierte Operation gewesen. Widerwillig erzählte mir die Schwester, dass sie zwischen Leben und Tod schwebte.

Ich war völlig geschockt und weinte; das konnte doch einfach nicht wahr sein. Langsam sank das schmerzhafte Bewusstsein in mich ein: ich würde meine Mutter nie mehr gesund und munter erleben. Ganz plötzlich wechselte dieses Bewusstsein in ein absolutes Wissen, dass es ihr - trotz ihres Leidens - gut ging. Es war die Gewissheit, dass alles in Ordnung und richtig war, was immer auch geschehen würde. Es war ein Gefühl der Liebe, wenn auch völlig unsentimental. Ich wusste, dass meine Mutter sich in einem unaufhaltsamen Prozess befand und dass die aussergewöhnliche, unpersönliche Liebe sozusagen die Verantwortung für den ganzen Vorgang übernommen hatte. Meine ganzen Ängste schwanden und ich wusste mit absoluter Sicherheit, dass nichts je meiner Mutter oder mir passieren könnte, das diesen Frieden erschüttern könne.

Dass dieser Zustand nicht einfach eine Ersatzbefriedigung ihrer Gefühle darstellte, sondern ein wirkliches kognitives Erleben eines fundamentalen Prinzips, belegen uns die bemerkenswerten Worte der Frau:

Das erstaunlichste an dem Erlebnis war, dass ich alles in völlig anderem Licht zu sehen begann. Meine Mutter lag im Sterben, die Blätter fielen von den Bäumen, in den Strassen bewegten sich Menschen jeden Alters, wie zum Beispiel ein Baby, das vielleicht erst kürzlich geboren worden war, ein alter Mann mit vielen Falten - ich sah das alles als ein *Ganzes*. Ich fühlte nicht «oh wie traurig, alt zu werden und zu sterben». Es war ganz anders. Ich sah die unglaubliche, unbeschreibbare Schönheit des ganzen Lebenskreislaufs, der sich stetig drehte und mir alle Aspekte zeigte.

Ich war mir einer grösseren Ausdehnung und Anordnung bewusst. Ich erkannte die *Richtigkeit* des ganzen Entwurfes, es war, als würden sich die verschiedenen Teile eines Puzzles endlich zusammenfügen, während ich früher immer nur die einzelnen Teile gesehen und entsprechend individuell reagiert hatte. Jetzt fragte ich mich selbst: «Wie konnte ich nur die Dinge so beurteilen und meinen, dies oder das sei hässlich oder schlecht?» Jetzt erschien mir alles in einer grösseren Dimension.

Intuitionen werden oft auf der Gefühlsebene ohne Beteiligung des Verstandes wahrgenommen, weshalb sie ein Gefühl der Heiterkeit, Ausdehnung und des Friedens hervorrufen. Häufig jedoch verschwindet die Intuition wieder, wenn die Gefühle wieder vergehen und dann bleibt kein dauerhaftes Zeichen oder bedeutungsvoller Beitrag zur Entwicklung zurück.

In meiner Arbeit mit Leuten habe ich immer wieder entdeckt, dass nur dann, wenn die Intuition auch auf der geistigen Ebene erlebt wird, ein bleibender Eindruck entsteht. Die Koordination von Intuition und Geist scheint die beste Möglichkeit zu schaffen, die dargebotenen Reichtümer auch richtig zu interpretieren, mit der Alltagsrealität zu verknüpfen und zu begreifen. Auf diese Weise werden Intuitionen unseres höheren Bewusstseins zu dauerhaften Marksteinen unseres Wachstums und zu Quellen immerwährender Inspiration, Leuchtpunkte in einem lebendigen, wachsenden Netz von Erkenntnissen.

Ein besonderer Effekt der Intuition, der von ihrem Synthese-Charakter zeugt, ist ihre Verzweigung in die verschiedenen Lebensdimensionen eines Menschen. Eine einzige Intuition kann manchmal Licht auf bis anhin unverstandene Zusammenhänge werfen und aufzeigen, dass sie alle das gleiche Muster beinhalten. Als Beispiel gelte der Bericht eines Mannes:

> Ich erlebte eine Intuition, die die Essenz der Weisheit als Fähigkeit auswies, alle Haltungen und Aktivitäten ordnungsgemäss in Zusammenhänge zu einander zu stellen und das richtige Gleichgewicht zu finden. Die Intuition selbst war ganz abstrakt. Aber ich fand bald heraus, dass ich in diesem Licht die gleichen Muster in den verschiedenen Gebieten meines Lebens erkennen konnte: ich sah, dass ich mich ohne Verständnis für das richtige Mass verausgabte. Das erkannte ich an meinem Umgang mit Geld, wo ich vielleicht aus Angst, für geizig gehalten zu werden, ohne Mass und Orientierung Geld ausgab. Ich sah es an meinen Beziehungen mit Frauen, wo ich blindlings alle möglichen Affären und Bindungen einging, ohne je an die Konsequenzen zu denken. Ich sah es an meinen Geschäftsbeziehungen, wo ich normalerweise zu freundlich nachgiebig bin und meine Zeit und mein Können an Leute verschwende, die mich eigentlich gar nicht brauchen. Es

war ein allgemein gültiges Muster, das sich in vielen Ausdrucksformen zeigte - eine unbewusste ängstliche Pseudo-Freundlichkeit, die ich nur los werden konnte, wenn ich sie durch Festigkeit und Entschlossenheit, die mit der Weisheit einhergehen, ersetzte.

Obwohl die Intuition im Menschen in grösserem oder kleinerem Masse auftritt, kann man sehr viel dafür tun, sie zu wecken und zu stimulieren. Das Üben der Stille ist ein fundamentaler Teil davon: alle innere Aktivität zur Ruhe zu bringen, alle Gedanken, Gefühle, Vorstellungen, die den spontanen Strom der Intuition ausblenden könnten, stillzulegen. Aber wir können noch weiteres tun:

1. Wie wir bereits wiederholt gesehen haben, heisst eine der ersten Regeln, irgendeine Seite unseres Seins zu kultivieren, unsere Aufmerksamkeit darauf lenken. Wir können unsere intuitive Fähigkeit entwickeln, wenn wir die Möglichkeit anerkennen, dass wir Intuitionen erhalten, ihren Wert anerkennen, sie pflegen, und schliesslich lernen können, ihnen zu *vertrauen* und sie behutsam zu interpretieren, anstatt uns ausschliesslich auf die logische Vernunft und materiellen Beweise zu verlassen.

2. Die Verwendung von Symbolen hilft uns, die Intuition zu wecken. Symbole sind sozusagen das Alphabet der Intuition.

3. Schliesslich kann es eine grosse Hilfe sein, ein Tagebuch für Intuitionen zu führen. Darin scheibt man freimütig alle Einsichten, Ahnungen, brillianten Einfälle und Ideen nieder. Intuitionen neigen dazu, in Schwärmen einzufallen, nicht einzeln und der Reihe nach, und die erste aufzuschreiben erleichtert meistens alle nachfolgenden, die damit verbunden sind. Ausserdem kommen die meisten Einfälle nicht als vollausgereifte Vorstellung, sondern zeigen sich behutsam und allmählich Stück für Stück, zunächst nur als vage Ahnung, die sich dann langsam zu klären beginnt. Später entwickeln sie sich dann zu Mustern, bis sie eines Tages in ihrer vollen Bedeutung dastehen. Wenn wir also unsere Intuitionen von der ersten Ahnung an niederschreiben, verankern wir gewissermassen den Prozess allmählicher Entfaltung und bereiten eine solide Grundlage vor.

Es gibt allerdings noch ein höheres Ziel - höher sogar als die Entfaltung der Intuition - zu welchem uns die Stille führen kann. Obwohl dieses Ziel selten erreicht wird, ist es doch von solcher Wichtigkeit, dass keine Diskussion über Stille ohne seine Erwähnung vollständig ist. Ich meine die Erleuchtung. Obwohl man die Intuition als eine Möglichkeit bezeichnen kann, die uns einen Blick auf die Welt vermitteln kann, in der das höhere Selbst lebt, kann man davon ausgehen, dass die Erleuchtung die vollkommene Sicht auf diese Welt darstellt. Erleuchtung ist der Weg, das höhere Selbst zu erreichen und vollkommene Verbindung damit herzustellen. Wie wir bereits gesagt haben, ist wahre Erleuchtung ein seltenes Phänomen. Die Stille zu pflegen ist jedoch eine der bestmöglichen Wege, sie zu erlangen. Assagioli beschreibt aufgrund einer Reihe von Berichten über Erleuchtungen die Kernpunkte der Erleuchtung wie folgt:

> Es ist die innere Wahrnehmung von Licht, das in einigen Fällen so intensiv ist, dass es als glitzernde Pracht und funkelndes Feuer beschrieben wird. Wegen dieser Eigenschaften ist der Ausdruck «Erleuchtung» entstanden, ein Ausdruck, mit dem höhere Bewusstseinszustände häufig bezeichnet werden. In vielen Fällen reicht diese Erleuchtung bis in die äussere Welt und wird als Verklärung und unbeschreibliches Licht wahrgenommen.
>
> Es ist ein Gefühl der Befreiung von gewöhnlichem Selbst-Bewusstsein und eine enorme Ausdehnung und Erhöhung bewusster Wahrnehmung.
>
> Es ist ein Gefühl der Einheit mit dem Ganzen. Diese innere Erkenntnis hat eine paradoxe Eigenschaft: obwohl man ein bereits früher erwähntes Gefühl des Verlustes oder Vergessens der eigenen Persönlichkeit erlebt, spürt man gleichzeitig, dass das Leben voller, grösser und wirklicher ist.
>
> Es ist ein Gefühl von Schönheit, sowohl einer inneren, formlosen als auch einer bis anhin nicht wahrgenommenen Schönheit der äusseren Welt in all ihren Aspekten.
>
> Es ist ein Gefühl der Freude, des Friedens, der Liebe in ihren verschiedensten Proportionen.
>
> Es ist der Verlust des Zeitgefühls, ein Emporheben über den «Fluss des Werdens», über die Vergangenheit, Gegenwart und Zukunft. Es ist die Erkenntnis des ewigen Jetzt und der essentiel-

len Dauer, der Unzerstörbarkeit und Unsterblichkeit des eigenen spirituellen Selbst und des Zentrums des eigenen Seins. Es ist die innere Sicherheit und die unerschütterliche Gewissheit um die Wirklichkeit dieser innersten Erfahrungen.

Es ist das dringende Bedürfnis, anderen Menschen die Erleuchtung mitzuteilen und zu vermitteln, diesen kostbaren Schatz mit anderen zu teilen, und es ist eine innige, mitfühlende Liebe für all jene, die noch in Illusion und Dunkelheit wandern und leiden.[4]

Epilog

Ich möchte dieses Buch mit einer einfachen Übung beenden, die das Verständnis unserer Untersuchungen im Lichte eines grösseren Zusammenhanges erhellt:

Das Potential der Menschheit

1. Erlauben Sie sich ein paar Augenblicke der Stille.

2. Nun denken Sie mit Hilfe Ihrer Vorstellung an das Leiden der Menschheit: denken Sie an den Schmerz, die Verwirrung, den Zorn, die Angst, die Einsamkeit, die Frustration, die Depression, die Unwissenheit, die Verzweiflung von Milliarden von Menschen jeden Alters und aus allen Ländern - Sie selber eingeschlossen.

3. Jetzt richten Sie Ihre Aufmerksamkeit auf die unermesslichen Reichtümer und Quellen der Menschheit, die noch im Verborgenen ruhen: Intelligenz, Liebe, der Wunsch nach Verbesserung, das Bedürfnis nach Gerechtigkeit, die Sehnsucht nach Frieden, der Drang

nach dem Unbekannten, das Erstaunen, die künstlerische Kreativität. Wir können diese potentiellen Anlagen vergleichen mit den enormen Energien im Kern eines Atoms.

Stellen Sie sich vor, dass Sie diese Kräfte und Schönheit spüren. Denken Sie darüber nach, wie diese Kräfte, wenn sie sich entfalten würden, eine unermessliche Freude und unzählige segensreiche Wirkungen hervorrufen würden. Stellen Sie sich vor, dass diese Reichtümer in Milliarden Menschen, Sie eingeschlosen, vorhanden sind.

4. Wenn Sie an sich selber arbeiten, sind Sie bereits an der aussergewöhnlichen, zeitlosen Arbeit in der Überwindung der Dunkelheit und Schmerzen und der Erweckung des latenten Potentials beteiligt.

Nehmen Sie sich etwas Zeit, um zu erkennen, dass diese Arbeit nicht Ihre persönliche Angelegenheit ist, sondern Teil einer grösseren Entfaltung, an der zahllose Menschen auf vielfältige Weise teilhaben: an der Evolution der Menschheit.

Anhang

Weitere Übungen

Das Potential der Teilpersönlichkeiten*

Der Zweck der Übung: eine Teilpersönlichkeit zu integrieren und ihre Entwicklung zu ermutigen und zu unterstützen (s. Kapitel 4)

Wählen Sie eine Teilpersönlichkeit, mit der Sie sich vertraut fühlen und mit der Sie schon gearbeitet haben. Dann stellen Sie sich diese Teilpersönlichkeit in allen Einzelheiten deutlich vor.

Stellen Sie sich vor, dass Sie mit der Teilpersönlichkeit in einem schönen Garten voller Blumen stehen. Schauen Sie sich die Blumen an, die in exquisiten Mustern gepflanzt wurden und blühen. Nehmen Sie ihren Duft wahr. Spüren Sie die belebende Frische der Luft. Hören Sie den Gesang der Vögel.

Nehmen Sie sich und Ihre Teilpersönlichkeit wahr; wie sieht sie jetzt aus? Hat sie sich verändert, oder sieht sie noch aus wie vorher? Wie auch immer, geben Sie ihr Zeit und Raum, den Garten in seiner ganzen Atmosphäre zu erleben und auf sich wirken zu lassen.

* Diese Übung wurde von Dr. Massimo Rosselli gestaltet.

Gehen Sie jetzt gemeinsam zum Zentrum des Gartens. Dort werden Sie einen Rosenbusch mit einer noch fest geschlossenen Rosenknospe sehen. Zusammen mit Ihrer Teilpersönlichkeit beobachten Sie die Rosenknospe, wie sie sich langsam und behutsam zu öffnen beginnt. Zuerst öffnen sich die äusseren Kelchblätter und enthüllen die Knospe. Dann beginnt auch die Knospe, ihre Blütenblätter langsam zu entfalten, bis sie in voller wunderschöner Blüte dasteht.

Sie und Ihre Teilpersönlichkeit spüren den Duft, der aus dem Inneren der Rose aufsteigt. Lassen Sie sich von diesem Duft ganz durchströmen.

Dann betrachten Sie Ihre Teilpersönlichkeit. Wie sieht sie jetzt aus? Und wie ist jetzt zwischen Ihnen beiden die Beziehung?

Sie können diese Übung mit weiteren Teilpersönlichkeiten wiederholen.

Krisen und ihre Bedeutung*

Der Zweck der Übung: Verständnis für Krisen zu entwickeln (s. Kapitel 10)

1. Denken Sie an drei Krisen, die Sie im Verlaufe Ihres Lebens erlebt haben. Dann machen Sie von jedem Erlebnis eine freie Zeichnung; drücken Sie Ihre Gefühle, die Sie während der Krise erlebten, so frei wie möglich aus; die Zerstörung, die vor sich ging, die Schmerzen und Verzweiflung - erfassen Sie die Essenz dessen, was Ihnen damals geschah. Machen Sie die Zeichnung so frei wie möglich, ohne versuchen zu wollen, etwas Schönes zu malen.

2. Jetzt nehmen Sie die drei Zeichnungen, die die drei Krisen repräsentieren und legen Sie sie in ihrer zeitlichen Reihenfolge vor sich hin.

3. Betrachten Sie Ihre Zeichnungen und sehen Sie, ob Sie einen Zusammenhang zwischen den drei Zeichnungen entdecken, einen

* Diese Übung wurde von Diana Whitmore gestaltet.

roten Faden sozusagen. Wir können Krisen auch als eine Übergangsperiode zwischen zwei Phasen unserer Entwicklung auslegen. Und sie jetzt in der Retrospektive zu betrachten, kann uns vielleicht helfen, einen neuen Zug darin zu entdecken, der sich ausdrücken möchte wie ein starker neuer Impuls, ein neuer Teil von uns, der geboren werden will. Wir können solche Tendenzen leichter erkennen, wenn wir nicht nur eine Krise betrachten, sondern drei vergleichend nebeneinander halten können. Krise heisst, dass die herrschende Ordnung zusammenbricht und eine neue Ordnung, manchmal vielleicht eine höher entwickelte, den Platz einnehmen will. Aber die Zeit zwischen den beiden bringt vorübergehend Schmerzen und Zerstörung.

4. Werden Sie sich auch bewusst, wie Sie jeder der drei Krisen gegenüberstanden. Versuchten Sie, Zeit zu gewinnen oder sie zu ignorieren? Verursachten Sie sich noch mehr Schmerzen, weil Sie die alten Muster nicht loslassen wollten? Stellten Sie sich den Krisen mutig entgegen? Haben Sie sich in jeder Krise anders verhalten?

Sie können diese Übung wiederholen, indem Sie die drei Krisen durch drei Gipfelerlebnisse (peak experience) ersetzen, um Ihre Entfaltung zu erforschen und vielleicht neue Erkenntnisse zu gewinnen.

Die Kunst der Kontemplation

Der Zweck der Übung: Unsere Wahrnehmung der Schönheit zu entwickeln (s. Kapitel 17)

1. Wählen Sie eines Ihrer Lieblingsgemälde aus. Werden Sie sich Ihrer ersten Reaktion bewusst, während Sie das Bild betrachten.

2. Betrachten Sie die Reproduktion aufmerksam, nehmen Sie alle Einzelheiten wahr, die Farben, die Einteilung der Fläche, der Zwischenräume, das Wechselspiel von Licht und Schatten, die Menschen, die darauf sichtbar sind.

3. Sehen Sie das Bild jetzt wieder als ein Ganzes an, ohne es analysieren zu wollen. Lassen Sie es sozusagen in sich einsinken, indem Sie sich dem Bild vor Ihnen öffnen.

4. Halten Sie Ihre Augen geschlossen und sehen Sie jetzt vor Ihrem inneren Auge das Bild. Es mag zeitweise unscharf sein, verschwinden oder sich ändern. Das macht nichts, so lange Sie die allgemeine Stimmung und Atmosphäre empfangen, die das Kunstwerk ausstrahlt. Während Sie sich der Schönheit und Bedeutung des Bildes ganz hingeben, versuchen Sie, die Botschaft zu hören, die es Ihnen übermitteln will: vielleicht ist es eine stille, nonverbale Botschaft, oder vielleicht nehmen Sie Worte wahr. Auf jeden Fall wird es eine Botschaft über das Leben und das Universum sein.

5. Jetzt werden Sie sich bewusst, welcher Teil in Ihnen durch das Bild angesprochen oder stimuliert wird. Während Sie das Bild selbst vor Ihrem inneren Blick langsam verschwinden lassen, versuchen Sie eine Vorstellung davon zu bekommen, welcher Teil in Ihnen dem Bild entspricht. Lassen Sie diesen Teil jetzt in den Vordergrund treten, damit er sich voll entfalten und zur Blüte kommen kann, in seiner ganzen Schönheit und Intensität. Lassen Sie den Prozess zu, versuchen Sie nicht, ihn zu erzwingen. Geben Sie dem Teil einfach die Gelegenheit, sich zu entfalten und geben Sie ihm Raum und Zeit, die er benötigt.

Diese Übung kann mit jeder Art von Kunst - Malerei, Bildhauerei, Architektur, Musik - wiederholt werden. Falls Sie ein Musikstück wählen, sollten Sie zunächst sehr aufmerksam zuhören und sich dann der Botschaft und des Teiles bewusst werden, der angesprochen wurde und in den Vordergrund trat.

Eine vollständige Meditationsanleitung

Der Zweck der Übung: Das höhere Bewusstsein erforschen. Diese Meditation sollte erst angewandt werden, wenn man die anderen Übungen in diesem Buch bereits wiederholt gemacht hat, besonders jene aus den Kapiteln 9 und 20. Für die nachfolgende Meditation wurde die Qualität Liebe gewählt, aber man kann natürlich auch andere psychologische Qualitäten nehmen.

1. Vorbereitung *Körperentspannung*

Schliessen Sie Ihre Augen. Während Sie auf dem Stuhl sitzen, versuchen Sie eine bequeme Haltung einzunehmen, mit aufrechtem Rücken, aber dennoch entspannt. Nehmen Sie sich ein bis zwei Minuten Zeit und atmen Sie tief und ruhig ein und aus.

Gefühlsruhe

Lassen Sie allmählich Ihre Gefühle zur Ruhe kommen, lassen Sie Ruhe und heitere Gelassenheit einströmen.

Geistige Stille

Lassen Sie Ihre Gedanken langsamer werden und versuchen Sie, einen Zustand relativer geistiger Stille herzustellen.

Selbstidentifikation

Werden Sie sich Ihrer Mitte, Ihres «Ichs» bewusst.

Erhöhung

Lassen Sie Ihr «Ich» jetzt zu der eigenen Quelle, zum eigenen Ursprung zurückkehren: zu Ihrem höheren Selbst. Helfen Sie mit Ihrer Vorstellung nach, indem Sie sich ganz intensiv vorstellen, dass Sie mit dem höheren Selbst identifiziert sind, leuchtend, unbehindert, zeitlos.

2. Reflektive Meditation

Denken Sie über die Liebe nach. Betrachten Sie alle positiven, nährenden, aufbauenden Aspekte: jene, die Sie selber erfahren haben; jene, die Sie bei anderen gesehen oder gehört haben und jene, die Sie zwar noch nie erlebt oder gesehen haben, aber von denen Sie wissen, dass es sie gibt und dass Sie sie wahrnehmen können. Denken Sie über die Formen nach, in denen Sie die Liebe in Ihrem jetzigen Lebensabschnitt verzerren oder entstellen könnten. Betrachten Sie die Hindernisse, die Sie davon abhalten könnten, Ihre Liebe zum Ausdruck zu bringen: Kritik, Angst vor der Lächerlichkeit und Preisgabe, Verkrampfung, usw.

Denken Sie über die Werte, die Bedürfnisse und die Segnungen der Liebe nach.

Rezeptive Meditation

Werden Sie sich der Liebe in ihrer Essenz bewusst, ihres Geistes sozusagen. Öffnen Sie sich dieser Qualität, geben Sie sich ihrem Einfluss hin, dem Einströmen von der Energie, die Liebe heisst; nehmen Sie die Intuitionen und Geistesblitze wahr.

3. Ausdruck verleihen

Werden Sie sich Ihres Körpers bewusst, wie Sie auf dem Stuhl sitzen, wie Ihre Füsse in Kontakt sind mit dem Boden. Werden Sie sich Ihrer Umgebung bewusst, der Geräusche, Formen und Farben. Erkennen Sie, dass Sie jetzt Möglichkeiten haben, Ihrer Liebe Ausdruck zu verleihen, anderen Ihren inneren Reichtum zu vermitteln.

Öffnen Sie jetzt Ihre Augen.

Natürliche Anmut

Der Zweck der Übung: unsere Wahrnehmung für Schönheit erhöhen (s. Kapitel 17)

1. Sie stehen in einem Tal am Fuss eines Berges. Es ist ein schöner Frühlingsmorgen, ein paar kleine Wolken wehen um den Gipfel. Nehmen Sie sich etwas Zeit, um Ihre Umgebung zu betrachten: die Pflanzen, die klare Luft, die Geräusche der Natur, den Boden unter Ihren Füssen, usw.

2. Jetzt beginnen Sie, den Berg zu besteigen. Sie wissen, dass auf dem Gipfel dieses Berges das Schloss der Schönheit steht - ein ganz aussergewöhnlicher Palast, in dem Sie in der Lage sein werden, Ihre eigene und die Schönheit anderer mit vollkommener Klarheit wahrzunehmen.

3. Während Sie dem Gipfel entgegensteigen, kommen Sie an blühenden Feldern und verträumten Bergseen vorbei. An einer Stelle während Ihres Aufstieges geraten Sie in eine Wolke. Sie klettern weiter, aber langsamer. Ihre Umgebung erscheint jetzt neblig, alles sieht sehr geheimnisvoll aus, als seien Sie in einem verzauberten Land. Sie spüren eine Art Ungewissheit und Spannung, aber Sie klettern weiter.

4. Jetzt verschwindet der Nebel wieder und als Sie auf dem Plateau ankommen, sehen Sie plötzlich vor sich in herrlicher Pracht das Schloss der Schönheit. Goethe schrieb, dass «Architektur versteinerte Musik» sei; diesen Eindruck gewinnen Sie, während Sie das

Bauwerk betrachten und die Erhabenheit und Harmonie der Proportionen Ihnen wie die Grossartigkeit einer Sinfonie erscheinen.

5. Nachdem Sie das Schloss eine Weile versunken betrachtet haben, treten Sie ein und sehen sich die Räume an. Aber noch eindrucksvoller als die sichtbaren Konstruktionen und Dekorationen ist für Sie die Atmosphäre, die hier drinnen herrscht. Es ist eine Atmosphäre, die es Ihnen ermöglicht, wie durch einen Zauber die Schleier zu zerteilen, die Sie von Ihrer eigenen inneren Schönheit trennen:

Der Schleier der Skepsis
Der Schleier der Erschöpfung
Der Schleier der Angst
Der Schleier der Erwartungen
Der Schleier der Anstrengungen

Während all diese Schleier mühelos dahinschwinden, nehmen Sie ganz klar und eindeutig wahr, was zeitlos schön ist - Wordsworth nannte es «natürliche Anmut».

Während Sie in dem Schloss verweilen, werden Sie sich allmählich bewusst, dass sich Ihre Wahrnehmung der eigenen Schönheit auf die anderer Menschen auszudehnen beginnt - auf Menschen, die Ihnen nahestehen und auf jene, mit denen Sie vielleicht Schwierigkeiten haben.

Denken Sie an all diese Menschen; stellen Sie sich vor, dass Sie - wenn vielleicht auch nur für einen kurzen Moment - in der Lage sind, ihre innere Schönheit wahrnehmen zu können. Die anderen mögen ihre eigenen Schleier und Masken haben, hinter denen sie sich versteckten, aber Sie können leicht durch sie hindurchsehen.

Der Tempel der Stille in einer lärmigen Stadt

In my mind's eye a Temple, like a cloud
Slowly surmounting some invidious hill,
Rose of darkness: the bright Work stood still;
An dmight of its own beauty have been proud . . .
William Wordsworth

Zweck der Übung: die innere Stille des Selbst wahrzunehmen (s. Kapitel 5 und 20)

Stellen Sie sich vor, in einer lärmigen Stadt zu sein. Nehmen Sie die unendliche Vielfalt von Anregungen und Geschäftigkeit wahr, die auf Sie einstürmen, während Sie die Strassen entlanggehen.

Sie sehen die Leute, die Autos, die Verkehrszeichen, Sie hören den brandenden Lärm von Verkehrsgetümmel und Stimmengewirr. Sie sehen die Schaufenster, die Warenauslagen, einen Kiosk voller Zeitungen und Illustrierten mit schreienden Fotos, Farben und Titeln. Ein Blumenstand hat Blumen in grosser Farbenpracht ausgebreitet. Vielleicht sehen Sie in der Menschenmenge Leute, die Sie kennen, aber da jeder mit sich selbst sehr beschäftigt ist, gehen Sie achtlos aneinander vorbei. Vielleicht sehen Sie sich selbst in diesem pulsierenden Gewühl.

Jetzt kommen Sie zum Zentrum dieser geschäftigen Stadt und zu einem Gebäude, das ganz anders als die anderen ist. Es ist der Tempel der Stille. Inmitten des Lärmes und der Geschäftigkeit haben Sie eine Insel der vollkommenen Stille gefunden: innerhalb des Tempels ist die Stille so vollständig und real, dass sie fast fühl- und greifbar ist.

Sobald Sie in den Tempel eingetreten sind, fällt der ganze Lärm, das Hin und Her, die Geschäftigkeit von Ihnen ab und Sie versinken in einer Atmosphäre zeitloser Ruhe. Die Stille, die Sie umfängt und durchdringt, ist wie eine sanfte, zärtliche Berührung, die mühelos in die entferntesten, verstecktesten Winkel Ihres Seins reicht. Sie spüren, wie die Stille Sie beruhigt, Ihnen wohltut und tief in die Strukturen Ihres Geistes einzieht und Sie davon loslöst, so dass Sie sich frei und ganz still fühlen.

Verweilen Sie einige Zeit in dieser Stille.
Lauschen Sie auf die Stille.
Werden Sie schliesslich zu dieser Stille.

Nach einer Weile entschliessen Sie sich, den Tempel zu verlassen und zu der lärmigen, geschäftigen Welt zurückzukehren. Während Sie wieder vom Verkehrs- und Menschengewühl umgeben sind, können Sie spüren, wie anders Sie sich fühlen, nachdem Sie im Tempel der Stille gewesen sind.

Anmerkungen

Einführung

1 Roberto Assagioli, «Modi e ritmi della formazione psicologica», in *L' Economia Umana,* 7, 6, S. 2.

2 Martin Buber, *I and Thou.* - dt. *Ich und Du.* Heidelberg 1979.

3 Christopher Lasch, «The Narcissist Society», *New York Review of Books,* 23, 15.

Kapitel 1

1 Francis Galton, *Inquiries into Human Faculty.* London 1883.

2 Zitiert in: Roberto Assagioli, «Concentrazione», bisher nicht veröffentlichtes Manuskript.

Kapitel 2

1 Charles Baudouin, *La mobilisation de l'énergie.* Paris 1931, S. 37.

2 Robert Gerard, Symbolic Identification - a Technique of Psychosynthesis, vorgestellt am 5. Internationalen Kongress der Psychosynthese, Rom, 1967.

Kapitel 3

1 Roberto Assagioli, *Principi e metodi di psicosintesi terapeutica.* Rom 1973, S. 24.
2 Carl Gustav Jung, *La Psicologiea del Transfert.* Mailand 1974, S. 19.
3 Plotin, *Enneaden.* I, 6.

Kapitel 4

1 Fernando Pessoa, *Una sola moltitude.* Mailand 1980, S. 27.
2 Roberto Assagioli, Vortrag an der Akademie von Tiber, 1967, S. 2.
3 Robert Dessoille, *Rève éveillé dirigé.* Genf 1961, S. 31.

Kapitel 5

1 Sebastiano Tilli, *Concetti della psicologia umanistica di Roberto Assagioli.* Florenz 1980, S. 46.
2 Rabindranath Tagore, *Fireflies.* New York 1975, S. 99. - dt. *Leuchtkäfer.* Freiburg 1977.

Kapitel 6

1 Diese Beschreibung der Evolution des Willens folgt dem Artikel «Neurophysiologie de la liberté» von Jacqueline Renaud, *Science et Vie,* n 711, Dezember 1976, S. 18.
2 Elmer und Alyce Green, *Beyond Biofeedback.* San Francisco 1977, S. 58. - dt. *Biofeedback – eine neue Möglichkeit zu heilen.* Freiburg 1978.
3 *Time Magazine.* «Karajan, a new life», 29. November 1976.
4 Martin Seligman, *Helplessness.* San Francisco 1975, S. 103. - dt. *Erlernte Hilflosigkeit.* München 1983.

Kapitel 7

1 Roberto Assagioli, *Per l'armonia della vita – la psicosintesi.* Florenz 1966, S. 152.
2 M., *The Gospel of Ramakrishna.* New York 1947, S. 41.
3 Leopold Infeld, *The Evolution of a Scientist.* London 1942, S. 208.
4 Zit. in Howard Hibbard, *Michelangelo.* New York 1978, S. 282.
5 H. C. Robbins, *Beethoven.* London 1947, S. 163.
6 Ibid, S. 179.
7 Zahlenangaben aus Luciano Curino, «Ci stiamo abituando alla violenza». Turin, La Stampa, 13. Juni 1978, S. 3.

8 Zahlenangabe aus «News & Comment», *Human Nature,* August 1978, S. 15.

Kapitel 8

1 Hermann Keyserling, *From Suffering to Fulfillment.* London 1938, S. 106–107.

Kapitel 9

1 Stephen Spender, «The Making of a Poem», Neudruck in B. Ghiselin (ed.) *The Creative Process: A Symposium,* University of California Press, 1952, Sk. 113.
2 Zit in Evelyn Underhill, *Mysticism.* New York 1961, S. 316 - dt. *Mystik.* Bietigheim 1973.
3 Ernest Dimnet, *The Art of Thinking.* New York 1961, S. 316.

Kapitel 10

1 Marcus Aurelius, *Meditations.* Middlesex 1969, II, 16.
2 Paul Reps (ed.) *Zen Flesh: Zen Bones.* New York 1961, S. 32.

Kapitel 11

1 Carl Gustav Jung, *Simboli della transformazione.* Turin 1970, S. 222. - dt. *Symbole der Wandlung.*

Kapitel 12

1 Richard Maurice Bucke, *Cosmic Conciousness.* New York 1969, S. 53.
2 Pierre Teilhard de Chardin, *Le Phénomène Humain.* Paris 1955, S. 257.
3 Abraham H. Maslow, *The Farther Reaches of Human Nature.* New York 1971.
4 Mircea Eliade, *Myth of the Eternal Return.* Princeton 1954.
5 William James, *The Varieties of Religious Experience.* New York 1958, S. 292.
6 Jorge Luis Borges, *A Personal Anthology.* London 1968, S. 147.
7 Fritjof Capra, *The Tao of Physics.* London 1975, S. 313. - dt. *Der Kosmische Reigen.* München 1977.
8 Milton, *Paradise Lost.* 12, S. 617–618. - dt. *Das verlorene Paradies.* Ditzingen.

9 Dante Alighieri, *Divina Commedia.* «Paradiso».
10 *Bhagavad Gita.* 4, S. 11.
11 Heidegger, *Was ist Metaphysik?* fünfte Ausgabe 1949, S. 28.

Kapitel 13

1 Zitiert in: Maria Shrady, *Moments of Insight.* New York 1972.

Kapitel 14

1 Anmerkungen von Dorothy Sayers in ihrer Übersetzung der *Divine Comedy.* «Hell», Middlesex 1972, S. 217.

Kapitel 15

1 Pico della Mirandola, *On the Dignity of Man.*
2 Jean-Paul Sartre, *The Psychology of Imagination,* New York 1966, S. 159.
3 Ibid., S. 183.

Kapitel 16

1 Andreas Angyal, *Foundations for a Science of Personality.* New York 1969, S. 172.
2 Dante Alighieri, *Divina Commedia,* «Paradiso», 33, 145.
3 Abraham H. Maslow, *Toward a Psychology of Being.* Princeton 1962, S. 42.
4 A. R. Orgae, *On Love.* London 1966, S. 8.
5 Pierre Teilhard de Chardin, *On Love,* New York 1973, S. 59.
6 Roberto Assagioli, «Gli Animali pensanti e calcolatori», in *Vita* 4, 2, S. 5.

Kapitel 17

1 Iamblicus, *The Life of Pythagoras.* - dt. *Iamblichus, Pythagroas. München 1963.*
2 Antony V. Trowbridge, *A Psychobiological Basis for Aesthetic Perception», Man-Environment Systems,* 7, 1977, S. 85-94.
3 Aus einem Brief, den Bettina von Arnim an Goethe schrieb, in dem sie von einem Gespräch mit Beethoven berichtet, in Marion M. Scott, *Beethoven,* London 1974, S. 125.
4 Ibid.
5 Georges Duby, *The Europe of the Cathedrals.* Genf 1966, S. 17.

6 John Keats, Brief an George und Georgina Keats, 16. Dezember 1818.
7 Zitiert in: Judith Wechsler (Hrg.), *On Aesthetics in Science.* Cambridge 1978.
8 Henri Poincaré, *Mathematical Creation.* Neudruck in: P. E. Vernon, Creativity. Middlesex 1970, S. 86.
9 Roberto Assagioli, in einem persönlichen Gespräch, aufgenommen in Florenz 1970.
10 Plotin, Enneaden, 1, 6.
11 Constantin Stanislawski, *An Actor Prepares.* New York 1977, S. 87.
12 Zitiert in: Kenneth Clark, *Leonardo da Vinci.* Harmonsworth 1959, S. 82.
13 Immanuel Kant, *On the Sentiment of the Beautiful and of the Sublime.*

Kapitel 18

1 Mircea Eliade, *The Two and the One.* New York 1965.
2 Roberto Assagioli, *Per l'armonia della vita – La psicosintesi.* Florenz 1966, S. 129.

Kapitel 19

1 Life Science Library, *Planets,* New York 1966, S. 184.

Kapitel 20

1 Augustine Baker, *Holy Wisdom,* Treatise 3, Par. 3, Kapitel 7.
2 Dante Alighieri, *Divina Commedia,* «Paradiso», 33, S. 97–99, Übersetzung von Dorothy Sayers.
3 Albert Einstein, *Ideas and Opinions,* London 1954, S. 40.
4 Roberto Assagioli, «Immortalità; può essere provatal?», unveröffentlichter Artikel.

Index

(Übungen sind kursiv gesetzt)

Wolfgang Schmidbauer

Wolfgang Schmidbauer, geboren 1941 in München, studierte Psychologie und promovierte 1968 über «Mythos und Psychologie». Ausbildung zum Psychoanalytiker. Gründung eines Instituts für analytische Gruppendynamik.

Alles oder nichts *Über die Destruktivität von Idealen*
(rororo sachbuch 18393)

Die Angst vor Nähe
(rororo sachbuch 60430)

Helfen als Beruf *Die Ware Nächstenliebe*
(rororo sachbuch 19157)

Hilflose Helfer *Über die seelische Problematik der helfenden Berufe*
(rororo sachbuch 19196)

Wenn Helfer Fehler machen
Liebe, Mißbrauch und Narzißmus
320 Seiten. Broschiert

Liebeserklärung an die Psychoanalyse
(rororo sachbuch 18839)

Psychologie. Lexikon der Grundbegriffe
(rororo handbuch 16335)

Weniger ist manchmal mehr
Zur Psychologie des Konsumverzichts
(rororo sachbuch 19110)

«Du verstehst mich nicht» *Die Semantik der Geschlechter*
(rororo sachbuch 60589)

Die heimliche Liebe *Ausrutscher, Seitensprung, Doppelleben*
160 Seiten. Gebunden

rororo sachbuch

"Ich wußte nie, was mit Vater ist" *Das Trauma des Krieges*
384 Seiten. Gebunden

Die Geheimsprache der Krankheit
Bedeutung und Deutung psychosomatischer Leiden
(rororo sachbuch 60708)

Kein Glück mit Männern *Fallgeschichten zur Nähe-Angst*
(rororo sachbuch 19752)

Die Kentaurin *Die Geschichte einer ungewöhnlichen Frau. Erzählung*
336 Seiten. Gebunden

Jetzt haben, später zahlen *Die seelischen Folgen der Konsumgesellschaft*
(rororo sachbuch 60125)

Ein Gesamtverzeichnis aller lieferbaren Titel von **Wolfgang Schmidbauer** finden Sie in der *Rowohlt Revue*, kostenlos im Buchhandel, und im Internet: www.rororo.de

3500/7